シリーズ・現代の世界経済 [4]

現代ロシア経済論

吉井昌彦／溝端佐登史 編著

ミネルヴァ書房

『シリーズ・現代の世界経済』刊行のことば

　グローバリゼーションはとどまることを知らず，相互依存関係の高まりとともに，現代の世界経済は大きな変貌を見せている。今日のグローバリゼーションは，瞬時的な情報の伝播，大規模な資金移動，グローバルな生産立地，諸制度の標準化などを特徴としており，その影響は急激であり多様である。たとえば，一部の新興市場諸国は急激な経済発展を遂げその存在感を強めているが，他方で2008年の世界金融危機による同時不況から，いまだに抜け出せない国々も多い。国内的にもグローバリゼーションは勝者と敗者を生み出し，先進国，途上国を問わず，人々の生活に深い影を落としている。

　グローバリゼーションの進展によって世界の地域や国々はどのように変化し，どこに向かっているのであろうか。しかし，現代の世界経済を理解することは決してたやすいことではない。各地域や各国にはそれぞれ固有の背景があり，グローバリゼーションの影響とその対応は同じではない。グローバリゼーションの意義と限界を理解するためには，様々な地域や国々のレベルで詳細にグローバリゼーションを考察することが必要となる。

　このため，本シリーズは，アメリカ，中国，ヨーロッパ，ロシア，東アジア，インド・南アジア，ラテンアメリカ，アフリカの8つの地域・国を網羅し，グローバリゼーションの下での現代の世界経済を体系的に学ぶことを意図している。同時に，これら地域・国とわが国との関係を扱う独立した巻を設定し，グローバリゼーションにおける世界経済と日本とのあり方を学ぶ。

　本シリーズは，大学の学部でのテキストとして編纂されているが，グローバリゼーションや世界経済に強い関心を持つ社会人にとっても読み応えのある内容となっており，多くの方々が現代の世界経済について関心を持ち理解を深めることに役立つことができれば，執筆者一同にとって望外の喜びである。なお，本シリーズに先立ち，ミネルヴァ書房より2004年に『現代世界経済叢書』が刊行されているが，既に7年が経ち，世界経済がおかれている状況は大きく変貌したといって決して過言ではない。本シリーズは，こうした世界経済の変化を考慮して改めて企画されたものであり，各巻ともに全面的に改訂され，全て新しい原稿で構成されている。したがって，旧シリーズと合わせてお読み頂ければ，この7年間の変化をよりよく理解できるはずである。

2011年2月

編著者一同

はしがき

　本書は,「シリーズ・現代の世界経済」と題されたシリーズのなかでロシアを扱う巻である。ロシアは,1917年のロシア革命から1991年末までソヴィエト社会主義共和国連邦(ソ連)という社会主義国家の最大の連邦構成共和国であり,ソ連解体後は,ソ連の継承国として,例えば国連の常任理事国を務める世界の大国の一つである。

　社会主義経済は,ロシア革命後の試行錯誤期を経て1930年代初めに確立されたが,第二次世界大戦後の高度経済成長だけでなく,労働者の国,平等主義,高福祉などによって市場経済体制が抱える問題を克服していった(ようにみえた)ため,高い評価を得た。しかし,1960年代に入ると経済成長は鈍化を始め,1970年代に始まった高度情報化や省エネルギーの波にも乗り遅れ,先進諸国との経済格差は広がる一方であった。1980年代後半にゴルバチョフの下でペレストロイカ(再編)政策により経済システムの改革が試みられたものの,共産党一党独裁に反発する自由化,民主化を求める動きもあり,1989年の東欧諸国での「ベルリンの壁」開放に続いて,1991年末にソ連は解体され,体制転換(民主化と市場経済化)が開始されたのだった。

　1990年代のロシアにおける経済的混乱やそれまでの社会主義へのイデオロギー的な関心が喪失したことにより,日本でのロシア経済への関心は急速に弱まってしまった。しかし,2000年代に入り,ロシア経済への関心は再び高まってきている。サハリンや西シベリアの油田・天然ガス開発にみられる天然資源の供給基地として,そして1億4000万人のマーケットとしてしだいに注目を集めるようになり,BRICs(ブラジル・ロシア・インド・中国)という名前で,21世紀のグローバル経済の発展を支える新興経済大国の仲間入りをするようになっている。

　本書は,このようなロシアの経済概況を述べることだけが目的ではない。むしろ,ロシアにおける市場経済移行がどのように進行してきたのか,その結果どのような経済パフォーマンスが達成されているのか,今後の成長可能性はど

のようなものなのか，その際の問題点は何かを浮き彫りにすることを目的としている。そして，「シリーズ・現代の世界経済」のほかの巻と同様に，初級の経済理論を習い終え，応用に入り始めた経済学部の2年生から3年生を読者対象としている。こうした課題に応えるために，ロシア経済に関する我が国の代表的な研究者にできるだけ平易な形で執筆をお願いしたものである。すでにロシア経済についてある程度の知識をもっている読者には物足りないかもしれない。本書によりロシア経済に興味をもった読者とあわせ，各章末にあげられた参考文献を読み進めていただきたい。

　本書は，2004年に刊行された「現代世界経済叢書」シリーズ『ロシア・東欧経済論』の続編であるが，今回はロシアに関心を集中することとした。東欧（中東欧）諸国は欧州連合（EU）に加盟したことから，本シリーズの『現代ヨーロッパ経済論』での詳細な議論をお読みいただきたい。とはいえ，ほかの旧ソ連諸国のうち今後日本との関係が深まることが予想される中央アジア・コーカサス諸国とあわせ，東欧諸国も市場経済移行を経てきたことから，ロシア経済との比較という意味で，本書のなかでそれぞれ1章を割り当てている。

　最後に，本シリーズが誕生した背景として，神戸大学の社会科学系の大学院・研究所のスタッフで構成される「地域経済研究会」での議論が発端となっているが，この研究会のメンバーとの有益な議論に感謝したい。また，無理な依頼にもかかわらずご執筆頂いた各先生方と，本書の編集に当たりご尽力頂いたミネルヴァ書房の安宅悠氏に記してこの場をお借りして心から感謝申し上げたい。

　2010年12月

吉井昌彦・溝端佐登史

現代ロシア経済論

目　次

はしがき

序　章　ロシア経済論とは……………………………………………… 1
　　　1　ロシアという国　1
　　　2　なぜロシア経済を学ぶのか　4

第Ⅰ部　市場経済移行の推移

第1章　ロシアにおける市場経済移行……………………………… 11
　　　1　帝政ロシアから社会主義へ　11
　　　2　社会主義経済とはどのような経済システムだったのか　13
　　　3　市場経済移行とは何か　15
　　　4　市場経済移行開始後の経済パフォーマンス　19
　　　5　ロシアの市場経済化の評価　23
　　　6　1990年代の市場経済移行が残したもの　25
　　　コラム　ルーブル　26

第2章　ロシア経済の歴史と政治システム………………………… 28
　　　1　不思議な国ロシアの資本主義　28
　　　2　ソ連社会主義の成長と崩壊　34
　　　3　現代ロシアの政治システム　39
　　　コラム　ロシアは「砂社会」か？　46

第3章　マクロ経済・産業構造……………………………………… 49
　　　1　マクロ経済の特徴　49
　　　2　2000年代の高成長のメカニズム　55
　　　3　エネルギー産業の動向　63
　　　4　製造業発展の可能性　68
　　　コラム　オランダ病　70

第4章　財政・金融……………………………………………………72

1　財政制度と財政政策　72

2　金融制度と金融政策　81

コラム　拡大する国家の役割——国家コーポレーションからロシア版

シリコン・バレーへ　89

第5章　民営化と企業システム……………………………………91

1　民営化と企業制度　91

2　ロシア企業システム　98

3　国家化と政府・企業間関係——国家捕獲からビジネス捕獲へ　105

4　企業の行動と責任　109

コラム　ロシア版企業城下町　112

第Ⅱ部　国民の暮らしと地域

第6章　労働市場と社会政策………………………………………117

1　体制転換と失業　117

2　移行経済下ロシアの労働市場の柔軟性　122

3　国民生活と社会政策　129

4　労働市場と社会政策に関する若干の展望　132

コラム　社会的特典　132

第7章　経済格差と階層化…………………………………………135

1　体制転換と生活領域における変化　135

2　経済格差と階層分化の概要　139

3　中間層の独自性　144

コラム　極東ロシアにおける日本産食品の普及について　148

第8章　開発と環境…………………………………………………152

1　経済開発と環境破壊・汚染　152

2　環境政策の展開　158
   3　今後の展望　165
   コラム　ロシアの自動車問題　164

第9章　ロシア極東地域……………………………………………………… 167
   1　失望と期待のロシア極東地域　167
   2　地域経済のジレンマ——ロシア極東地域経済の特徴　169
   3　衰退と開発の間で——極東地域開発の進展はなるか？　175
   4　陸上国境を通じた中国との地方間国際経済交流　178
   5　日本とロシア極東地域——海を隔てた地方間国際経済交流の課題　184
   6　ロシア極東地域の展望　187
   コラム　環日本海経済圏　188

第Ⅲ部　貿易と対外経済関係

第10章　国際経済関係……………………………………………………… 193
   1　ソ連とロシア連邦　193
   2　ロシアにおける貿易と国際金融取引の自由化　196
   3　独立後ロシア連邦の貿易構造と国際金融構造　204
   4　政権の課題　212
   コラム　外貨準備　211

第11章　中央アジア・コーカサスの市場経済化………………………… 214
   1　中央アジア・コーカサス諸国の市場移行　214
   2　産業構造とその変化　218
   3　貧困と格差　224
   4　移民労働と海外送金　229
   コラム　ウズベキスタンの慣習経済　233

第12章　中・東欧の市場経済移行……………………………………… 236
　　　　 1　1980年代の東欧──社会主義体制の動揺から危機へ　236
　　　　 2　1990年代前半期──東欧各国での脱社会主義の現実　244
　　　　 3　1990年代後半期──中・東欧として新たな方向へ　249
　　　　 4　2000年代──EUの拡大と統合のなかで　251
　　　　コラム　中・東欧での「名古屋弁」　256

終　章　ロシア経済の行方……………………………………………… 259
　　　　 1　なぜロシアはアメリカではないのか　259
　　　　 2　ロシアは何処へ行くのか　264

資　料　269
あとがき　277
人名索引　279
事項索引　281

序　章
ロシア経済論とは

　ロシアは1707万km²の世界最大の国土に1億4190万人の人々が暮らす大国である。このロシアに1917年11月，世界で最初の社会主義国であるソ連が誕生した。ソ連は，1960年頃に絶頂期を迎えるが，その後，停滞の時代に入っていった。1991年12月のソ連解体を受けて，ロシアは1992年から価格・貿易自由化をはじめとした市場経済移行に乗り出す。1990年代のロシアの経済パフォーマンスは悲惨なものであったが，21世紀に入り，世界的な資源価格の高騰をうけて，ロシアはBRICsの一角として21世紀の世界経済の発展を支えることが期待されている。

　ロシアにおける市場経済移行の経験を学ぶことは，私たち日本の経済システムのあり方や，発展途上国の経済発展戦略を議論するうえでも有用である。

1　ロシアという国

（1）広大な国ロシア

　ロシア（正式にはロシア連邦）は，1707万km²の国土面積をもつ世界最大の国であり，我が国の45倍，世界第2～4位のカナダ，アメリカ，中国と比べても1.7～1.8倍の国土を擁する大国である。有名なシベリア鉄道（モスクワ～ウラジオストク）の総延長は9259kmであり，東京～博多間4往復分にも達し，「ロシア号」がモスクワからウラジオストク間を走り抜けるには1週間を要する。モスクワからベーリング海までは八つの時間帯があり，時差は8時間，飛び地であるカリーニングラード州を含めれば時差は9時間にもなる。あまりにも時差が多すぎるため，メドヴェージェフ大統領はいくつかの時間帯を統合し，時差の数を減らしたほどである。

　このように広大な国土であるが，利用可能な土地は国土の7.3％にすぎず，

大半が森林あるいはツンドラ地帯である。また，ロシアのほとんどは，気候帯では冷帯あるいは寒帯に属する。1929年1月にはサハ共和国オイミヤコンで－71.2℃の，南極を除く世界最低気温が記録されている。

広大な国土に1億4190万人（2009年）と，我が国よりもわずかに多い人口を抱えるだけであり，人口密度は8人にすぎない。また，人口の4分の3はウラル山脈以西のヨーロッパ・ロシア部に暮らしている。ロシア民族が全人口の約8割を占めるが，タタール人（3.8%），ウクライナ人（2.0%）など140を超える民族が暮らす多民族国家である。

首都はモスクワで，1050万人（2009年）の人々が暮らしている。街の中心にかつてはソ連共産党本部，今では大統領府が置かれているクレムリンそして赤の広場がある。第2の都市は，かつての首都サンクトペテルブルク（ソ連時代はレニングラード）で，人口は460万人，フィンランド湾にのぞむロシア第一の港をもつ工業都市である。そのほか，シベリア最大のノボシビルスク，ボルガ川沿いのニジニーノブゴロド，ウラル地方最大のエカチェリンブルクなどの都市が国土に点在する。

ロシアは，アメリカの投資銀行ゴールドマン・サックス社が2003年に出したレポート「BRICsとともに夢を見よう――2050年への道」により，ブラジル，インド，中国とともに，21世紀の世界経済の発展を支える新興経済大国であるBRICs4カ国の一つとして世界の注目を集めるようになった。その関心の中心は，石油で第2位，天然ガスで第1位（2008年）の世界有数のエネルギー産出国としてのロシアである。ロシアは，莫大なエネルギー輸出収入を利用して，21世紀の世界経済の発展を支えることが期待されている。

（2） ソ連からロシアへ

しかし，20世紀のロシアへの関心は，世界で最初の社会主義国家であるソヴィエト社会主義共和国連邦（ソ連）の誕生，発展，そして崩壊に至る壮大な実験へのそれであった。

1917年2月にロマノフ王朝が倒れ，同年11月，ソ連が誕生した。内戦，国家資本主義，戦時共産主義，ネップ（新経済政策）という試行錯誤期を経て，1928年に第一次5カ年計画が開始され，国有と計画を基本的な特徴とするソ連型社会主義経済システムが形成されていった。

表序-1 ソ連・東欧諸国の経済成長率

(単位:％)

	1951~55	1956~60	1961~65	1966~70	1971~75	1976~80	1981~85	1986~88
ソ　連	11.4	9.2	6.5	7.8	5.7	4.3	3.2	2.8
ブルガリア	12.2	9.7	6.7	8.8	7.8	6.1	3.7	5.6
ハンガリー	5.7	5.9	4.1	6.8	6.3	2.8	1.3	1.7
チェコスロヴァキア	8.2	7.0	1.9	7.0	5.5	3.7	1.7	2.4
東ドイツ	13.1	7.1	3.5	5.2	5.4	4.1	4.5	3.5
ポーランド	8.6	6.6	6.2	6.0	9.8	1.2	-0.8	3.9
ルーマニア	14.1	6.6	9.1	7.7	11.4	7.0	4.4	5.2

出所:溝端・吉井編 2002:11 (一部修正)。

　ソ連型社会主義経済システムは，第二次世界大戦後には東欧諸国，中国などのアジア諸国，キューバなどにも移植され，世界のおよそ3分の1の人々が社会主義経済の下で暮らすようになった。ソ連は，日本などと並ぶ高度経済成長を遂げ，また失業の廃絶や福祉など社会主義的政策が実施され，高い評価を得ていった。また，1957年の人工衛星スプートニク1号の地球周回や1961年のガガーリンによる宇宙飛行の成功は，ソ連における科学技術力を誇示するに十分であった。この時期がソ連経済の絶頂期であったといえよう。

　しかし，1960年代に入ると経済成長は鈍化を始め，1970年代に西側先進諸国で始まった高度情報化や省エネルギー・環境保護の波に乗り遅れ，ソ連は停滞の時代に入り，先進諸国との経済格差は広がる一方であった（表序-1）。

　これに対して，1965年の経済改革や1980年代後半のペレストロイカ（再編）政策など，経済システム改革が幾度も試みられた。しかし，経済成長は回復せず，共産党一党独裁に反発する自由化，民主化を求める動きもあり，1989年の東欧諸国での社会主義体制の崩壊に続き，1991年末にソ連は解体され，体制転換（民主化と市場経済化）が開始されたのだった。

　1992年1月に幕を開けた市場経済化もまた，波乱に満ちたものであった。この年のGDPは14.5％の減少を記録する一方で，消費者物価上昇率は1500％を超えた。1990年代全体を通したGDP下落幅は40％にも達する。

　国有企業の民営化（民有化）についても，その過程は様々な問題をはらんでいた。民営化小切手（バウチャー）を用いた中小国有企業の無償譲渡では，国有企業が経営者・労働者の手に移っただけで，企業経営の刷新にはつながらなかった。大規模国有企業の有償譲渡では，不透明な国有企業の払い下げが行わ

れ，「オリガルヒ」と呼ばれる新興財閥・資本家が誕生した．

2000年にプーチン大統領（現首相）が登場すると，まず規律強化によってこのような市場経済化に伴う混乱も収束を迎え，2000年代中頃からの世界的な資源・エネルギー価格の高騰によりロシア経済は活況を呈するようになった．BRICsの一角として世界経済における影響力を増していくことが期待されるようになったのである．

2　なぜロシア経済を学ぶのか

（1）　政治・経済的意味

ロシアのプレゼンスは，社会主義諸国の盟主としてアメリカと対峙する大国であったソ連時代から比べればずいぶんと小さくなった．日本とロシアの貿易関係をみても，日本からの輸出では27位，輸入では17位（2009年 財務省税関統計）と，アメリカや中国，アジア諸国と比べて，日ロの経済関係は決して強いものではない．では，なぜロシア経済を学ぶ必要があるのだろうか．

第一に，ロシアの政治的影響力はいまだ大きいことがあげられる．ロシアは，ソ連の継承国として国連の常任理事国であるし，世界的な経済・政治課題の討議の場である主要国首脳会議（サミット）にも参加している．また，ロシアが世界第1位の核保有国であることに変化はない．

第二に，ロシア経済は，日本からみるほど小さくはなく，世界経済に影響を与えている．ロシアの2007年のGDPは1兆2895億ドルで，世界で11位である（総務省『世界の統計2009』）．とりわけ欧州連合（EU）にとってロシアは重要な経済パートナーである．ロシアは輸出入ともEUの第3位の貿易相手国であり（2006年のEUからの輸出の6.3％，輸入の10.4％を占める），とりわけEUが消費する石油の32.4％，天然ガスの41.9％（2005年）がロシアによって供給されている（Eurostat, *Europe in Figures 2008*）．

日本にとっても，トヨタ，日産がすでにサンクトペテルブルクで組立工場を稼働させており，三菱自動車もPSAプジョー・シトロエン社（フランス）との合弁で組立工場を竣工し（2010年），今後ロシアは日本からの大きなマーケットとなる可能性がある．サハリンで進められている油田・天然ガス開発プロジェクトによって，日本への石油・天然ガス輸出が始まっているほか，バイカル湖

北西のタイシェットから日本海沿岸のコジミノに至る東シベリア=太平洋石油パイプライン敷設工事が現在進められており，近い将来にシベリア産の原油が日本へ輸出される日がやって来ることを考えれば，日本とロシアの経済関係は今後強まることはあっても，弱まることはないだろう。

（2） 経済学的意味

さらに，ロシアを学ぶことには経済学的な意味もある。

第一に，社会主義経済論あるいは比較経済体制論としてのソ連経済論があげられる。ロシア（ソ連）は，74年間にわたって社会主義体制を創り出し・発展させるという壮大な実験を行った。そのなかで，例えば失業のない社会や医療の無料化など高福祉の実現という目標は，われわれの資本主義体制を福祉国家へと変遷させる大きなきっかけとなった。

他方，その経済システムに固有の問題点のために市場経済との競争に敗れ，ソ連は1991年にその命脈を絶った。われわれは，なぜソ連が機能不全に陥ったかを研究することによって，私たちの市場経済システムを活性化するための教訓を引き出すことができる。1980年代前半から始まった民営化や規制緩和など市場回帰の理論的な裏づけとして，社会主義経済の効率の低さがしばしば利用されたことはその一例であろう。

第二に，ロシアを含めた旧ソ連諸国や東欧諸国における市場経済への体制転換（移行）は，「移行経済論」としてその特徴が多くの経済学者によってまとめられてきた。しかしさらに，体制転換の経験は，例えば「制度の経済学」とのつながりで，私たちが暮らす市場経済のあり方に対しても教訓を与えてくれる。例えば，ロシアにおける民営化では，国民全員に国有資産を無償で譲渡するために民営化小切手が配布された。その理由として，70余年を社会主義の下で暮らしたロシア国民の間で，平等主義的な思考がほかの国々と比べて強かったことがあげられる。すなわち，移行政策を選択するうえで，実際に適用可能な政策は，その国の歴史や文化・社会・政治など様々な要因によって制約されていることが分かる（経路依存性）。このような経験は，我が国の経済が，高度経済成長期に作られた「日本的経済システム」から，今日のグローバル経済に適したアングロ・サクソン型競争的経済システムへ移行しなければならないとしても，一足飛びにアメリカ並みの競争的経済システムへ飛び移れるわけでは

ない，という点に通じている。

　また，ロシアや東欧諸国の市場経済移行の経験は，経済発展あるいは開発論にも重要な教訓を残している。とりわけ1990年代初頭のロシアや多くの東欧諸国の市場経済移行の処方箋は，IMF・世界銀行などのエコノミストが共通してもつ，小さな政府を目指し，市場の復権をねらった「ワシントン・コンセンサス」によって描かれた。安易な市場経済化路線がどのような結果をロシアにもたらしたかを知っておくことは，発展途上国の開発戦略を議論するうえで非常に役立つものである。

　最後に，ロシアという地理概念について注意をしておこう。ロシアのことを語るとき，ソ連時代のことを触れずにはすまない。確かに，ロシアは，面積で76％，人口でおよそ50％を占め，例えば国連の議席を継承したことからも分かるように，ソ連で最大かつ最も権力をもつ連邦構成共和国であったが，15あった連邦構成共和国の一つにすぎず，ソ連＝ロシアというわけではないことにまず注意しておかなければならない。

　また，その旧ソ連の15の連邦構成共和国のうちバルト3国（エストニア，ラトヴィア，リトアニア）はすでに欧州連合（EU）に加盟し，他の旧ソ連共和国とは一線を画している。他方，ソ連解体の際，バルト3国を除く12の共和国は，緩やかな国家共同体（独立国家共同体：CIS）を形成したが，2009年8月の紛争によってグルジアが脱退するなど，現在では公式な加盟国は9カ国となっているし，CISとしての活動はほぼ停止状態にある。とはいえ，よりよい呼び方がないため，本書では，バルト3国を除く，ロシアを含めた12の旧ソ連共和国を総括して旧ソ連という名で呼ぶこととしたい。

●参考文献
　岡稔ほか（1968）『社会主義経済論』（経済学全集）筑摩書房。
　ノーヴ，アレク（1967）『ソ連経済』公文俊平訳，日本評論社。
　ノーヴ，アレク（1985）『ソ連の経済システム』大野喜久之輔監訳，晃洋書房。
　　以上3冊を，社会主義経済とはどのようなものだったのかを学ぶ教科書としてあげておこう。

サックス，ジェフェリー（2006）『貧困の終焉——2025年までに世界を変える』鈴木主悦・野中邦子訳，早川書房。
　　第7章でロシアの市場移行の処方箋をどのように作成したかが具体的に述べられている。
中兼和津次『体制移行の政治経済学——なぜ社会主義国は資本主義に向かって脱走するのか』（2010）名古屋大学出版会。
溝端佐登史・吉井昌彦編（2002）『市場経済移行論』世界思想社。
盛田常夫（2010）『ポスト社会主義の政治経済学——体制転換20年のハンガリー：旧体制の変化と継続』日本評論社。
　　以上の3冊は，体制移行（転換）の経験の理論的な総括を行っている。
ラヴィーニュ，マリー（2001）『移行の経済学——社会主義経済から市場経済へ』栖原学訳，日本評論社。
　　欧米の移行経済学の教科書。
吉井昌彦ほか『BRICs経済図説』（2010）東洋書店。
　　BRICs経済を図表を使って概説している。
鶴光太郎『日本的市場経済システム——強みと弱みの検証』（1994）講談社現代新書。
　　日本的経済システムの入門書。

（吉井昌彦）

第 I 部

市場経済移行の推移

第1章
ロシアにおける市場経済移行

　1917年11月のロシア革命によって、世界で初めての社会主義国であるソ連が誕生した。ソ連は、第二次世界大戦後、高度経済成長を達成し、失業の心配のない平等な福祉社会を作り出すなど優れた業績を残した。しかし、1960年代以降、その経済パフォーマンスが低下するとともに、共産党一党独裁への不満が蓄積し、1991年末にソ連は解体され、1992年初頭よりロシアで市場経済化が開始された。しかし、ロシアにおける市場経済化は順調とはいえない。1992年だけで実質GDPは14.5％下落、消費者物価は1526％上昇し、また私有化も、インサイダー（経営者・従業員）や、オリガルヒと呼ばれる寡頭資本家による企業の取得など、様々な歪みを引き起こした。2000年代に入り、ロシアは高い経済成長を達成し、これらの歪みは正されたかにみえた。しかし、それは世界的な国際石油価格の高騰によるものである。今後は、この石油価格の高騰期には忘れられていた、ロシアの構造改革に本格的に取り組んでいく必要がある。

1　帝政ロシアから社会主義へ

　序章で述べられているように、ロシア経済は、社会主義計画経済から市場経済への移行（転換）期にある。そして、現在でも社会主義時代の残滓がすべて消え去ったわけではない。したがって、現在のロシア経済の特徴を理解するためには、社会主義経済システムとはどのようなものであったのか、そしてどのような問題点を抱えていたのか、を理解する必要がある。そこで、本節でロシアの歴史を簡単に概観した後、次節で社会主義経済システムの特徴と問題点がまとめられる。考慮に入れなければならないロシアの詳細な歴史や政治上の特徴については第2章で触れられる。また、本章でとりまとめられたロシア経済の特徴のより詳細な説明は、第3章以降で述べられる。

第Ⅰ部　市場経済移行の推移

　ロシアの最初の国家キエフ公国が建設されたのは882年である。しかし，キエフ公国は，チンギス＝ハンの孫バトゥの軍隊の侵略を受けて1240年に滅亡し，2世紀半の間モンゴルの支配下に置かれる（タタールのくびき）。その後，モンゴルの支配下から脱したロシアは，しだいに勢力を広げていく。18世紀に入ると，ピョートル大帝（在位：1682〜1725年）が首都をモスクワからサンクトペテルブルクに移し，エカチェリーナ2世（在位：1762〜96年）の下で露土戦争に勝利し，領土を拡大するとともに近代化が進められ，最盛期を迎えた。しかし，19世紀に入ると，極東などで領土拡大が図られる一方で，クリミア戦争（1854〜56年）の敗退，農奴制をめぐる問題などでロマノフ朝はかげりをみせ始め，日露戦争（1904〜05年），血の日曜日事件（1905年）などでその衰退は決定的となり，第一次世界大戦のさなか，1917年の2月革命でロマノフ朝は終わりを告げた。

　同じく1917年の10月革命でレーニンを指導者とする共産党が臨時政府より政権を奪取し，世界で最初の共産主義国家「ソヴィエト社会主義共和国連邦（ソ連）」が建設された。内戦期，戦時共産主義，新経済政策（ネップ）期の試行錯誤の時代を経て，1930年代には，スターリンの下でソ連型経済システムが作り上げられていった。

　ソ連は，第二次世界大戦に勝利し，大戦後は，東欧諸国や中国などにも社会主義圏を拡大したほか，日本や西ドイツと同じく高度経済成長を果たし，共産主義原則に基づいた労働者に優しい福祉国家化（教育や医療の無料化など），スプートニクやボストークの打ち上げ成功による宇宙開発など，優れた業績を残すことにより，世界中から賞賛された。

　しかしながら，ソ連経済は，1960年代に入るとしだいに機能不全の兆候をみせ始める。コスイギン改革（1965年）に代表される経済システムの修正，1970年代の石油危機による石油輸出価格の高騰などにより命脈を保つが，アフガニスタン侵攻（1979年）の長期化はソ連崩壊までの道程を早め，1980年代後半のゴルバチョフ共産党書記長によるペレストロイカ（再編）政策にもかかわらず，1989年の東欧諸国の「ベルリンの壁」崩壊（社会主義の放棄）に続き，1991年12月26日，ソ連は崩壊し，74年間にわたる共産主義の歴史に幕が下ろされた。

　ロシアは，ソ連崩壊の直前，1990年6月12日に主権宣言を行い，民主化と市場経済化を進めた。しかし，次々節で述べるように，1990年代は，エリツィン政

権下のロシアにとって混乱の10年であった。

2000年代に入り，プーチンが大統領に就任すると，規律の強化と世界的な石油価格の高騰により，ロシアは安定と高成長の時代を迎える。2003年にゴールドマン・サックス社が「BRICsとともに夢を見よう——2050年への道」というレポートを出すと，ロシアは，ブラジル，インド，中国とともに，米欧日各国に代わり21世紀をリードする新興経済大国の一つとして注目を集めるようになったのである。

2　社会主義経済とはどのような経済システムだったのか

(1)　社会主義経済システムの特徴

ソ連型社会主義経済システムは，ロシア革命直後の試行錯誤の時期を経て，第一次5カ年計画が開始された1928年から1930年代にかけて形成された。したがって，ソ連型社会主義経済システムは，カール・マルクス，フリードリッヒ・エンゲルスの思想に基づいて形成されただけでなく，20世紀初頭のロシアの特徴を色濃く反映したものであった。ロマノフ王朝が倒れた後，発達した資本主義を経ることなくロシアは社会主義・共産主義へと跳躍したこと，対ナチス・ドイツ戦に向けて急速な工業化が必要とされていたこと，コンピュータはなく，そろばんで計画を作成しなければならないというような技術水準にあったことなどがそれである。

ソ連型社会主義経済システムの第一の特徴は，生産手段の共有（国有）である。利潤追求を目的とする資本家をなくすため，土地や天然資源だけでなく，建物，機械・設備といった生産手段が共有（主に国有）とされた。ソ連の場合，工業企業はすべて国有企業であったし，農業も国有農場あるいは協同組合農場へ集団化された。

第二の特徴は，需給の調整は価格（市場）メカニズムによらず，命令的計画による数量調整で行われたことである。企業は，利潤追求ではなく，国家計画委員会，省・庁という計画機関が物財バランス法により作成した生産計画を遂行することが活動目標であった。この生産計画は命令的拘束力をもち，計画を達成しなければボーナスを受け取ることもできなかったし，計画に応じて作成される指図書がなければ，資材・機械補給機関から資材を手に入れることもで

きなかった。

また，財・サービスの価格は，国家価格委員会により設定された。そして，国家価格委員会には価格を時宜にあわせて改定する能力がなかったため，いったん設定された価格は何年にもわたって変更されることがなかった。

（2） 社会主義経済システムの問題点

このようなソ連型社会主義経済システムは，次のような問題点を抱えていた。

第一に，財・サービスの需給一致を確保した計画を作成するためには，国家計画委員会あるいは省・庁と企業との間で膨大な情報交換が必要とされる。しかしながら，情報交換を繰り返し行う時間も，その膨大な情報を処理する能力も計画機関にはなかった。しかも，企業は正しい情報を計画機関に提出するとは限らないし，作成された計画を計画機関の考えているとおりに実行するとは限らない。このように，計画機関と企業の間の情報交換，企業行動の監視には膨大なコストが必要とされる。

この情報管理コストは次のような方法によって引き下げることができた。一つは，優先部門と非優先部門を定め，優先部門に財・サービスを優先的に供給する方法である。高度経済成長を支えるために重化学工業に，そして第二次世界大戦中はナチス・ドイツとの，大戦後はアメリカとの軍事競争を勝ち抜くために軍事部門に優先的に財・サービスが割り当てられ，消費財生産産業やサービス産業は軽視された。もう一つは，全面的な経済管理をあきらめることである。1965年のコスイギン改革，1968年のハンガリーにおける新経済メカニズムの導入などがこれにあたる。いずれにしても，ソ連型社会主義計画経済は，ますます複雑化する経済構造に対応できなくなっていった。

第二に，中央計画機関が計画を定めるということは，計画機関がもつ社会的厚生関数に従って経済が運営されることを意味する。しかし，共産党の一党独裁体制の下では，一般大衆の考えを拾い上げるシステムが機能していないため，中央計画機関の社会的厚生関数と一般大衆の厚生関数が一致する必然性はない。「大砲かバターか」と聞かれたときに，共産党は「大砲」が必要と答え，一般大衆は「バター」が必要と答えるかもしれないのである。

第三に，ハンガリーの経済学者ヤーノシュ・コルナイによれば，市場経済の企業は破産や倒産というハードな予算制約，市場規律に直面しているが，社会

主義の国有企業の予算制約はソフトであり，赤字が出たとしても，補助金などを受けて存続することができた。このため，売れるかどうかに気を配る必要がないため，資材や労働力の無駄遣いが行われ，技術革新が進まないなどの非効率な経済運営が行われた。

第四に，社会主義経済システムのダイナミズムは低く，先進市場経済国が1970年代以降に進めたハイテク化や環境保護・資源節約の波にソ連は乗り遅れたのである。

これらを含めて様々な経済問題が生じ，ソ連の経済成長率は，1951〜55年の11.4％から1980年代後半には2.8％にまで低下してしまった。また民主化の遅れから，社会主義に対する国民の反発が高まっていった。

もちろんソ連指導者も，このようなソ連経済の退潮をただ眺めていたわけではない。上に述べた1965年の経済改革を皮切りに，1978年経済改革，1985年に誕生したゴルバチョフ政権の下でのペレストロイカ（再編）とグラスノスチ（情報公開）など，幾度も改革が試みられた。

しかし，1989年秋の「ベルリンの壁」開放を契機とした中・東欧諸国での社会主義の放棄を受けて，1991年12月にはソ連は解体され，ソ連における74年の社会主義の歴史は幕を閉じたのであった。

3　市場経済移行とは何か

バルト3国を除く旧ソ連諸国では，1991年末に社会主義体制が崩壊し，民主化と市場経済移行が開始された。市場経済移行とは，社会主義的計画経済システムを市場経済の原則により再編成する，あるいは社会主義時代には存在しなかった経済システムを新たに作り出し，これらを機能させることを目的としている。

（1）　経済システム改革

市場経済移行の中心は，市場経済システムへの移行を行うための経済システム改革である。前節の，社会主義の基本的な特徴に従って整理すれば，まず生産手段の共有（国有）から私有へという所有の転換（民営化）が行われる必要がある。そして，需給の調整機能を計画から市場（価格）に委ねるため，経済シ

ステムの転換が行われなければならない。

　ロシアで民営化がどのように行われ，どのような結果がもたらされたのかは第5章で述べられるが，民営化とは，社会主義以前の旧所有者へ返還する（ロシアでは行われなかった），国内外の資本家や市民へ売却する（有償譲渡），バウチャーやクーポンなどを利用して広く一般市民へ無償で譲渡することによって社会主義時代の国有資産を民間の手に譲り渡すことである。さらに，広い意味では，新規に私有企業を設立することによって，民間セクターを拡大することも民営化には含まれる。

　この民営化について2点注意をしておこう。

　第一は，国有資産の民間への所有転換を短期間のうちに達成することに力点が置かれたロシアや中・東欧諸国での民営化は，国有企業をある程度温存しながら，郷鎮企業や合弁企業など新規企業を増加させることでしだいに民営化比率を引き上げてきた中国とは対照的である。つまり，ロシアや中・東欧諸国の所有転換は急進的だったが，中国の所有転換は漸進的であった。

　第二は，所有の転換は，それが目的としている経営の転換には必ずしもつながらないことである。例えば，ロシアの多くの国有企業では，インサイダー（企業管理者あるいは労働者）がその企業の株式を入手した結果，労働者管理企業へ転換しただけにとどまり，経営の転換が進まなかったことが知られている。あるいは逆に，所有の転換が行われなくても，経営の転換が達成される場合もある。JR北海道・四国・九州・貨物の株式はいまだ国が保有しているが，その経営は国鉄時代とは様変わりしていることがその一例であろう。

　次に，需給の調整機能を計画から市場に委ねるため，様々な経済システムの転換が行われなければならない。前節で述べたように，社会主義時代には，需給調節は計画により行われ，国家により定められる価格は副次的な役割しか果たしていなかった。市場経済とは，価格メカニズムを利用して財・サービスの需供バランスが調節される経済であるから，市場経済移行において，まず価格自由化が行われなければならない。同様に，社会主義時代には市場とは無関係に定められていた為替レートや利子率などの自由化も行われなければならない。ただし，ここでもロシアやポーランドのように価格自由化が一挙に行われた国と，ルーマニアや中国のように段階的に行われた国があることに注意しておかなければならない。

しかし，価格が自由化されただけでは市場経済システムは機能しない。社会主義時代の国有企業は，国家計画機関・省庁からの指示に従って，資材を手に入れ，生産し，製品を納入していただけだった。移行開始後，企業は自ら考えて，新たな企業間関係（市場）を模索しなければならなかった。あるいは，社会主義時代の国立銀行（ゴスバンク）は，発券銀行であるが，価格は国家計画機関によって定められるため，マクロ経済調整機能は果たしていなかった。また国立銀行は，国有企業の口座をもち，計画に従い企業間の決済を行う商業銀行業務を行っていた。移行開始後は，このような商業銀行業務が国立銀行から切り離されるとともに，インフレ対策を中心としたマクロ経済調節機能を果たす必要があった。さらに，株式や社債などを扱う証券取引所など，社会主義時代には存在しなかった市場経済システムが構築されなければならなかった。

　このような経済システム改革は，次節で示されるように，困難な過程であった。社会主義時代の国定価格を廃止するのは簡単であるが，新たな均衡価格体系を見出すには時間がかかる。昨日まで生産計画を命令していた計画官が消え去るのは簡単である。しかし，混乱のなかから新たな市場関係を見出すことは難しい。新たな制度を作るための法律を制定することは難しくないかもしれないが，それを施行し，人々に遵守させることは難しい。さらに，長年社会主義の下で育ってきた人々の考え方を，市場経済に適合したものへ変えていくこともたいへんである。われわれ日本人が，高度成長期にできあがった日本型経済システムをグローバル化した経済に適合した経済システムへなかなか変えられないのも，経済システムには慣性があるためである。

（2）　マクロ経済安定化と経済構造改革

　第二に必要な政策は，マクロ経済安定化である。市場経済への移行開始に伴い，社会主義時代に隠されていた不均衡が露呈するとともに，経済システム改革の遅れから，生産の激しい減少とハイパー・インフレーションが生じた。生産の減少とインフレを短期間に同時に解消する政策は存在しない。価格は財・サービスの需給調節のための最も重要なシグナルであり，これがインフレによって機能しなくなれば，市場の需給調節機能が期待できなくなることから，インフレを抑制することによってマクロ経済を安定化させる政策がロシアだけでなく，中・東欧諸国でもとられた。

そのほか、ロシアは社会主義時代の歪んだ経済構造（比較優位を無視した産業配置、重工業や軍事部門の優先と消費財生産・サービス産業の軽視、情報化の遅れ、環境保護の無視など）を抱えていた。

もし、経済システムの弾力性がきわめて高いならば、すなわち、価格自由化が行われれば、直ちに新しい価格と生産の均衡点が見出されるとともに、価格に反応して経済ステムや経済構造が直ちに修正されるという新古典派的な考え方が現実に起きるならば、社会主義時代の歪んだ経済構造を修正するための構造改革は必要ではない。

しかしながら、経済システムの弾力性が高いという新古典派的な考え方は現実には当てはまらず、次節でみるように、市場経済移行開始直後には「経済システムの真空状態」が発生した。この意味で、社会主義時代の歪んだ経済構造を修正するための経済構造改革も必要であろう。

また、経済システムの移行のためには、次のような政策も不可欠である。
・社会・文化・政治改革
・市場経済移行に伴う失業などの国民の負担を緩和するためのセーフティ・ネット（社会的安全網）の確立。

（3） 市場経済移行を支えた思想

ロシアだけでなく東欧諸国における市場経済移行は、価格自由化を基礎とし、民営化を含めた市場経済移行を短期間のうちに終えることができるだろう、という考え方に基づいて進められた。それは、1978年に改革開放を開始しながらも、1980年代に段階的に価格自由化を進めていった中国の市場経済移行とは異なるものであった。一般に、ロシアなどでの一気呵成に市場経済移行を進めようというやり方を「ショック療法」、中国のように状況をみながら試行錯誤的に市場経済移行を進めようというやり方を「漸進主義」と呼んでいる。ロシアでは、500日で市場経済の導入を進めることを提唱する「500日計画」が1990年夏に作成され、1991年に作成された「ガイダル・プラン」により1992年1月からショック療法が導入された。

ショック療法を支えた経済学は、アメリカの新古典派経済学であり、実際にロシアや東欧の市場経済戦略の多くを処方したIMF（国際通貨基金）のエコノミストたちが共有しているといわれている。いわゆる「ワシントン・コンセン

サス」に基づいていた。ミクロ経済学で，企業のなかがブラック・ボックスであると同様に，ロシアにおける市場経済移行も制度はブラック・ボックスであり，価格自由化を一気に行えば，新しい均衡価格が短期間の間に見出され，それに基づいて新しい経済システムや産業構造が同じく短期間の間に見出されるだろうと考えられていた。ソ連の産業構造が大企業独占型であることは認識されていたが，価格自由化とともに貿易の自由化を行い，外国製品との競争にさらされれば，このような独占体質は短期間の間に改められるだろう，と考えられていた。

このようにロシアや東欧諸国において，ショック療法型の市場経済移行が進められた背景には，第一に，ロシアや東欧諸国においては，中国とは異なり，市場経済移行だけでなく，政治の民主化も同時に進められたため，政府が市場経済移行を進めるために必要な力を十分に有しておらず，市場経済移行をゆっくりと進めれば，旧勢力の巻き返しが起きるのではないかと危惧されたことがある。そして，1970年代後半から1980年代にかけて南米などでのハイパー・インフレーションをショック療法によって処理してきた経験が利用可能であると考えられた。

しかし，結果として，ロシアにおいては1990年代にGDPは約40％下落し，ハイパー・インフレーションも長期間継続し，民営化も不完全なものであった。制度を無視した新古典派型の市場経済移行戦略は大きな欠点を抱えていたといえよう。

4　市場経済移行開始後の経済パフォーマンス

（1）　1992年初めから1995年7月まで

1992年1月2日，石油・ガスなどのエネルギー価格やパン・牛乳などの基礎食品を例外品目として，全面的な価格自由化が宣言され，商業の自由化，貿易の自由化，為替の自由化などもあわせて実施された。市場経済移行が開始されると，生産の低下とハイパー・インフレーションが起きた。ロシアの場合，1992年だけで実質GDPは14.5％下落し，消費者物価は1526％上昇した（表1-1）。

いわゆる「転換不況」として知られる生産が減少した要因としては，調整の

第Ⅰ部　市場経済移行の推移

表1-1　1990年代のロシアの基礎経済指標

	1990	1991	1992	1993	1994	1995	1996	1997	1998	1999
実質GDP成長率（％）	-3.0	-5.0	-14.5	-8.7	-12.7	-4.1	-3.6	1.4	-5.3	6.4
消費者物価上昇率（年平均，％）	5.3	92.6	1526.5	873.5	307.0	197.5	47.8	14.8	27.6	85.7
GDP/capita（EUR at PPP）	7,570	7,550	6,650	6,100	5,440	5,300	5,280	5,510	5,320	5,800
失業率（登録ベース，年末，％）	-	0.1	0.8	1.1	2.2	3.2	3.4	2.7	2.7	1.7
失業率（アンケートベース，年平均，％）	-	-	5.2	5.9	8.1	9.4	9.7	11.8	13.3	13.0
財政収支（対GDP，％）	1.3	-2.7	-3.4	-4.6	-10.3	-3.4	-4.7	-5.5	-5.9	-0.9
貿易収支（対GDP，％）	-0.2	1.1	1.0	5.7	3.6	3.3	4.1	2.3	4.6	16.2
経常収支（対GDP，％）	-0.4	0.9	-0.1	4.9	2.8	2.2	2.8	0.0	0.1	12.6
対ドル為替レート（年平均）	0.000585	0.00175	0.2683	1.034	2.21	4.55	5.12	5.79	9.71	24.62

注：対ドル為替レートの数値は1998年1月のデノミネーション後に合わせた。
出所：ウィーン比較経済研究所『統計ハンドブック 2008』，貿易収支は筆者計算。

　真空状態（ハンガリーの経済学者コルナイの言葉で，計画経済システムが崩壊しても，新たな市場経済システムは一夜にして誕生しないことを指す），企業の予算制約がハード化し，無駄な生産ができなくなった，国家投資や軍需が激減した，旧ソ連諸国や中・東欧諸国との産業連関の切断による原材料入手難と需要創出，輸入品による国産品の駆逐されたことなどが考えられる。

　他方，インフレの要因としては，まず，1980年代後半のペレストロイカ期の負の遺産が考えられる。財政赤字が国立銀行からの借入により賄われたこと，国有企業の自主性を高めた結果，生産性上昇を反映しない賃金の引き上げが行われたことなどから，貨幣供給（流動性）が過剰であり，潜在的なインフレ要因を抱えていた。

　次に，価格が自由化された後の要因としては，同時に自由化された為替レートが大きく切り下がったため，人々のインフレ期待が高まった，コスト上昇をそのまま価格に転嫁したためスパイラル・インフレが発生した，企業間の売掛金や買掛金として累積された未払金を解消するため政府は国有企業へクレジットを供与した結果，マネーサプライが増加した，などの理由が考えられる。

　インフレを抑制するため，1992年第1四半期にはマクロ経済安定化政策（厳しい財政・緊縮策）がとられ，財政歳入面では，社会主義時代の税体系を資本主義国の制度に近づけるための抜本的な税制改革が実施され，歳出面では補助金，

国防費，国家投資などの徹底した削減が行われた。同時に，緊縮的金融政策がとられ，貨幣供給は抑制された。しかし，1992年春から増加し始めた企業間不良債務問題や給与・年金の遅配問題を解決するために中央銀行クレジット発行により貨幣供給は増加し，インフレは1992年第3四半期から再び加速した。

その後，消費者物価上昇率はしだいに低下していったものの，1993年873%，1994年307%とまだ3桁の水準にあった。他方，対米ドル為替レート（年平均）は1993年1034ルーブル，1994年2210ルーブルと消費者物価上昇に比較すれば，切り下げ幅は小さかった。この乖離が1994年秋に露呈することとなった。1994年10月11日，対ドル為替レートは1日で845ルーブル安の3926ルーブル，前日と合わせると2日間で1030ルーブル安の大暴落となった（暗黒の火曜日）。このルーブルの大暴落は，ロシア政府にマクロ経済安定化の重要性を再認識させることとなった。

このような「移行不況」のさなか，国有企業の民営化が実施される。1992年10月より額面1万ルーブルの「バウチャー」（民営化小切手）が全国民に無償で配布され，1993年から1994年6月にかけて，このバウチャーと引き換えに国民は民営化企業の株式を手にしたのである。詳細は第5章で述べられるが，1万数千の国有企業が民営化され，4000万人の株式が誕生したのである。

（2） 1995年から1998年金融危機まで

1994年秋の通貨不安は，ロシア政府にマクロ経済の安定化の重要性を再認識させた。そこで，ロシア政府は二つの対応策をとることとなった。

第一は，財政の緊縮化である。1994年の連邦財政は，対GDP比で10.3%の赤字を記録したが，1995年当初予算では赤字幅が7.7%に削減され，その後も歳出抑制に努めたため，最終的な赤字は5.1%にとどまった。また，1994年には財政赤字の3分の2が中央銀行からの借入によってファイナンスされたが，1995年予算から国債・有価証券によるファイナンスへ切り替えられた。

第二は，為替相場の安定化のため，1995年7月に「コリドール制」（目標変動幅内に為替相場を安定させる一種のドル・ペッグ制）が導入された。具体的には，1995年12月末まで為替相場を4300〜4900ルーブルで安定させるという目標が発表され，実際，12月末の為替相場を4640ルーブルに抑えることに成功したのである。

このような政策の結果、インフレは収束し始め、1997年の消費者物価上昇率は14.8％まで低下するとともに、成長率も1.4％とわずかながらプラスに転じた。そして、マクロ経済の安定化を背景に、1998年1月には1000旧ルーブルを1新ルーブルとするデノミネーションが行われたのである。

この時期の民営化では、1994年6月に終了したバウチャー民営化に引き続き、有償売却による大規模国有企業の民営化が開始された。この有償売却による民営化では、第5章で説明される「担保民営化」が実施され、この結果、ロシア版「国有資産払い下げ」が行われた結果、少数の大企業へ株式が集中し、「オリガルヒ」と呼ばれる寡頭資本家が生まれた。

話をマクロ経済の安定化に戻すと、1995年のマクロ経済安定化政策は長続きしなかった。1996年の大統領選挙の頃を境に財政は再び悪化を始める。1996年には国家短期証券（GKO）の購入が外国投資家に開放されるとともに、ロシアの商業銀行が外国からの借入金により短期国債を購入することで、財政の外国依存度が高まっていった。

このようななかで、1997年夏にはアジア通貨危機が発生するとともに、石油の世界市場価格が下落し、ロシアの国債、財政への不安が高まっていった。ロシア政府は、国債の利率を大幅に引き上げたり、為替市場で大量のドルを売り、ルーブルを買い支えるなどの措置をとったが、1998年8月17日、ロシア政府は、ルーブルの切り下げ、国債取引の停止、商業銀行の対外債務支払い猶予などを宣言せざるをえなくなり、ロシア経済は再び危機に陥ったのであった。

(3) 2000年代のロシア経済——資源輸出による高い経済成長

ロシアの工業生産は、1998年に入ると低下し始め、対前期比で第1四半期4.0％、第2四半期5％、第3四半期8.6％の減となっていた。1998年8月の金融危機は、ロシア経済にさらに負の影響を与えるものとみられていた。実際、1998年9月の消費者物価は8月より38.4％上昇した。

しかしながら、大方の予想に反して、1998年10月以降、ロシア経済は回復基調に入り、2000年代に入ると、ロシア経済はさらに好調さを増すこととなる。通貨・金融危機直後のロシア経済の回復は、為替レートの切り下げによるものである。為替レート（対ドル）が金融危機前の6.2ルーブルから9月には16.1ルーブルに、さらに12月には20.7ルーブルへ切り下がったため、輸入価格の高

騰により国産品，とりわけ衣料品などの軽工業や食品産業への需要が増加し，製造業が息を吹き返したのであった。

　2000年代のロシア経済については，詳しくは第3章をみていただくとして，ここでは簡単にその特徴をまとめておこう。2000年代のロシアは，プーチン大統領（現首相）の時代といって良い。プーチンは，2000年3月に正式に大統領に就任すると，不安定で，税負担が大きく，脱税が横行していた租税制度を，単一（13％）所得税率の導入などにより簡素化し，徴税率を引き上げるなど，ビジネス環境の改善を図ることによって，経済の活性化を試みた。

　しかし，2000年代のロシアの高い経済成長は，何よりも，石油・天然ガスなどの資源価格が世界的に高騰し，多額の輸出収入を手にすることができるようになったことによる。他方，石油・天然ガスの輸出により貿易（経常）収支の黒字が拡大してしまったため，為替レートが切り上がり，製造業の輸出は困難となり，輸入品が再び流入しやすくなったため，ロシア経済は「資源依存経済」の様相を強めていくこととなった。

　さらに企業の経営実態をみると，燃料エネルギー部門の多国籍化が進むなど，市場経済への適合度を高める動きがみられる一方で，天然ガスの生産・供給において独占的な位置を占めるガスプロムに対するロシア連邦政府の株式保有比率が過半数を超えるなど，石油・天然ガス産業での再国有化が進められたり，航空機やナノテクなど21世紀の戦略的産業において，国家コーポレーションと呼ばれる100％国有の企業グループが形成されるなど，国家の企業活動への介入の動きも強められた。

5　ロシアの市場経済化の評価

　中・東欧諸国や中国などのアジアの旧社会主義国と同様に，1992年の価格自由化を契機としてロシアにおいても市場経済化が進められてきた。しかし，これまで述べてきたように，それは必ずしも順調ではない。欧州復興開発銀行（EBRD）が毎年発表している「移行指数」によって，ロシアの市場経済化の現状をほかの移行国と比較してみよう。

　欧州復興開発銀行は，ロシアを含めた旧ソ連諸国と中・東欧諸国の市場経済移行を支援するために，当時の欧州共同体（欧州連合）が中心となって設立し

第Ⅰ部　市場経済移行の推移

表1-2　移行指標（2009年）

	民間部門比率	大規模民営化	小規模民営化	企業統治	価格自由化	貿易・為替自由化	競争政策	銀行改革・利子率自由化	証券市場・ノンバンク改革
ロシア	65	3.0	4.0	2.3	4.0	3.3	2.3	2.7	3.0
中東欧	76	3.7	4.3	3.5	4.2	4.3	3.2	3.6	3.4
バルト3国	75	3.9	4.3	3.3	4.3	4.3	3.4	3.8	3.3
南東欧先進国	72	3.7	4.0	2.8	4.2	4.3	2.9	3.7	3.0
南東欧後発国	66	3.2	3.7	2.3	4.1	4.1	2.1	3.0	2.0
旧ソ連欧州部	53	2.6	3.4	2.0	3.8	3.5	2.2	2.8	2.2
コーカサス3カ国	75	3.2	3.9	2.2	4.2	4.2	2.1	2.6	1.9
中央アジア5カ国	53	2.5	3.5	1.7	3.5	3.1	1.7	2.0	1.7

注：中東欧：ハンガリー，ポーランド，スロヴァキア，スロヴェニア。
　　南東欧先進国：ブルガリア，クロアチア，ルーマニア。
　　南東欧後発国：アルバニア，ボスニア・ヘルツェゴヴィナ，マケドニア，モンテネグロ，セルビア。
　　旧ソ連欧州部：ベラルーシ，モルドヴァ，ウクライナ。
　　コーカサス：アルメニア，アゼルバイジャン，グルジア。
　　中央アジア：カザフスタン，キルギス，ウズベキスタン，タジキスタン，トルクメニスタン。
出所：欧州復興開発銀行『移行報告書　2009』より筆者作成。

た国際金融機関である。欧州復興開発銀行は，移行国の移行段階を評価するため，毎年「移行指数」を発表している。それは，移行各国の民営化，自由化，制度構築の水準を社会主義時代と変化がない1から，先進諸国と同レベルである4+までの数値評価するものである。モンゴルを別として，中国やヴェトナムなどのアジアの旧社会主義国は欧州復興開発銀行の融資対象国ではないため，残念ながら，これらの国々の移行指数は与えられていない。

　表1-2は，ロシアとそれ以外の国々の移行指数を地域別に単純平均したものである。第一に，指標ごとにみていくと，小規模企業の民営化と価格自由化が最も進んでおり，大規模企業の民営化，貿易・為替相場の自由化，証券市場・ノンバンク改革がそれに続き，銀行改革，企業統治，競争政策が遅れていることが分かる。このような傾向は，ほかの市場経済移行国でも同じくみられるものである。

　第二に，ほかの地域と比較すると，市場経済移行は，中東欧諸国とバルト3国で最も進んでおり，南東欧諸国，ロシアが続く。旧ソ連諸国では，平均値では旧ソ連欧州部，コーカサス3カ国，中央アジア5カ国の順であるが，旧ソ連欧州部ではベラルーシ，そして中央アジアではトルクメニスタンの二つの国の移行の進展度が遅く，とりわけトルクメニスタンでは，大規模企業の民営化や競争政策，銀行改革，証券市場改革の指数は1であり，社会主義時代とほぼ変

わりがないという評価が与えられている。

　このような評価の違いは、もちろん各国の歴史、社会性などもその背景にあるとはいえ、中・東欧諸国では、とりわけ1990年代後半からのEU加盟の動きが市場経済移行を進展させたことが分かる。これに対して、ロシアをはじめとする旧ソ連諸国はEU加盟というような、市場経済移行を促す動機づけをもっておらず、民主的政治の歴史を欠くいくつかの国々では、専制的な政治が行われている。

　ロシアでは、2000年代に経済における国家の役割が再び高まるなど、市場経済移行は順調ではなく、ジグザグを続けている。市場経済移行を進め、競争力を向上せずとも、石油・天然ガスの輸出により安易に豊かになれたことは、必ずしも利点ではないことがいえよう。

6　1990年代の市場経済移行が残したもの

　ロシアでは、1980年代後半のソ連におけるペレストロイカという体制内改革を受けて、1992年1月に価格や為替、貿易などの自由化を中心とした市場経済移行が開始された。しかし、この価格自由化は、大幅な生産の低下とハイパーインフレーションというマクロ経済の不安定化をもたらし、1990年代を通して、ロシアはマクロ経済の安定化に悩むことになる。

　他方、経済システム改革の核である民営化については、まず民営化小切手を利用した無償民営化が実施され、その後、担保民営化を利用した有償売却により大規模企業の民営化が行われた。しかし、無償民営化では、国有企業の自企業経営者・労働者への払い下げが、大規模企業の有償譲渡では、「オリガルヒ」と呼ばれる寡頭資本家への払い下げが行われただけで、ロシアにおいて近代的な経営統治構造は生み出されなかった。

　このような1990年代のロシア経済の問題点は、プーチン政権の下、石油・天然ガス等の国際資源価格の値上がりという恩恵を受けて、一見解消されたかのようにみえ、BRICsの一角として、21世紀の世界経済発展を支えることが期待された。とはいえ、2000年代中頃より資源産業や戦略的産業における国家の役割が再び高まってきている。また、第3章で述べられるように、2008年のグローバル金融危機の発生によって、ロシアの経済成長はG7あるいはほかの

第Ⅰ部　市場経済移行の推移

■□コラム□■

ルーブル

　ルーブルは，ソ連時代末期には1ルーブル約1.6ドル（1ドル0.63ルーブル）だった。1ルーブルは紙幣であったし，モスクワ・オリンピックなどの1ルーブル「記念」硬貨が発行されている。5カペイカ（1カペイカは100分の1ルーブル）あればモスクワの地下鉄に乗ることができた。

　現在（2010年5月）の為替レートは，1ドル約30ルーブルなので（1ルーブル約3円），ルーブルの価値はドルに対して47分の1に減少したということになる。といいたいのだが，1998年1月に1000分の1のデノミネーションがあったため，実はルーブルの価値はドルに対して4万7000分の1になってしまった，ということになる。

　1ルーブルは，銅ニッケル合金の硬貨である。ソ連時代の10ルーブル以上の紙幣にはレーニンが描かれていたが，現在は，10ルーブル札クラスノヤルスク，50ルーブル札サンクトペテルブルク，100ルーブル札モスクワ（ボリショイ劇場）といったように，都市が描かれている。また，1998年のデノミネーションの前後では，紙幣のデザインは同じで，数字が3桁消えた以外に大きな違いはない。

　同じように，1990年代初めにハイパー・インフレーションが起きたポーランドでは，1995年に1万分の1のデノミネーションが行われている。それ以前の紙幣では1000ズウォティはコペルニクス，5000ズウォティはショパン，2万ズウォティはキューリー夫人というように，ポーランドの偉人が描かれていたが，現在では，10ズウォティは10世紀のミエシュコ1世，20ズウォティは10〜11世紀のボエスワフ1世というように，歴代の国王の肖像が描かれている。社会主義から市場経済への移行，そしてデノミネーションによって各国の紙幣や硬貨がどのように変わってきたのかをながめてみるのも面白い。

BRICs諸国にはみられないほどに鈍化した。

　ロシア経済がこのように脆弱である原因は，第一に，歴史や社会，民族性，そして地政学や資源賦存などロシアなるものによるものであり，第二に，74年間に及ぶ社会主義の歴史であり，第三に，1992年以降の民主化，市場経済移行の戦略や政策の問題にある。21世紀におけるロシアの発展戦略はどのようなものだろうか。現在の脆弱性を抱えたまま，経済発展を遂げることができるのか，それとも西欧型の経済統治体制を作り上げなければ21世紀におけるロシアの経

済発展はないのだろうか。

■ ■ ■

●参考文献─────
『IMFロシアレポート』(1992) 日本評論社。
　IMFのショック療法型経済改革がまとめられている。
大津定美・吉井昌彦編 (2004)『ロシア・東欧経済論』ミネルヴァ書房。
　2000年代前半までのロシア・東欧の市場経済移行をまとめた教科書。
岡稔ほか (1976)『社会主義経済論』(経済学全集31) 筑摩書房。
　我が国におけるソ連経済システムの代表的教科書。
小川和男 (1993)『ソ連解体後──経済の真実』岩波新書。
　ソ連崩壊前後の経済の事実を具体的事例に基づいて分析している。
グレゴリー,P.R.・スチュアート,R.C. (1987)『ソ連経済──構造と展望(第3版)』
　吉田靖訳,教育社。
　アメリカにおけるソ連経済システムの代表的な教科書。
田畑伸一郎 (2008)『石油・ガスとロシア経済』北海道大学出版会。
　2000年代中頃の石油価格高騰期のロシアの経済構造を分析している。
二村秀彦ほか (2002)『ロシア経済10年の軌跡──市場経済化は成功したか』ミネルヴァ書房。
　1990年代のロシア経済の構造変動をまとめた好著。
望月喜市ほか編 (1995)『講座スラブの経済6──スラブの経済』弘文堂。
　1990年代前半の社会主義経済システムの崩壊と市場経済移行がまとめられた専門書。

(吉井昌彦)

第2章
ロシア経済の歴史と政治システム

　1992年以降のロシア経済を捉える場合に，二つの視角が準備作業として求められる。一つは，ヨーロッパでもアジアでもないという特殊な位置にあるロシアの歴史的な視角である。体制転換に至った歴史的背景をロシアの資本主義の確立から見直すことは，たとえ歴史は繰り返すという姿をみせなくとも，現在のロシア経済を考えるうえで欠かすことのできない作業である。多くの制度論者，経済学者が好んで用いる「経路依存性」は，歴史的に何を伝えているのかを指し示すことができよう。もう一つの視角は政治である。伝統的に帝政ロシア，ソ連のロシア，そして現代のロシアはいずれも中央集権的であり，いつの時代も政治が経済に優越しているようにみえる。世界最大の版図をもつロシアはどのように統治されてきたのか，このことは経済システムを考えるときに避けることのできない点であろう。ロシア経済がノーマルか否か，この点は歴史発展の経路と政治システムの正常さに依存している。

1　不思議な国ロシアの資本主義

（1）　帝政期ロシアの資本主義の産湯

　一般に経済史の教科書では，資本主義の成立は産業革命を基点にし，イギリスのそれを先頭に，ヨーロッパでの工業化の歴史を資本主義の歴史として位置づけている。しかし，ロシアの産業革命はヨーロッパ諸国のそれよりも大きく遅れただけではなく，きわめて独自の姿・特殊な条件を内包したものであった。それ故，ロシア資本主義の歴史を1992年からの体制転換過程だけに限定して捉えると，過去に存在したロシアに特有な資本主義の遺産を見落としてしまう危険性がある。体制転換で生じた様々な経済現象の特徴を理解するには，ソ連経済の起源である帝政ロシア期の経済，さらにロシア革命後に成立したソ連経済を歴史的に振り返ることが重要である。本節ではまず，ソ連社会主義経済の成

立以前に，ロシアにはどのような資本主義が成立していたのかを考察しよう。

かつてイギリスのソ連史家E.H.カーは，「歴史的伝統や性格というものは，簡単には亡びない。したがって，われわれがロシアの『後進性』の痕跡を探すばあいには，『市場』的工業化と『計画』的工業化との現代的な衝突のなかにではなく，工業化の原始的，ピョートル的概念（そしてそれと照応する原始的経済状態）の残存のなかに，求めるべきである」（カー 1969：333）と述べている。この見解こそロシアの資本主義を育む産湯を表現している。ロシアは近代化の最初から「原始的なもの」に悩まされ続けてきたのである。

1697年，皇帝ピョートル1世（在位：1682～1725年）は約300名にのぼる使節団をヨーロッパへ派遣した。西欧の先進的な技術を模倣，導入し，各分野の専門家を雇用するため，皇帝自ら工場，博物館，大学などの視察団に加わり，オランダでは造船術の習得に励んだ。ヨーロッパから帰国したピョートル大帝が真っ先に行ったことは，貴族らの髭を剃り落とし，廷臣らに西欧風衣服の着用を命じ，暦法もビザンツ式のものからユリウス暦へと変更させたことであった。当時ロシアはバルト海への出口をめぐってスウェーデンと戦争（1700～21年の北方戦争）をしていたが，1703年にはネヴァ川流域の戦いの最前線に近いところに，その後首都となるサンクトペテルブルクの建設を開始した。西欧の模倣こそがロシアの未来を規定したのである。

ピョートル1世の下で推進された工業化（近代化）は，国家の要請で作動する三つのグループ，つまり①兵器と軍装品を作る工場，②陸軍と海軍の帆布を作る織物工業，③公共事業を推進する建設業，を主な舞台として展開された。この工業化政策の根底にあったものは，意識的な西欧化政策と西欧諸国に対抗するための軍備の増強という動機であった。帝政時代における初期段階の工業は，膨大な天然資源と大量に動員された農奴の労働力との結合によって発展したのであり，技術的過程は原始的かつ未発達であり，資本設備は取るに足らないレベルのものであった。ピョートル1世による初期工業化は資本の担い手としての国家と労働力としての農奴に立脚するものであり，この原始的な要素こそがその後のロシアの工業発展の型を規定することになった（カー 1969：322）。

ピョートル1世の工業化を第1段階とすると，クリミア戦争（1853～56年）とアレクサンドル2世（在位：1855～81年）による1861年の農奴解放こそが工業化第2段階の転機となった。ロシアはクリミア戦争によって他国との経済格差

第Ⅰ部　市場経済移行の推移

表2-1　経済，社会指標の国際

	人口 (100万人)	国民所得[1] (100万ルーブル)	1人当たり国民所得 (ルーブル)	乳児死亡率[2]
1861年				
ロシア	74	5,269	71	239[3]
イギリス	20	6,469	323	148
フランス	37	5,554	150	190
ドイツ	36	6,313	175	260
アメリカ	32	14,405	450	n.a.
オランダ	3	n.a.[4]	n.a.	196
ノルウェー	2	331	166	113
スウェーデン	4	449	112	124
イタリア	25	4,570	183	232
スペイン	16	n.a.	n.a.	174
オーストリア=ハンガリー	35	n.a.	n.a.	264
1913年				
ロシア	171	20,266	119	237
イギリス	36	20,869	580	108
フランス	39	11,816	303	112
ドイツ	65	24,280	374	151
アメリカ	93	96,030	1,033	115
オランダ	6	2,195	366	91
ノルウェー	2	918	659	64
スウェーデン	6	2,040	340	70
イタリア	35	9,140	261	138
スペイン	20	3,975	199	155
オーストリア=ハンガリー	50	9,500	190	190

注：1）1861年の金額は1913年水準のルーブルに換算。
　　2）出生数1000人当たりの乳児（1歳以下）の死亡数。
　　3）1867～69年の平均値。
　　4）n.a.は数値入手不可能。
出所：Gregory, P.R. (1982), *Russian National Income, 1895-1913*, pp. 155-156より筆者作成。

　を思い知ることになり，産業革命を本格的に開始する必要性を痛感した。農奴解放は，資本をもたないだけでなく，「奴隷」の地位から解放された二重の意味で自由な労働者の登場の扉を開くことになった。上述のような出来事を社会的背景として，ロシアでは1880年代半ばに産業革命が開始されることになった。
　帝国主義の時代，ロシアの産業革命には軍事力強化という目的も含まれていた。すなわち，主な国家投資は重工業，資本財工業（交通網の建設・拡充・整備）に振り向けられ，市場のニーズよりも国家からの需要が最終生産物の性格を規定した。ロシアの産業革命の特徴は次の5点に求められる。①工業化は国家に

比較：1861年と1913年

粗 鋼 (1,000トン)	銑 鉄 (1,000トン)	石 炭 (100万トン)	鉄 道 (1,000キロ)	穀物生産 (1,000トン)	原 綿 (1,000トン)
7	320	0.38	2.2	41,500	43
334	3,772	85.0	14.6	n.a.4)	456
84	967	9.4	9.6	26,220	110
143	592	18.7	11.5	28,706	74
12	830	13.3	50.3	39,318	213
n.a.	n.a.	n.a.	0.34	292	3.6
n.a.	0	n.a.	0.07	802	n.a.
0	170	0.03	0.57	1,265	7.7
0	27	0.03	2.8	6,455	12
n.a.	67	0.35	2.9	n.a.	27
22	315	2.5	3.2	20,745	44
4,918	4,641	36.1	70.2	123,000	424
7,787	10,425	292.0	32.6	8,948	988
4,687	5,207	40.7	40.7	30,870	271
17,609	16,761	277.3	63.4	85,445	478
31,800	34,700	517.0	400.0	146,000	1,458
n.a.	n.a.	1.9	3.2	3,686	36
0	n.a.	n.a.	3.1	1,076	n.a.
591	730	0.36	14.3	4,979	22
934	427	0.7	18.9	13,128	202
242	425	3.9	15.1	9,025	88
2,611	2,381	54.2	23.0	38,953	210

よって開始，指導され，その大部分は軍事的要請，政治的動機に基づき，②工業化は複雑な近代的機械を用いた大量投資を要求する大規模な単位に基づいており，③工業化は消費財ではなく，資本財を生産する工業に関連しており，④工業化は，都市生活，労働規律，機械的過程にまったく不慣れな未開な農奴人口の突然の徴募と訓練を伴っており，⑤工業化は，その政治的方向性と近代工業の技術的複雑さという二面から集中的な指導と組織化という重要な要因を必要とした（カー 1969：333-334）。つまり，段階的に工業化するのではなく，一挙に資本財に傾斜した工業化を推進するために，国家や不足する資本を補完す

る外資，さらに農奴と結びついた工業労働者を基盤にしていたのであり，経済に対する政治的主導性が政策の基盤になっていたのである。

（2） ロシア資本主義の実像

1861年（農奴解放）と1913年（第一次世界大戦・ロシア革命前）におけるロシアとほかのヨーロッパ諸国との経済，社会指標を国際比較することで，ロシアにおける資本主義の発展の特異性を確認しておこう（表2-1）。

まず初めに確認しなければならないことは，他国と比較して1861年のロシアでは，鉄鋼，石炭などの工業製品における相対的地位は低かったが，1913年の集計数字では概して相対的地位を改善しているということである。1851年，ペテルブルグ－モスクワ間の鉄道が開通し，大規模な鉄道建設が構想され，1891年にはシベリア鉄道建設が着手された。ロシアにおける鉄道網の発展は，軍事的目的から国家投資によって建設が進められ，1861年の2000kmをやっと超えるレベルから1913年には7万km以上にまで延びることになった。鉄道建設は，鉄鋼，石炭などの生産増大，さらには穀物などの市場の拡大と大きく関係している。総額におけるロシア経済の著しい躍進にもかかわらず，一人当たりの国民所得をみると，産業革命後であってもロシアは，フランスの40％，ドイツの30％，イギリスの20％，アメリカの10％程度の水準にすぎなかった。ロシアはイタリア，スペイン，オーストリア=ハンガリーよりも低い位置にあり，ヨーロッパの最貧国の一つであった。

農業に関しては，1861年のロシアはほかの諸国よりも多くの穀物を生産しており，1913年においてもアメリカだけがロシアの穀物生産を上回っている状況であった。しかしながら，農業労働者一人当たりの労働生産性（カロリーベース）を比べてみると，アメリカ，ドイツからもはるかに遅れており，なんとかスペイン，イタリアよりも上位であった（表2-2）。

工業および農業はロシア資本主義の形成・工業化の結果，先進国に仲間入りするほどにまで成長したのであるが，そのなかに脆弱性（一人当たりの水準の低さ）が内包されているという特徴がある。まさに，ロシアは「張子の虎」のように，外見からして立派にみえてもその内部はそれに相応しいものではなかった。

なぜロシアはほかのヨーロッパ諸国と比較して，これほどまでに経済的後進

性を帯びていたのか。そして，ロシアの経済的後進性とその伝統的な経済発展の型を，私たちはどのように理解すべきなのか。この問題に対して，約半世紀にわたり経済史に大きな影響力を与えてきたのは，ロシアの亡命知識人で，「後進性の優位」仮説を提唱した経済史家A.ガーシェンクロンであった。彼は「歴史的視野から見た経済的後進性」という有名な論文のなかで，「ロシアの底知れぬ経済的後進性」の主な理由は，農奴制の存在，生まれながらの帝国で

表2-2 農業労働者一人当たり生産性(100万カロリー)

	1860年	1910年
ドイツ	10.5	25.0
ベルギー	11.0	18.0
スペイン	11.0	8.5
アメリカ	22.5	42.0
フランス	14.5	17.0
イタリア	5.0	6.5
日　本	n.a.	2.6
イギリス	20.0	23.5
ロシア	7.5	11.0
スウェーデン	10.5	16.0
スイス	9.0	17.0

出所：ノーヴ，A. 1982：17.

あったが故の領土拡張とそれに伴う軍事的紛争であったことを指摘し（ガーシェンクロン　2005：17），ロシアの伝統的な経済発展の型を次のように定式化した。つまり，第一に経済進歩は軍事的利益によって動く政府によってもたらされ，軍事的必要が切迫しているときに経済は発展し，軍事的圧力が緩和したときには経済は沈静化する。第二に，経済発展に伴う膨大な負担は，この同時代に生きる世代の肩に重くのしかかり，場合によっては厳しい弾圧手段によって国民に大きな犠牲を強いる。第三に，政府の国民への厳しい要求は，国民の肉体的忍耐力の限界を超える大きな努力が強いられたので，長期にわたる経済停滞は不可避の帰結になる，というものである（ガーシェンクロン　2005：14 - 15）。

　帝政ロシア期の経済成長は国家と軍（帝国）が主導する外延的成長（労働力，土地，原材料の追加的投入による経済成長）に基づくものであり，内延的成長（技術・技能などの向上による生産要素のより効率的な利用による経済成長）に依拠するものではなかった。19世紀ドイツの労働者がユンカー（東部ドイツの地主貴族）領土での厳格な訓練のなかで生み出されたのに対し，ロシアの労働者は農奴の伝統を引き継いでおり，「安定的で信頼しうる訓練を積んだ」ものではなかった。さらにいうと，民間資本に代替するのは国家と外資であり，政治的な課題が帝国としての存在（軍事的要請）であり，経済システムの構築を規定していた。こうした属性こそが，体制転換期の現在のロシアの経済制度構築において引き継がれた「社会的遺伝子」であり，外国から移植された諸制度もまた，この「社会的遺伝」と対峙せざるをえなかったのである。

2 ソ連社会主義の成長と崩壊

(1) ソ連社会主義の形成と構造

　ロシア資本主義に独自の「遺伝子」があるとすれば，ロシア革命も，それが導出したソ連社会主義にもその独自性が強く影響したことは疑いないだろう。マルクス主義ではなく農村・農民に基盤をおいたロシア社会主義・ナロードニキという特殊な思想の存在，国民国家ではなく帝国（帝政）のなかでの資本主義の構築という条件，そして脆弱な成長軌道こそが，20世紀のソ連の出発点であった。さらにいえば，広大なユーラシアの版図に存在するロシア・ソ連には豊かな資源と引き換えに高くつく物流コストと資源浪費の体質が織り込まれ，ロシア・ソ連はそれ自身にとって過大なコストを払わずには経済の再生産活動を維持することは困難であった。本節では，1992年以降の新生ロシアの直接の「遺産」を描写するために，限定的ではあるが，ソ連社会主義とは何であったのか，ソ連社会主義経済はどのように作動したのか，そしてソ連社会主義経済はなぜ破綻したのか，という点について考察していくことにしよう。

　ソ連社会主義は崩壊した帝政ロシアの痕に形成されたが，その編成自体はそれほど簡単なものではなかった。1917年のロシア革命，戦時共産主義と新経済政策（ネップ）の時期を経て，革命の指導者V.レーニンが亡くなった後，J.スターリン（統治期間：1924〜53年）によりソ連型政治経済システムが確立した。その後，N.フルシチョフ（同：1953〜64年），L.ブレジネフ（同：1964〜82年），Y.アンドロポフ（同：1982〜84年），K.チェルネンコ（同：1984〜85年）を経て，体制転換に直結するM.ゴルバチョフ（同：1985〜91年）によるペレストロイカによって社会主義システムは刷新されるかにみえたが，結果的には1991年末にソ連は崩壊することになった。

　まず，経済面に限定してソ連社会主義はどのように作動したのか，について考えていこう。ソ連成立の背景には，第一次世界大戦が存在することはいうまでもない。まさに，国力に沿わない戦争に参加したロシアが戦争から離脱する経路上にソ連が存在していたのである。スターリン下の1930年代に成立したソ連の経済システムは，①一国社会主義（ソ連一国のみでの社会主義建設）と世界大戦後の厳しい国際的・国内的政治環境，②後進性からくる資本と労働者，さ

らには専門家や技術者の不足，③市民社会や政治的民主主義の運営に関する歴史的経験の欠如という条件の下で成立した。

　ソ連の経済システムは，生産手段の完全な国有と中央計画化（行政命令的指令）システムに特徴づけられる。「ともしび」のようにしか存在していなかった市場メカニズムは廃止され，市場を通して作用する需要は価格と投資の決定においてその役割を果たさなかった。経済は供給支配的となり，政府統制が供給をリードした。統制経済は戦時経済期における日本，西側諸国でもみられたが，ソ連経済のそれは短期間に急速な工業化に向けて資源を集中することを目指したものであり，投資率は著しく高かった。政府の投資は，戦時体制を意識して，軽工業よりも重工業に，消費財よりも生産財に傾斜した。計画は集権型経済管理機構，中央部門別工業省と企業をつなぐ垂直的連関システムと上からの指令に基づく行政的管理方法によって特徴づけられる。行政的管理の基本的構成要素は，①企業の計画編成における詳細な義務的課題の確認・下達制，②資源配分における集権的な基本投資と企業への無償配分制および資材・機械の割当補給制，③利潤の中央機関への集中制であった。計画は「物財バランス」といわれる手法によって編成されたが，すべての財をこの計画に包摂することは技術的に不可能であった。さらに，計画そのものも正常に策定されなかった。国有企業は所轄官庁に生産結果の超過申請をし，過大な目標達成数値を報告した。ソ連では第一次5カ年計画（1928〜32年）のときから，計画時には過少申請，結果報告時には超過達成が選好された。こうした国有企業の行動様式こそ精緻な計画経済の実現不可能性を意味しているといっても過言ではないだろう。

　工業化の原資は農業に依存した。革命は土地改革と保有地の平等化をもたらしたが，結果的には，革命前よりも単位当たりの資本が少ない多数の農民を創出したにすぎなかった。この状況を打開する政策こそが，1929年から進められた農業集団化であった。これは農民から家畜や土地の権利を奪う残忍な行政的措置であり，その内実は経済的な刺激から殺傷を含めた強制まで多様なものであった。1929年の2600万の農民世帯は，1937年までに23万5000の集団農場になり，農業は工業の原資を生む領域として位置づけられた。集団農場は戦後一貫して国家化の道を突き進むことになるが，同時に戦後の農業は，経済にとってはマイナス要因となった。多額の補助金と農産物の不足，そしてそれを補うための輸入こそがソ連農業の結末であった。

それでも，ソ連の工業と農業は成長を遂げ，1980年代の終わりまで東欧を含めた同盟諸国をつなぎとめるだけの帝国としての経済力を確保することに成功していた。この経済成長は平等性のうえに成立し，国家が社会福祉を提供するという意味では，ソ連型福祉国家が出現していたということもできよう。そして，ここでも帝政期と同様に，政治が経済をリードする現象が存在していた。経済計画は政治の産物であり，党・政府の決定が経済的な目標として位置づけられていた。ソ連社会主義の評価を締めくくるにあたり，J.M.ケインズの評価（『ロシア管見』）をあげておこう。ケインズはソ連を新しい宗教，実験的な経済運営技術と評したうえで，ソ連の政治経済システムは存続しえないほど非効率ではなく，効率性は低くとも経済システムは機能し，永続する要素があるとみている（小島 2008：255-282）。少なくとも，資源がソ連経済の永続性の最大の要素とすれば，ケインズの評価は戦後ソ連の維持可能性の理由として妥当なものになる。

（2） ソ連経済の成長と崩壊

ソ連は外延的成長といわれる資源の追加的投入に依拠して，マクロ的には高成長を達成した。ソ連の経済成長は，公式統計をみる限り，その成立以来一貫して右肩上がりの成長を遂げている。特に，ソ連経済はアメリカに追いつき追い越すだろうと1950年代には真剣に考えられていた。このような成長予想はP.サミュエルソンのような時代を代表する経済学者にも強く影響した（驚くべきことに，彼の『経済学』第7版〔1967年〕終章「経済制度の違い」では，1980年にはソ連のGNPがアメリカに並ぶ可能性が示唆されている）。

しかし，実際のソ連の経済成長はみかけ倒しそのものであった。高度成長にもかかわらず，ソ連はアメリカ経済に追いつくどころかそのギャップは広がりさえした。一人当たりGDPの推計で米ソを比較すると，ソ連はアメリカの3分の1程度の水準で，崩壊時には3割を切っていた。

ソ連の経済成長は戦後，**表2-3**のような推移を示す。ソ連経済の成長鈍化がみられるのは1970年代に入ってからであり，それまではGDPは相対的に高い成長率を示している。この経済成長を支えたのは資源そのものである。資本投入規模は当該時期のGDP成長率の倍近い比率を指し示している。文字通り，大量の資源投入によって，この資源大国の経済は作動可能であった。さらにい

表2-3 ソ連の経済成長（1950~90年）

(単位：％)

	1950-55	1955-60	1960-65	1965-70	1970-75	1975-80	1980-85	1985-90
GDP	4.9	5.4	4.8	4.8	2.9	1.8	1.7	1.3
労働投入	1.9	0.6	1.6	2.0	1.7	1.2	0.7	0.2
資本投入	7.9	9.2	9.7	7.4	8.0	6.9	5.4	4.9
労働・資本結合投入	4.5	4.4	5.2	4.4	4.6	3.9	3.2	2.3
全要素生産性	0.4	1.0	-0.4	0.4	-1.7	-2.0	-1.5	-1.0

出所：Hanson 2003：249.

えば，そのための労働力の投入規模も大きい。ソ連の経済成長は，明らかに資本の効率的な運用，労働生産性の向上には依拠するものではなかった。

ソ連の経済計画が，企業の大量の資源投入に基づいて遂行され，企業内には労働者を含めて大量の資源が「凍結」されていたとすれば，また生産・富が国民生活ではなく主に国家（帝国）の維持と軍事に向けられていたとすれば，まさに企業レベルの非効率性と国家の浪費性こそがGDPの成長源泉であった。GDPの減速化は1970年代に観察されるが，投入財の成長の減速化は1975年以降に遅れて発生している。1970年代，ソ連の外延的成長が資源制約の壁に突き当たり，技術進歩が停滞すると，既存の成長経路は機能不全に陥った（Hanson 2003：248-251）。1970年代以降の減速化は，さらに過大な負担をソ連に強いることになる。資源開発ベースはシベリア・極東へ移動し，開発コストが一段と高くなるだけでなく，それは同時に輸送コストの増加をもたらした。政府は不足する資金を補うために，さらなる資源開発と西側技術の導入（輸入代替工業化）を実施し，西側諸国からの債務を累積させた。1980年代初頭，国際石油価格の下落からソ連は返済危機に陥り，ソ連崩壊時，累積債務は一層膨れ上がり，文字通りソ連は借金大国化した（旧ソ連の対西側債務は1995年初頭に1100億ドルにまで達した）。さらに，ソ連と西側諸国の軍拡競争も経済的な過重負担になったことは確かである。この負担には，ワルシャワ条約機構同盟国をソ連の傘下（パックスソビエチカ）におさめるためのコストも含まれていた。

ソ連の経済成長はそれでも持続した。表2-3はそれを物語っている。そうであれば，ソ連崩壊の要因を説明する際，「成長の限界」を主張するだけでは論拠不十分であろう。ソ連の経済成長は，一見硬直的にみえる社会体制のなかであっても，経済構造そのものを大きく変えるだけの基盤を提供したことも疑

いない。少なくとも1960年代までには，ソ連社会主義はもはや1917年に革命が生じたときの体制とは異なるものに変容していた。

　工業への余剰人口の流出は，農村から都市への大規模な人口移動を引き起こした。非農業労働力は1926年から1955年にかけて1000万人から4500万人に増大し，都市人口は1929年2810万人から1940年6310万人に，総人口の19％から33％にまで増大した（レーン 2007：85-87）。その結果，1959年には都市人口と農村人口の比は48：52に拮抗し，1960年代初頭には逆転した。ソ連は農業国から工業国に変化した。

　ソ連における都市人口の増加は同時に人々の教育・文化水準の向上を意味した。1926年の9歳以上の人口のうち，読み書きができたのは51.1％にすぎなかったが，1939年になると81.2％というように，ソ連政府は識字率の水準を飛躍的に高めた。1939年に完全な高等教育を受けた者はわずか120万人にすぎなかったが，1959年には830万人となり，1987年には2100万人となった。社会主義工業化は国土の総合開発などの側面で経済発展の足かせになるほどの否定的側面（例えば，コストを度外視した企業城下町の存在など）をもたらした一方で，確実に第一次産業から第二次産業，さらに第三次産業へと産業構造を高度化し，それを支える人的資源を形成することに成功した。ソ連における非生産的雇用（科学，教育，文化，保健，保険，旅行部門などで雇用された労働者）は，1950年にわずか626万5000人（総労働力に占める割合12.4％）であったが，産業構造の高度化に伴い，1987年には2381万2000人（同割合24.3％）にまで増加した。この社会階層はインテリゲンツィアとして知られる専門的中間階層であった（レーン 2007：271-272）。ソ連は「農奴」の遺制でスタートしたが，1980年代までには国民の姿は大きく変化していった。

　このような社会階層の変化，生活水準の高度化が，人々の意識面にも変化をもたらさないはずはない。西側の自由な価値観への関心がサブカルチャーの高揚とともに高まり，消費者意識も強くなり，市場に対する寛容な見方も定着した。国民のアイデンティティは崩れ，個人的な利害関係とネットワークが生きるための重要な術になる。社会主義の価値観は，民族主義や伝統重視といった価値観に置き換わる。ソ連の経済成長がもたらした副産物とは，こうしたソ連版の「豊かさ」の意識であった。こうした変化は，さらにエリートの交代を随伴する。

ソ連経済の成長と崩壊の関係は，あたかもJ.シュムペーターのような体制転換の見方を想起させる。逆説的になるが，ソ連社会主義が「経済上の失敗の圧力に耐えかねて崩壊するという考え方」を否定し，むしろ社会主義の「非常な成功こそがそれを擁護している社会制度をくつがえし，かつ，『不可避的に』その存続を不可能ならしめ」，その後継者として資本主義を強く志向するような事態を作り出した（シュムペーター 1975：114），ということができよう。

3　現代ロシアの政治システム

（1）　ソ連の政治システムの崩壊

ロシアの歴史的な経緯は，地理的にユーラシア大陸の大部を占めながら，ヨーロッパとは異なる価値観を醸成し，独自の歴史的経路を辿ってきたことを物語っている。この経路から，ロシア社会を考える場合に，第一に経済に対して政治が及ぼす影響が著しく強いこと，第二に国家の役割が大きいこと，第三に集権的な権力の構築が歴史的に繰り返されてきたこと，が明らかになる。ロシアは「世襲的権威」（Pipes 1974：22-24）として進化してきたのである。この場合，世襲的の意味は主権と所有を同一視すること，すなわち主権と所有権の見分けがつかないほどの混合であり，政治権力が経済権力と同じように行使されることと解されている（Pipes 1974：22-23）。経済システムもまた政治システムの影響を色濃く受けており，法の実効性など政治に起因する特質がロシアの経済制度を特徴づけている。そこで本節では，ロシア経済を理解するうえで必要となる，体制転換（1992年）後の現代のロシア政治システムを解説していくことにしよう。

社会主義から資本主義への移行は市場経済の形成過程であると同時に，ソ連社会主義の政治システム（一党独裁型の中央集権的な国家）から多党制・民主化による新たな国家への形成過程でもある。この点を重視するならば，現代中国は市場移行国と位置づけられても体制転換国には含まれない。

ソ連の政治システムは1930年代の原型とゴルバチョフ期の改革型の制度では大きく異なる。しかしながらそのシステムにおいて，三権分立はあくまでも形式的であり，国名に登場する「ソヴィエト（ロシア語で会議を意味する）」がソヴィエト社会主義共和国連邦の公式の政治的な基盤を構成しており，そして党

の独裁・優越性が存在してきた点では60年間一貫している。伝統的な農村の自治機関の変容（下斗米 2002：24）といわれる「ソヴィエト」は国家の最高機関として制度化された。最高ソヴィエト（二院制で，形式的には国民から選出される）は，政府（閣僚会議），最高裁判所を包摂していた。この組織の背後には，ソ連共産党が存在し，それは実質的な決定機関の党中央委員会，さらにはそのなかの最高意思決定機関にあたる政治局（20～25名）にコントロールされていた。そのなかで書記長が党および国家を代表したのである。党・ソヴィエト・政府の人的構成には重複もあり，経済計画では計画機関（ゴスプラン）と並行して共産党中央委員会の経済部門がトップ機関を構成し，部門官庁を統括した（Hanson 2003：9‐11）。

ゴルバチョフの改革では，人民代議員（比例区，各界代表，民族代表からなる2250名）から最高ソヴィエト（400～450名）が選出され，行政のトップに大統領が置かれた。伝統的なエリート選抜はノメンクラトゥーラと呼ばれる党内人事序列によったが，人民代議員選挙はエリート転換の起点となり，民主集中制による党規律を破壊するだけの力をもっていた（クルィシュタノフスカヤ 2005：109‐116）。

もっとも，1991年のソ連崩壊はそのまま，新生ロシアの政治秩序を作り出したわけではなかった。ソ連の枠組みがそのまま利用された（残存した）のであり，その枠内に議会と大統領の対立，中央と地方の対立の根をはらんでいた。つまり，ロシアにおける政治の選択・転換では初めから平和な体制移行を前提にはしていなかった。ロシアにおいて「なぜ市場改革が成功して，民主化は成功しなかったのか？」，この問いに対し，A.オスルンドは市場改革に関して転換直前に経験を積むことができたが，民主化には明確なビジョンがなかったからだという見解を述べている（Åslund 2007）。ペレストロイカはソ連の政治的枠組みを維持しており，エリツィン大統領はソ連末期に古いものを解体することに傾注し，議会を暴力で解散し（1993年10月），新たな仕組み（憲法と政治システム）を作り出したのは1993年12月であった。すでに2年間もの時間を政争で浪費してしまったのであった。

（2） 現代ロシアの政治システムの形成

現代ロシアの政治システムは1993年12月制定のロシア連邦憲法に依拠してい

る。この憲法は「共和制の統治形態をとる民主的な連邦制の法治国家」とロシアを位置づけ，三権分立，人権の不可侵性を定めている。政治システムにおいて注目すべきは，連邦中央の権力構造と中央・地方（連邦構成主体）関係にある（以下の記述は，Sakwa 2008を参考にしている）。

　まず，中央政府において最も強力な権限をもつのは国民によって直接選挙される大統領（2008年に任期は4年から6年に延長された）である。一般的にいうと，市民社会が脆弱な国では，強力な大統領制が導入されるものである。大統領は，首相をはじめ中央銀行総裁や最高裁判所裁判官の任命，安全保障会議の組織などの権限とともに，大統領令，下院への法案提出権および解散権，非常事態宣言，連邦構成主体首長の任命など絶大な権限を有している。大統領府および安全保障関係が組織され，行政機構は大統領の下で組織され，首相は大統領が指名し，議会の承認を得る。2008年から「タンデム」政権が誕生し，メドヴェージェフ大統領 - プーチン首相の体制となっている。首相は主に経済，社会領域を監督し，外交，安全保障，行政を掌るのは大統領であり，公務の担当領域は区分されている。現在，行政改革により政府はスリム化している。

　議会（立法）は二院制で，下院（国家会議）は任期4年，比例代表制（政党得票率の7％阻止条項がある）による450名の議員からなり，立法，予算など30ほどの委員会が存在する。上院（連邦会議）は連邦構成主体の代表者（当初89地域×2の178名）からなり，地域代表として位置づけることができる。議会は，法律の採択，首相の承認，政府不信任，大統領罷免弾劾決議などの権限をもつ。法律は政府，大統領，下院委員会などから提出され，下院の審議を経て法案は上院へ送られ（下院の優越性がある），最終的に大統領が署名し，法が発効される。議会の権限は大統領に比して小さく，プーチン期には議会は大統領に完全に依存していた。

　立法府と大統領の選挙に直接影響するのは，政治組織，すなわち政党である。ソ連共産党が活動禁止になり，政治システムが再編された後に多様な政党が組織されたが，政党要件が厳しくなるなかでその数は減少している。政党は三つの型に分類される。第一は綱領型で，共産党，自由民主党，ヤブロコという1993年以来存在する主要政党がそれに該当する。ただし，現状は政治的なアイデンティティをめぐって分裂を繰り返している。第二はプロジェクト型政党で，2003年選挙前に設立された「祖国」がそれで，この政党は社会的公正と経済成

長を目指した。第三は支配者層がスポンサーになるレジーム（体制）の党（権力の党）であり，1995年の「わが家ロシア」，1999年の「統一」がそれにあたる。プーチンが党首を務める「統一ロシア」は綱領・体制型であり，現在与党として3分の2ほどの議席を占めている。「統一」はプーチンプランの実施を目的とした中道政党であり，国家規制と自由な市場の両方を政策に含めている。ロシアの政党の特徴は次の3点である。まず第一にリベラル政党の存在感は著しく弱いもので，しかも国民からの支持も低く，第二に共産党（G.ジュガーノフ），ヤブロコ（G.ヤブリンスキー），自由民主党（V.ジリノフスキー）のように，政党指導者が長期間にわたりその地位を明け渡さず，政党そのものが個人化し，第三にすべての政党に共通する特徴といえるのだが，政府介入や愛国主義的な政策を採用することである。

　中央政府の権力の柱とともに，中央と地方の関係も連邦制国家を規定する重要な政治システムを構成する。ロシア憲法は第3章で連邦制度，第8章で地方自治を規定している。まず，ロシアは1992年時点で89の連邦構成主体によって成り立っていた。連邦構成主体には比較的独立性の強い共和国から，州，地方自治州，民族の性格が強い自治管区，特別都市までが含まれる。こうした地域は連邦との間に連邦条約，権限区分条約を結んだが，総じて各地域の自立性は強まり，分断された連邦主義が定着した。地域エリートの継続性は強く，地域の議会も企業経営者などに占められ，企業と地域政府との結びつきが強化された。財政連邦主義はその結果であった。徴税をめぐって連邦と地域は対立し，地域間での財政再配分を意味する地域間移転は有効に作用することはなかった。エリツィン期の地域間移転は対立的な地域に従属を促す賄賂の役割を与えられており，このことは地域間経済格差の拡大どころか市場の分断化すら引き起こした。1998年ロシア金融危機における地域レベルでの非常事態宣言や物流制限はその所産である。2000年時点で地域の富の約65％は統治している政治エリートの手中にあった。政治学者R.サクワは，このような状況を「分断されたリージョナリズムは国家建設と統一市場・法的空間および国際的主体としてのロシアの結束を掘り崩した。連邦システムのあいまいさは地域の主体がその特権および権力を強める方向に利用された」（Sakwa 2008：266）と分析している。地域の法的文書の多くは連邦憲法に矛盾するものであり，まさに中央と地域との間には情報の非対称性が存在した。ロシアの連邦制度は市場経済にとって急所

ともいうべき所有権および法の執行力を掘り崩すに十分なものであり、それ故ロシア市場の独自性の基盤にその政治的特性を見出すことができよう。

プーチン大統領が連邦中央の権力の正統性を主張し、地域の権限を制限した背景には上記の事情があった。地域の首長を大統領の任命制に切り替えるとともに（2004年）、2005年までに地域の法を連邦法と齟齬がないように矯正した（2003年）。連邦構成主体の上に7管区制が導入され、各管区の大統領全権代表が連邦による地域へのコントロールを強め、地域再編もまた実施された（2010年に83地域になっている）。2010年にはチェチェン問題を重視して、北カフカース連邦管区が新たに加わり（チェチェンやイングーシなどロシア人が3分の1程度しか占めていないエリア）、8管区制になっている。2009〜10年のメドヴェージェフ期に新しい地域の首長が選出されており、彼らは当該地域にとってのキャリアが浅く若い「外部者」であった。これとは対照的に、長期政権を構築した地域で交代がみられ、モスクワ市長Y.ルシコフの更迭（2010年）もその事例の一つである。連邦の影響力は益々強化されている。

地方自治をめぐる状況はさらに複雑であった。ロシアは、連邦‐連邦構成主体‐地方自治体の三層構造を織りなしているが、1993年までソ連の地方ソヴィエトが存在した。その後も、地方での選挙は十分に実施されず、連邦構成主体に権限が吸い上げられた。地方自治体の首長のほとんどは、契約、任命によって選出され、憲法に記されている地方自治ほどには十分な権限も財政基盤も与えられていなかった。2003年の地方自治に関する法律は、地域だけでなく地方自治体をも垂直的にコントロールし、その業務区分を明確にすることを意図している。地方財政はプーチン期にその比重を低下させており、地方自治体機能の一部は上位機関に吸い上げられている。地方自治は新しい枠組みでは連邦法に制約されることになっており、地域主権はロシアでは存在しえない。2009年から自治体議員の権限は強められているが、地方自治の行方は定かではない。

（3） 民主主義はロシア型なのか

ロシアでは政治システムこそが経済を規定している。この政治システムにはロシアの歴史的な経験が刻み込まれている。振り返れば、1991年に権力者であったエリツィンはポピュリスト的な政治を行い、連邦政府内での対立と意思決定における無責任さを増幅させた。この時期は「摂政政治」とも呼ばれ、エ

リツィンの取り巻きたちが，思いのままに，政治的な影響力を行使した。取り巻きのなかには，民主派の指導者だけでなく，大統領のボディーガードやテニスのコーチといった人々も含めて文字通りエリツィン個人のコネクションが働いていた。権力は分権化したのではなく，ばらばらに分散化し，それは国家の信頼の喪失，経済制度の不完全な形成・不安定化をもたらした。少なくとも，エリツィン期における「市場の失敗」は「政府の失敗」のために発生したものである。プーチンの中央集権的な政策は民主主義を後退させたが，それは同時に「政府の失敗」を軽減することになり，その分だけ「市場の失敗」は減ることになった。

　プーチン期の特質は大統領自身による統制の強化であった。また，シロヴィキと呼ばれる安全保障などの「強い手」をもつ権力層を強化するための政策が相次いで実施された。議会の権限は形骸化し，地域は垂直的なコントロールの下に置かれることになった。安全保障会議はソ連共産党の中央委員会を想起させるもので，プーチンの周辺には，シロヴィキや政府閣僚の一部が打ち合わせのために招集され，プーチンの取り巻きたちが戦略的な集団を構成していた（クルィシュタノフスカヤ 2005）。2008年メドヴェージェフ大統領となり，プーチンは首相に転じた。現在，両者の力関係が問題視されている。権限の大きい大統領に対し，プーチンは首相であると同時に，2008年4月には閣僚，議員，地方の首長などで大半を占める権力の党「統一ロシア」の党首になっている。

　ロシアの体制転換では，民主化は市場経済化ほどには明示的に進展しておらず，それはロシアが偽りの民主主義，国家資本主義と呼ばれる所以でもある。このようになぜロシアは民主主義の確立に成功しないのであろうか。この問題に対する答えは，ロシアの歴史的な遺産に立脚し，相互に関連する次の三つの要素のなかにある。

　第一に，市民社会の未成熟さがあげられる。国民の国家依存度はきわめて大きい。地域社会においても地方自治は発展していない。少なくとも，1990年代のロシアでは，一方で国民は税を逃れることに奔走し，他方で国民は政府からの補助金を期待した。

　第二に，ドラスチックな政治転換を経験したようにみえるが，実際のところは官僚を含む政治階級，エリートに交代は生じなかった。政治エリートの半数ほどはソ連時代のノメンクラトゥーラ出身で，この比率は地方ではより高いも

のとなる。中央の政治における大規模な変動とは別に，地方において長期政権が構築されたことはその証拠ともいえる。また，ビジネスマンなどの経済エリートにおいてもソ連時代のエリートからの転身者は多く，このことはプレーヤーの行動様式と価値観のなかにソ連社会主義のそれが強く作用していることを指し示している。

　第三に，ロシアにおける独自の民主主義発展の土壌がある。何よりも，スラブ主義の伝統から愛国主義が強く，ロシア社会にそれが根づいている。この愛国主義はソ連崩壊後の代替イデオロギーになったナショナリズムと共振し，国家主義を作り出している。プーチン期にクローズアップされる国家主義はロシア自体の土壌とソ連崩壊後の制度構築の折り重なりのなかにある。さらに，「主権民主主義」というプーチン期の政治システムを正当化する考え方がある。ロシアの文化のなかで育まれる民主主義には，次の三つの独自性が含まれる。つまり，①権力機関の集中化により政治的価値を追求すること，②政治闘争の目的を理想化すること，③政治制度を個人化することである。大統領こそが民主主義の守護者，多様な権力のバランサーであり，バランスの喪失はロシアの民主主義の弱体化につながる。また，どのような政党，官庁であろうと，個人のパーソナリティーが非常に大きく影響する。歴史的にそうであったように，理想主義が政治課題に含められる。民主主義の代表的定義として，実質的参加，平等な投票，政策とそれに代わる案の理解の可能性，アジェンダの最終的調整，全市民の参画（Dahl, R.A.による民主主義の定義，猪口孝他［2005］『国際政治辞典』弘文堂，970頁）などがあるが，ロシアの民主主義は国家の集権度とそれに対して寛容な国民の意識において大きく異なっている。2007年Economist Intelligence Unitによる民主主義ランキング（選挙過程と多元主義，政府機能，政治的参加，政治的文化，市民の自由の5項目で世界167カ国を評価したもので，世界1位はスウェーデンで，日本は20位）では，ロシアは独裁と民主主義が混合した国としてアフリカ諸国と並んで世界102位に位置している（http://www.economist.com/media/pdf/DEMOCRACY_INDEX_2007_v3.pdf，［2010年8月12日アクセス］）。

　民主主義の水準ではなく，民主主義に対する理解の独自性，その理解を育んだ歴史にこそロシアの政治経済システムを理解するための根幹がある。「ロシアは国民国家であったことはなく，最初から帝国として発展した」（Åslund and Kuchins 2009：12）という事実は，ロシアがヨーロッパやアメリカの資本主

■□コラム□■

ロシアは「砂社会」か？

　ロシア革命の前後にロシア通ジャーナリストとして知られた大庭柯公は，1919年にロシアのある評論家が「ロシア人はセメントなしの大建物のようだ」といったことを評して次のようにいっている。

　「セメントなしの大建物とは面白い。ロシア人は個人としてもその心理上に，セメントを欠いた建物のような統一的性格を欠いておることを見出されるが，国民としてもまたこの特性が明確に潜在する。かく国民として統一的性格を欠き，各人個々に個人的自由を，いかなる場合にも犠牲とすることを欲しない彼らが，申し合わせたように民衆的の統一が行われ，個人の生存的自由さえ極端に犠牲にされて，いよいよ新社会の民衆的創造が行われたところに，ロシヤ革命の強みがあるであろう。それゆえにこの強味によって成った創造的大仕事の上に，今後永くロシヤ人が一致してその仕事の完成に努め得るとしたならば，彼らの打ち拓いた新社会の自由と徹底した精神と制度とが，彼らの個々を一体とまでにさせ得た力強いセメントであるに相違ない」（大庭 1984：22-23）。

　砂のように固い型枠がないとバラバラになってしまうロシアの社会は，ツァーリズム，ソ連共産党，プーチン・メドヴェージェフ政権といった強固な中央集権体制を受容してきた。大庭がいうセメントの役割を果たしてきたのが，ロシア正教（帝政ロシア期），共産主義（ソ連期），リベラリズムと主権民主主義（現代の国家資本主義のロシア）というイデオロギーであったということができよう（袴田 1996：222）。さらに付け加えるならば，ロシアは限られた個人的ネットワーク内でしか信頼関係が生まれない低信頼社会でもある。欧州やアジアの社会と相対化してみると，ロシアの社会の特性が「セメントなしの大建物」と揶揄される意味を一層深く認識することができる。

　（参考文献）　大庭柯公（1984）『露国及び露人研究』中公文庫。
　　　　　　　袴田茂樹（1996）『沈みゆく大国──ロシアと日本の世紀末から』新潮選書。

義発展のパターンや歴史とは異なる経路のうえに存在していることを，あらためて示唆しているのである。

●参考文献

カー，E.H.（1969）「ソヴェト工業化にかんする随想」フェインステーン，C.H.編『社会主義・資本主義と経済成長』水田洋・末永隆甫・岡稔・本間要一郎・岡本正訳，筑摩書房。
　ガーシェンクロン，A.が唱えた「経済的後発性」概念をめぐって，ソヴィエト史研究の泰斗が考察したエッセイ。学術的価値の高い論文でもある。

ガーシェンクロン，A.（2005）『後発工業国の経済史——キャッチアップ型工業化論』絵所秀紀・雨宮昭彦・峯陽一・鈴木義一訳，ミネルヴァ書房。
　ロシアの資本主義の型を後発工業国の歴史のなかに位置づけて考察した書物であり，以後の開発経済学に深く影響している。途上国の発展を考えるうえでの古典と目される。

クルィシュタノフスカヤ，O.（2005）『ロシアエリートの解剖』ザハロフ（露語）。
　ソ連時代からプーチン期ロシアまでのエリートの変動を制度と社会構造に基づいて分析した画期的な書物。ソ連末期の変動とともに，ロシアにおけるエリートの連続性の側面，そしてエリツィン期およびプーチン期の政治システムの特異性が明解に論じられている。

小島修一（2008）『二十世紀初頭ロシアの経済学者群像——リヴァイアサンと格闘する知性』ミネルヴァ書房。
　ソ連を生み出したロシア革命や形成期にあったソ連の政治経済体制を，当時のロシアの経済学者たちはどのように把握していたのか考察した研究書。

下斗米伸夫（2002）『ソ連＝党が所有した国家』講談社。
　ソ連を政治的側面から考察した良書であり，党のあり方にその焦点をあてて分析している。

シュムペーター，J.A.（1975）『資本主義・社会主義・民主主義』中山伊知郎・東畑精一訳，東洋経済新報社。
　資本主義の存続可能性を論じた，経済学の巨匠シュムペーターの大著。上・中・下三巻からなり，経済システムを考えるうえで示唆に富む一冊。

スルコフ，V.（2008）『テキスト97-07』エフロパ（露語）。
　「主権民主主義論」の主要論者スルコフの政治に対する考え方をつづったテキス

トであり，プーチン大統領の政治イデオロギーを考察するうえで参考になる。ロシアの政治文化の特性に光が当てられている。

ノーヴ，A.（1982）『ソ連経済史』石井規衛・奥田央・村上範明ほか訳，岩波書店。
ソ連経済の建設過程を簡潔に概観できる。帝政ロシア末期からブレジネフ期の停滞の時代までを叙述したソ連経済通史。

レーン，D.（2007）『国家社会主義の興亡』溝端佐登史・林裕明・小西豊著訳，明石書店。
国家社会主義の形成，発展，崩壊の過程を，工業化，階級形成と変化に焦点をあてて，概括している。イデオロギーではなく，社会変化の担い手における変化に注目して，社会経済システムそのものの変動をダイナミックに描いている。

Åslund, A. (2007), *Russia's Capitalist Revolution*, Peterson Institute.
Åslund, A. and A. Kuchins (2009), *The Russia Balance Sheet*, Peterson Institute.
Hanson, P. (2003), *The Rise and Fall of the Soviet Economy*, Longman.
Pipes, R. (1974), *Russia under the Old Regime*, Collier Books, Macmillan.
Sakwa, R. (2008), *Russian Politics and Society*, Routledge.

（小西　豊）

第3章
マクロ経済・産業構造

　ロシアは世界最大の石油・ガス大国であり，ロシアのマクロ経済・産業構造は，その石油・ガス依存で特徴づけられる。2000年代初めからロシアは高成長を遂げ，将来的に成長の期待される新興国の一つとして注目されるようになった。この高成長も折からの原油価格の高騰によるところが大きく，交易条件の改善が家計の所得や消費の増大をもたらし，家計消費主導の高成長が実現された。このように，エネルギー産業が競争力を発揮する一方で，ロシア経済は製造業が伸び悩むという問題を抱えている。これは，オランダ病と呼ばれる現象であり，石油・ガスの輸出による通貨ルーブルの上昇が製造業の競争力を奪っているのである。強いエネルギー産業と弱い製造業という構図をどう変えていくのかがロシア経済の中長期的な課題となっている。

1　マクロ経済の特徴

(1)　経済の石油・ガス依存

　ロシアのマクロ経済・産業構造の最大の特徴は，その石油・ガス依存である。ロシアは，石油と天然ガスという現在の世界経済における最重要の資源に関して，その生産・輸出についていずれも世界の1位か2位を占める石油・ガス大国である。このような国はほかにはない（サウジアラビアは石油のみの大国であり，アメリカは石油・ガスの生産のみの大国である）。このことがロシア経済の絶対的な強みである。ロシアの貿易や財政における石油・ガス部門の貢献はきわめて大きい。ロシアは，2000～07年にみられた高成長により，今後の成長が期待されるBRICsの一つとしてもてはやされたが，この高成長はひとえにこの要因によるといえる。

　他方，ロシア経済は，製造業の競争力が低いという問題を常に抱えてきた。

本章で明らかになるように，この二つの特徴には強い因果関係がある。すなわち，石油・ガス部門の絶対的な強さが，一面では，製造業の発展を阻害しているのである。帝政ロシア，社会主義ソ連，そして現在のロシアは，資源輸出の収入により，技術水準の高い機械などの製造業製品を輸入するという共通性を有している。製造業の生産性を高めることがいずれの時代においてもマクロ経済の最重要課題とされたが，これまで果たされていない。現在のロシア政府も，経済の多様化，すなわち，石油・ガス部門以外の製造業部門の発展を経済の中長期目標としている。本章では，何がこの問題の鍵を握っているのかについて考えてみたい。

（2） GDPの部門別構造

ロシアのGDP（基本価格）の生産部門別構成（2009年）は，**図 3-1** に示したとおりである*。商業部門（卸売・小売・修理業）が最大のシェアを占め，製造業，不動産・事業サービス，運輸・通信業，鉱業が続いている。これを第一次産業（農林水産業），第二次産業（鉱工業と建設業），第三次産業（サービス業）に分けると，それぞれの比率は，4.7％，33.8％，61.5％となる。ロシアでもサービス産業化がかなり進んでいるようにみえるが，次に述べる点に留意する必要がある。

> ＊ GDPには，基本価格表示と市場価格表示があり，次の関係にある。
> GDP（市場価格）＝GDP（基本価格）＋生産物税－生産物補助金
> 図 3-1 はGDP（基本価格）に対する比率を示しており，純生産物税（＝生産物税－生産物補助金）が考慮されていない。
>
> ロシアにおいては，ソ連時代にはマルクス経済学の考え方に依拠した独自の国民所得統計が採用されていた。本章で示すような国際標準となっているSNA統計が導入されたのは，体制転換後のことである（久保庭・田畑 1999：25-31）。

図 3-1 をみて，石油・ガス部門を含む鉱業部門のシェアが8.9％であることに疑問を感じた読者も多いであろう。鉱業部門は石炭や金属などを含むとはいえ，圧倒的部分（GDPの7％程度）は石油・ガス部門である。そうであるとしても，ロシアが石油・ガス部門に大きく依存するといわれているなかで，GDPに占めるその比重がわずか7％程度であるというのはおかしいのではないかという疑問である（石油精製部門は製造業に含まれている）。実は，これは，

第3章 マクロ経済・産業構造

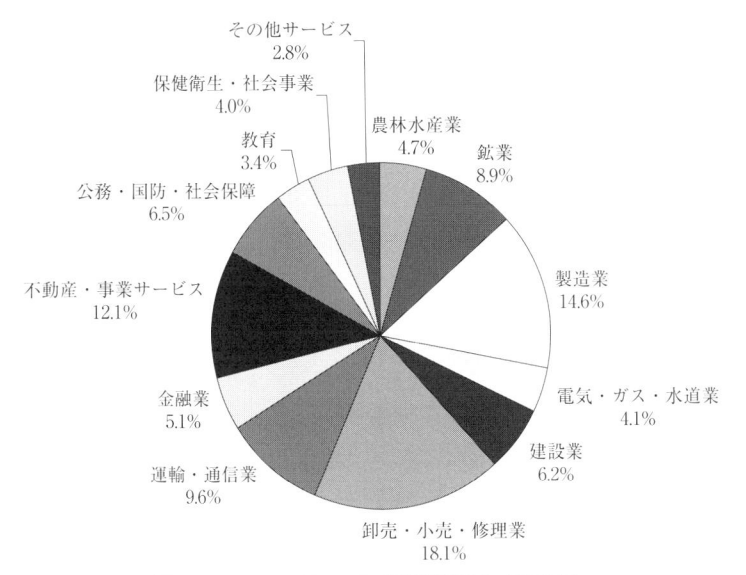

図3-1 ロシアGDPの生産部門別構成（2009年）
注：GDP（基本価格）に占める構成比（％）。
出所：ロシア連邦国家統計局ウェブサイトから筆者作成。

構成比：
- その他サービス 2.8%
- 保健衛生・社会事業 4.0%
- 教育 3.4%
- 公務・国防・社会保障 6.5%
- 不動産・事業サービス 12.1%
- 金融業 5.1%
- 運輸・通信業 9.6%
- 卸売・小売・修理業 18.1%
- 建設業 6.2%
- 電気・ガス・水道業 4.1%
- 製造業 14.6%
- 鉱業 8.9%
- 農林水産業 4.7%

GDP統計が生産者価格（＝基本価格）によって計算されていることに原因がある。すなわち，ロシア国内では，原油や天然ガスの生産者価格は，国際価格と比べてきわめて低い水準にある。2008年についてみると，原油のロシアの輸出価格は国内の生産者価格の2.5倍であり，天然ガスについては17.7倍であった（輸出価格はロシア中央銀行ウェブサイトのドル建て値，生産者価格はロシア統計局『ロシア連邦短期経済指標』の月末値からの計算）。国内生産者価格と輸出価格の大きな差は，商業部門の利潤（商業マージン），運輸部門の利潤（輸送マージン），税金（特に輸出関税。GDP統計では「生産物税」と呼ばれる）として記録されているのである*。

* 石油・ガスに対する税金として輸出関税と並んで大きな税収をもたらしている鉱物資源採掘税は，GDP統計では自然資源利用料の一つとして「その他生産税」に分類され，生産者価格に含まれている。

ロシアで，図3-1に示したような国際的な産業部門分類が採用されるようになったのは2003年頃からであり，2003年については旧部門分類の統計により，石油・ガス部門（石油精製を含む）という統計データが得られた。2003年の石

油・ガス部門の大きさは，公式統計では対GDP（市場価格）比6.8％であったが，石油・ガスにかかわる商業マージンは7.7％，輸送マージンは0.8％，純生産物税は4.5％という推計がなされている（久保庭 2008：114-115）。これらを合わせた石油・ガス部門の比重は19.8％であり，公式統計の3倍近い値となる（新しい産業部門分類における鉱業部門の「真の比重」については十分な推計がいまだなされていない）。このような推計によって石油・ガス部門あるいは鉱業部門の比重が大きくなることは，商業マージンや輸送マージンを含むサービス部門の比重が小さくなることを意味する。上述のように，ロシアでもサービス部門の比重が大きくなっているとはいえ，この点を考慮しなければならない。

　ロシアにおいて石油・ガスの生産者価格が低いことには，ロシアの石油・ガス企業が，いわゆる上流から下流部門までを含む垂直統合型の企業形態となっていることが関係している（塩原 2004：23-58）。企業は，税金をとられやすい採掘部門から，販売などの部門に利益を移し替えているのである。こうした目的のために適用される企業集団内の意図的に引き下げられた価格は，移転価格と呼ばれるものである。

（3）　鉱工業部門の構造

　ロシアの鉱工業部門出荷高の構成（2009年）は**図3－2**に示したとおりである。燃料・エネルギー，冶金，コークス・石油製品の三部門が大きく，その他鉱業（金属資源採掘）を含めると，このような燃料・金属の採掘・加工部門で，全体の45.1％を占めることとなる。同図の出荷高も，輸出関税などを含まない価格で評価されており，それらを考慮すれば，さらにこれらの部門の比重が大きくなることになる。これらに次ぐのは，食品と電気・ガス・水道業である。一方，機械部門は，同図に示した機械・設備，電気・電子・光学機器，輸送機器の3部門を合わせても，12.2％を占めるにすぎない。

　ロシアの鉱工業部門構造のこのような特徴は，実は，この20年の間に明確になったものである。1991年には機械・金属加工が鉱工業生産高の23.9％を占め，次いで，食品が17.8％，軽工業（繊維・皮革・製靴）が16.6％などとなっていた。燃料工業は6.3％を占めたにすぎない（1991年の統計は，図3－2とは部門分類が異なっている）。この20年間の大きな変化の要因としては，次の3点が重要である。第一に，以上に示した鉱工業部門構成の数値は，いずれも当年価格のデータで

第3章　マクロ経済・産業構造

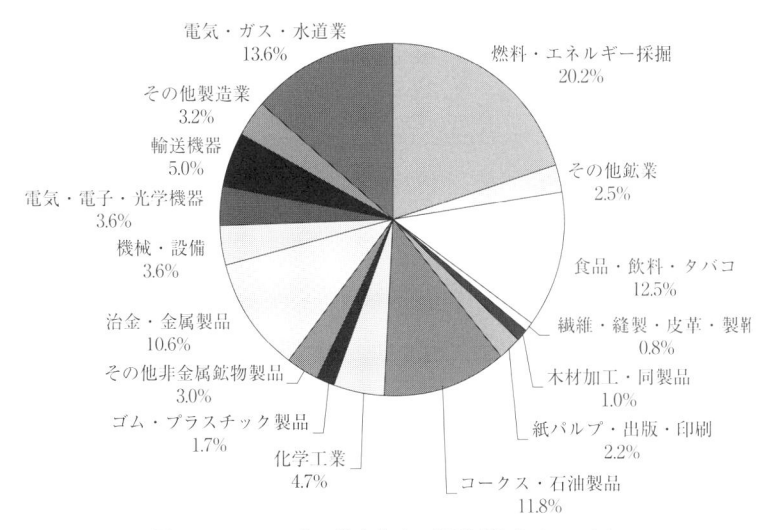

図3-2　ロシア鉱工業出荷高の部門別構成（2009年）

- 燃料・エネルギー採掘 20.2%
- その他鉱業 2.5%
- 食品・飲料・タバコ 12.5%
- 繊維・縫製・皮革・製靴 0.8%
- 木材加工・同製品 1.0%
- 紙パルプ・出版・印刷 2.2%
- コークス・石油製品 11.8%
- 化学工業 4.7%
- ゴム・プラスチック製品 1.7%
- その他非金属鉱物製品 3.0%
- 冶金・金属製品 10.6%
- 機械・設備 3.6%
- 電気・電子・光学機器 3.6%
- 輸送機器 5.0%
- その他製造業 3.2%
- 電気・ガス・水道業 13.6%

注：付加価値税，物品税などの税金を含まない。
出所：ロシア連邦国家統計局『ロシア統計年鑑 2010』から筆者作成。

あり，この20年の間に価格体系が大きく変化した影響を強く受けている。ソ連時代の社会主義経済の下では，価格は基本的にすべて国定価格であり，燃料や原料の価格が低く抑えられた一方で，製造業製品の価格は比較的高かった。ソ連国内の燃料価格は，世界市場において1970年代以降石油価格が急上昇したことの影響をあまり受けていなかった。1992年1月に価格が原則として自由化されて以降，ほとんどの財の価格が需給関係を反映するようになり，価格体系が根本的に変化したのである。

　第二に，1990年代に対外開放と自由化が進められた結果，産業構造が比較優位を反映する方向に変化した。一国の輸出あるいは輸入の構成を世界のそれと比較する顕示比較優位（RCA）や顕示比較劣位（RCD）の指標を計算すると，ロシアが比較優位をもっているのは燃料，金属，非鉄金属であり，比較劣位をもっているのは食品をはじめとする製造業製品であることが分かる（田畑 2008：84-89）。なお，ロシアの通関統計では，隣国からの個人による商品の輸入（いわゆる担ぎ屋貿易）が記録されていないという問題がある。担ぎ屋貿易は1990年代後半から2000年代前半にかけてロシアの輸入総額の4分の1を占めるほどの大きさであり，その中身は繊維品・皮革製品・靴などが多い。上述の比

第Ⅰ部　市場経済移行の推移

図3-3　ルーブルの実質為替レートの推移（1992年7月1日＝100）

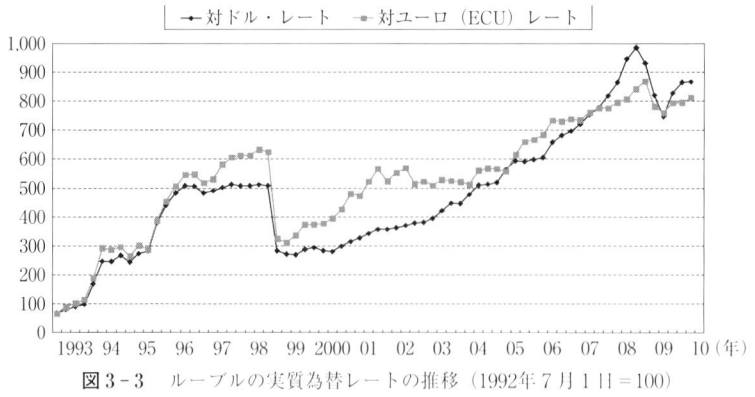

注：公定レートを消費者価格指数でデフレートして算定。各期末データ。
出所：ロシア中央銀行，ロシア連邦国家統計局ウェブサイト，ロシア連邦国家統計局『ロシア連邦短期経済指標』（各年各月号）から筆者作成。

較優位・劣位の計算では，これらが考慮されていないが，もしこれらの貿易データが得られるならば，繊維や皮革・製靴部門の製品も比較劣位の品目に分類されたはずである。

　第三に，このような産業構造の変化は，オランダ病が進行するなかで生じた。ロシア経済は，単純化すれば，国際競争力を有するエネルギー部門と競争力のない製造業部門から成る二重経済であるとみなされる。競争力を有するエネルギー部門が輸出によって稼いだ外貨によって，ルーブルの為替レートが上昇した。このルーブル高の下で，製造業製品の輸入が増えることとなり，製造業部門は壊滅的な打撃を被ったのである。これがオランダ病と呼ばれる現象である（コラム参照）。ルーブルの実質為替レートは**図3-3**のように推移した（ここでは，名目為替レートを消費者価格指数でデフレートした）。1992年からロシア通貨・金融危機の起こった1998年半ばまでに，実質ルーブル・レートはドルに対して5.1倍，ユーロに対して6.3倍にまで上昇したのである。

　鉱工業部門別の生産指数をみてみると（**表3-1**），1991年と比べて，1998年には繊維，皮革・製靴，機械などで生産が特に大きく落ち込んでいる。2009年には，1991年と比べて，繊維，皮革・製靴などの部門で生産が4分の1〜5分の1に減少している一方で，燃料・エネルギー採掘部門では2009年の生産が1991年を15.4％上回っている。

表3-1 ロシアの鉱工業部門別生産指数

	1998	2009	2007	2009
	1991=100		1998=100	
鉱工業全体	48.1	77.0	175.6	159.9
鉱業	67.2	102.4	153.9	152.3
燃料・エネルギー	75.9	115.4	153.3	152.1
その他	44.0	61.7	147.3	140.1
製造業	40.7	70.8	200.6	173.9
食品・飲料・タバコ	46.1	86.0	185.4	186.6
繊維・縫製	16.2	22.0	169.0	135.6
皮革・製靴	10.6	26.2	247.8	247.2
木材加工・同製品	29.5	44.6	181.1	151.0
紙パルプ・出版・印刷	57.6	111.9	220.2	194.1
コークス・石油製品	55.9	79.6	139.6	142.4
化学工業	47.4	82.4	191.8	173.9
ゴム・プラスチック製品	34.0	109.4	325.5	321.5
その他非金属鉱物製品	32.0	49.2	205.8	153.4
冶金・金属製品	53.3	84.3	183.8	158.0
機械・設備	27.0	43.6	216.9	161.3
電気・電子・光学機器	34.3	95.1	440.0	277.1
輸送機器	42.1	42.8	149.8	101.7
その他	47.6	91.5	223.4	192.1
電気・ガス・水道業	74.8	87.0	120.5	116.3

出所:ロシア連邦国家統計局ウェブサイト,ロシア連邦国家統計局『数字で見るロシア 2009』から筆者作成。

2 2000年代の高成長のメカニズム

(1) 原油価格と経済成長

　本節では,2000年代初めからのロシアの高成長がどのようなメカニズムに基づくものであるのかについて考察する。ロシアでは,ソ連が崩壊し,体制転換が始まった1991年末以降,生産の著しい減少が生じた。1998年までに,GDPは1991年の6割の水準に縮小し,鉱工業生産は半減した。特に投資(総固定資本形成)は,5分の1以下に激減した。1990年代の大不況は,従来の国家投資に基づく拡大再生産メカニズムが崩壊したことによるものであるとみなされる(久保庭・田畑 1999:48-49)。

　1998年の通貨・金融危機の後,1999年から経済成長が始まった。成長をもたらした最大の要因は,原油価格の高騰であった。油価(IMF発表の世界平均価格)は,1991～97年には1バレル=18.3ドル程度で推移したが,1998年には1

第Ⅰ部 市場経済移行の推移

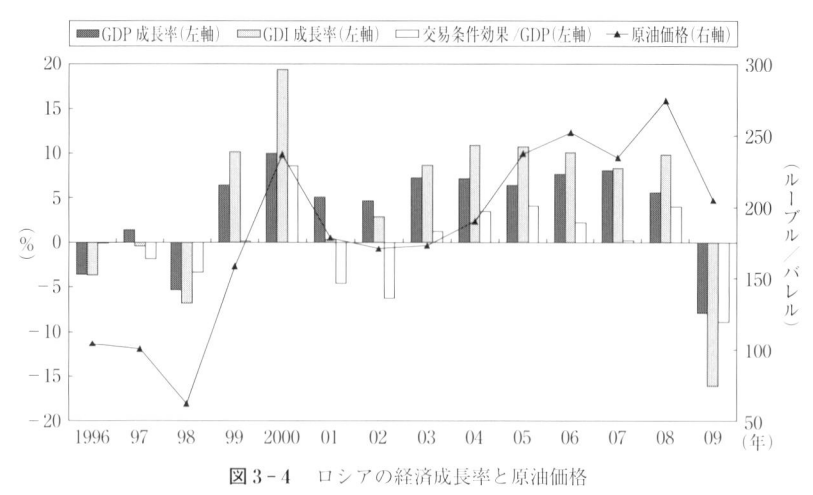

図3-4 ロシアの経済成長率と原油価格

注：原油価格はIMF発表の世界市場価格をロシア中央銀行の年平均レートでルーブルに換算したもの。
出所：ロシア連邦国家統計局、ロシア中央銀行、IMFウェブサイトから筆者計算。

バレル＝13.1ドルにまで低下し，通貨・金融危機を引き起こす背景要因の一つとなった。しかし，1999年から油価が回復し，2000年代に著しく高騰することとなった。2008年には1998年と比べて7.4倍の水準（1バレル＝97.0ドル）まで上昇した。これにより，ロシアの原油輸出額は，1998年の103億ドルから2008年の1611億ドルまで15.7倍増加し，ロシアの総輸出額も同期間に744億ドルから4716億ドルまで6.3倍増加した（ロシア中央銀行ウェブサイト）。

　油価が毎年上昇し，外貨収入が毎年増えたことが経済成長をもたらしたことは，直感的には容易に理解できるが，マクロ統計的にはそれほど自明なことではない。統計的には，この現象は交易条件の改善として捉えられる。一国の交易条件は，その国の輸出価格が輸入価格に比べて大きく上昇するときに改善される。ロシアについてこれを計算すると，2008年の交易条件は，1999年と比べて2.4倍改善されたことが分かる（GDP統計の輸出入の名目値，実質値から計算した）。平均すると，毎年10.1％改善されたことになる。

　GDPの実質成長率は，価格上昇をデフレートするために，直接的にこのような交易条件の改善効果を反映することができない。しかし，これだけの大きさの利得が経済成長に影響を及ぼさないとは考えられないわけであり，国連の1993年改定SNA（国民勘定体系）では，交易条件効果を組み込んだ概念として，

第3章 マクロ経済・産業構造

表3-2 ロシアGDPの支出項目別成長寄与度

(単位：％)

	1998	1999	2000	2001	2002	2003	2004	2005	2006	2007	2008	2009
GDP（市場価格）	-5.3	6.4	10.0	5.1	4.7	7.3	7.2	6.4	8.2	8.5	5.2	-7.8
最終消費支出	-1.5	-0.9	3.9	4.2	4.4	4.2	6.4	6.1	6.3	7.4	5.7	-2.5
家　　計	-1.7	-1.5	3.5	4.3	4.0	3.8	6.2	6.0	6.0	6.9	5.1	-2.3
政府・非営利組織	0.2	0.6	0.4	-0.1	0.4	0.4	0.2	0.1	0.4	0.5	0.6	0.1
総蓄積	-9.7	-0.8	8.2	3.1	-0.5	2.9	2.5	2.0	3.6	4.7	2.5	-10.5
総固定資本形成	-1.9	0.9	2.6	1.7	0.5	2.5	2.3	1.9	3.2	3.9	2.2	-3.2
在庫変動	-7.8	-1.7	5.6	1.4	-1.0	0.4	0.2	0.0	0.4	0.8	0.3	-7.2
純輸出	5.3	7.8	-2.6	-2.6	0.5	0.4	-1.4	-1.5	-2.0	-3.4	-3.0	5.2
輸　　出	0.6	3.7	3.3	1.9	4.5	4.4	4.2	2.2	2.6	2.1	0.2	-1.5
輸　　入	4.7	4.0	-5.9	-4.5	-4.0	-4.2	-5.6	-3.7	-4.6	-5.5	-3.2	6.7

出所：ロシア連邦国家統計局ウェブサイトから筆者計算。

実質GDI（国内総所得。GDPプラス交易条件効果と定義される）指標を提唱している。対GDP比で示した交易条件効果は，**図3-4**のように推移した（交易条件効果の計算にはいくつかの方法があり，ここでは内需デフレータを採用している）。交易条件効果が原油価格の動態に照応して変動していること，2003～06年には対GDP比1.3～4.1％の大きさを占めたこと，この交易条件効果を含むGDIが，2003年以降，GDPよりも高い成長を示していることが分かる。逆に，2009年における油価の急落とそれによる交易条件効果の大幅な減少やGDI成長率のGDP以上の急落も明らかである。2009年には油価に依存する経済成長の危うさがあらわれたわけである。

（2） 消費と投資

ロシアの高成長は，投資主導ではなく，家計消費主導である点に著しい特異性がある。2000～07年の平均でみると，GDPの7.2％の成長に対して，家計消費の寄与度は5.1％，投資（総固定資本形成）は2.3％であった（**表3-2**）[*]。また，GDPに占める家計消費の比重が2000～07年の平均で48.5％であったのに対し，総資本形成（総固定資本形成＋在庫品増加）の比重は21.0％であった。この比重（投資率）は，2000～07年の中国では40.7％，インドでは30.4％であった（『中国統計年鑑　2009』，インド中央統計局ウェブサイトによる）。日本の高度経済成長を含めて，高成長は，通常，投資主導で実現されるわけであり，ロシアのケースはきわめて特異であるといえよう。家計消費支出が2000～07年の平均

で10.5％増加した背景には，平均賃金の同じく15.2％の増加があった。油価高騰の恩恵は，一般国民も享受したわけである。

> * 寄与度とは，データ全体の変化に対して，その個々の構成要素のデータの変化が，どれくらい影響したかを示す指標である。個々の構成要素の寄与度の合計が，全体の増加率に一致するように計算される。例えば，表3-2で2007年のGDPの成長率は8.5％であり，家計の寄与度は6.9％である。これは，家計最終消費支出の増加だけで，GDPが6.9％増加したことを意味する。

ロシアの高成長メカニズムが投資主導ではないことに関連して，ロシアでは国内の貯蓄を効果的に投資に振り向けるという点で，金融部門が十分に機能していないという問題がある（第4章参照）。実際，ロシアの総貯蓄のGDPに対する比率は2000～07年の平均で31.1％であり，貯蓄は十分にあることになるが，それが効果的に投資されていないのである。ここで，貯蓄と投資の間には次の定義式が成立している（括弧内は，対GDP比の2000～07年平均値）。

総貯蓄＝総資本形成＋貯蓄投資差額＋統計不突合
(31.1％) (21.0％) (9.9％) (0.2％)

この貯蓄投資差額は，国際収支統計上の経常収支に該当するものであり国内で投資できずに，外国での資産増加となった部分をあらわしている（上垣2005：101-103）。ロシア人による巨額の資本逃避や外国での不動産購入などが想起されるが，以下でみるように，それだけではない。

貯蓄投資差額を企業，政府，家計の制度部門別にみたのが，**表3-3**である。貯蓄については政府や家計で増えているが，企業などの投資はそれほど増えていない。また，2004年以降，政府の貯蓄が増え，政府部門の貯蓄超過が際立って拡大している。これは，2004年に原油税収を源泉として安定化基金が設けられ，油価高騰による国家予算歳入増加のかなりの部分が支出されずに，政府部門で蓄積されたことによる（第4章参照）。

このような政府部門の貯蓄超過の背景には，インフレについての懸念があった。ロシアでは，過度のルーブル高を抑制するために，中央銀行が為替市場において強力なドル買い・ルーブル売り介入を続けてきた。これは，一方では外貨準備の増大を，他方ではマネーサプライの増加をもたらした。そして，マ

表3-3　ロシアの制度部門別貯蓄投資差額

(単位：対GDP比%)

	2000	2001	2002	2003	2004	2005	2006	2007	2008
総貯蓄	36.2	32.5	28.8	28.2	30.3	30.5	30.7	31.3	30.7
企　業	22.5	22.2	13.9	13.9	13.3	10.8	9.8	11.7	11.0
一般政府	11.2	7.9	7.0	6.3	10.3	13.1	13.7	12.6	13.5
家　計	3.2	3.9	7.9	8.1	6.7	6.6	7.2	7.0	6.2
FISIM	-0.8	-1.5	-	-	-	-	-	-	-
総資本形成	18.7	21.9	20.0	20.8	20.9	20.1	21.2	24.2	25.4
企　業	13.7	16.6	14.4	14.6	14.4	12.9	13.2	14.4	14.8
一般政府	2.3	2.3	2.4	2.7	2.8	3.7	3.7	4.4	5.2
家　計	2.7	3.0	3.3	3.5	3.7	3.5	4.3	5.3	5.4
貯蓄投資差額	17.5	11.0	8.3	7.7	9.4	10.4	9.2	5.8	5.3
企　業	8.8	5.5	-0.4	-0.8	-1.1	-2.1	-3.3	-2.8	-3.7
一般政府	8.9	5.6	4.6	3.6	7.5	9.4	10.0	8.3	8.3
家　計	0.5	0.9	4.6	4.6	3.0	3.1	2.8	1.6	0.8

注：企業は，対家計民間非営利団体を含む。総固定資本形成は，貴重品の純取得を含む。FISIMは間接的に計測される金融仲介サービス。
出所：ロシア連邦国家統計局ウェブサイト，ロシア連邦国家統計局『ロシアの国民勘定』（各年版）から筆者作成。

ネーサプライの毎年30％を超えるような増加が，2000年代における年率10％を超えるようなインフレの主因となった。政府は，これ以上のインフレを恐れて，国家予算歳出を抑制せざるをえなかったのである。

このようななかで，2006～07年に投資率の若干の上昇がみられたことには，外国からの資本流入が関係している。ロシアでは資本逃避が続いたこともあって，民間資本は，2005年までは流出超過であったが，2006年には414億ドル（対GDP比4.2％），2007年には817億ドル（同6.3％）もの流入超過となった（ロシア中央銀行ウェブサイト）。資本流入の中味としては，直接投資以上に，銀行や企業の借入の増加が目立った。このような民間資本の動態は，世界的な金余り現象を反映するものであり，だぶついた資金が商品市場に流入して油価の空前の高騰をもたらしたり，新興国などに大量に流れ込んだりしたわけである。

2006～07年においては，ロシアの金融部門の弱さが外国からの潤沢な資金によって覆い隠されていたということができる。そのようななかで投資率の一定の上昇がみられ，投資の成長寄与度も2006～07年には3％台に上がった（表3-2）。しかし，2008年第4四半期以降，資金が流出し（民間資本は2008年に1339億ドルもの流出超過），ルーブルを外貨に換える動きが激しくなると，ロシア経済はたちまち資金繰りの悪化という問題に悩まされることとなった。資金繰り

の悪化は在庫の著しい減少となってあらわれ，2009年には在庫の減少がGDPを減少させる最大の要因となったのである（表3-2）。

（3） オランダ病

ロシアの高成長のメカニズムには成長を抑制するメカニズムも組み込まれていた。それは，輸入の増加である（統計的には，輸入の増加はGDP成長にとってマイナス要因である）。ロシアでは，2000～07年に輸入が大幅に増加し（年平均21.3％の増加），年平均で4.7％ものマイナスの成長寄与度を記録した（表3-2）。このような輸入の増加を引き起こした最大の要因は，ルーブルの為替レートの上昇であった。ロシアでは，輸入と実質為替レートの間に強い相関関係がある（SNA統計の輸入の実質値とGDPデフレータで実質化した為替レートにより計算すると，1995～2009年の相関係数は0.960）。ルーブル・レートは，1998年のロシア通貨・金融危機の際に引き下げられた後，再び上昇した（図3-3）。2000～07年の8年間でみると，対ドル・レートは3.1倍，対ユーロ・レートは2.1倍も切り上がっている。これは，平均すると，毎年対ドル・レートが15.0％，対ユーロ・レートが9.8％上昇したことを意味する。

為替レートの上昇は，為替市場に大量に外貨が流入したことによる。それは，経常収支の黒字と民間資本の流入超過（2006～07年）によってもたらされた。経常収支の黒字は，いうまでもなく，エネルギー資源の輸出による貿易収支の大幅な黒字によるものであった。理論的には，為替レートの上昇により，輸出が減少して輸入が増加するので，経常収支の黒字幅が減少し，為替レートの上昇に歯止めがかかるはずである。現実には，油価の空前の高騰が続くなかで，輸出は増加を続けた。また，実際に，輸入の著しい増加により，2006年には経常収支の黒字の増加率が鈍り，2007年には黒字幅が減少した。しかし，2006～07年には，既述のように，巨額の民間資本がロシアに流れ込んだため，実質為替レートが上昇を続けたのである。

輸出も2000～07年の年平均で8.6％増加したものの，輸入の増加率にはるかに及ばず，純輸出の成長寄与度は，同期間の平均でマイナス1.6％となった（表3-2）。すなわち，ロシアでは，外需（＝純輸出）はマイナスの寄与度であり，内需主導の成長になっている。ロシアの経済成長は原油価格の高騰による輸出増加に支えられていると考えた場合に，これは一見奇異であるが，実質値

では価格上昇の影響がデフレートされるため，統計上はこうなるのである。日本の場合は，貿易黒字が大きい点ではロシアと共通であるが，外需主導の経済成長となっている。輸出の増加が自動車などの輸出数量の増加によっている点がロシアとは異なっているためである。

　それでは，輸入の中味は何だったのであろうか。2000～03年の産業連関表によれば，同期間の平均で輸入品の46.0％は家計消費，36.9％は中間投入財，16.0％は投資に使われた。また，家計消費に占める輸入品の比重は31.8％であり，投資に占める比重は23.4％であった。サービスを含まない小売商品統計でみると，輸入品の比重はもっと大きく，2000～07年の平均で43％に達した（『ロシア統計年鑑 2009』：525）。第10章の表10-4によれば，2000～08年に輸入に占める機械，設備，運輸機器の比重が大幅に拡大しているが，その多くは，自動車や家電製品などの消費財であった。ここにも，製造業製品の輸入が増えるというオランダ病の特徴が見出される。

　GDP成長に対する生産部門別寄与度をみても，製造業の寄与度はそれほど大きくはない。2003～07年の平均では，製造業の寄与度は1.1％であり，第二次産業全体でも1.9％にとどまっている。これに対して，商業部門（同2.1％），不動産・事業サービス（同0.7％）を含む第三次産業の寄与度が4.5％となっている。製造業の各部門の動向について，表3-1の1998年を100とする2007年の数値でみると，輸送機器，繊維などの増加率が製造業全体よりもかなり低い。これは，輸入増加の影響であろうと考えられる。

　製造業や機械工業の生産が伸び悩んでいることは，投資の動向にもあらわれている。図3-5には，ロシアの投資の部門別構成（2000～09年の平均値）を示した。最大の投資部門は運輸部門であり，そのなかでは，パイプラインが3～4割，鉄道輸送が2割程度を占めている。これに次ぐのは，鉱業部門であり，そのうちの9割以上がエネルギー資源採掘部門である。パイプライン輸送を含めて，石油・ガス部門が大きな比重を占めていることが分かる。他方，製造業は15.6％であり，そのうちの機械部門はわずか2.6％にとどまっている。

　同様の傾向は，外国直接投資についてもみられる。ロシアへの外国直接投資額は，2002年までは多くても年間40～50億ドル台であったが，その後増加が始まり，2007年には278億ドルに達した[*]。しかし，その部門別構成をみると，鉱業への投資が最も多く，2003～07年の平均では全体の37.2％に達している。

第Ⅰ部　市場経済移行の推移

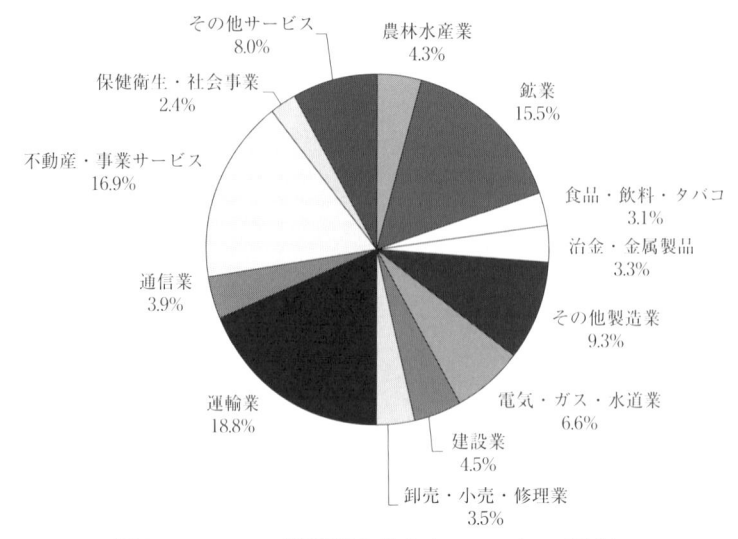

図3-5　ロシアの部門別投資構成（2000~09年の平均値）

- その他サービス 8.0%
- 農林水産業 4.3%
- 保健衛生・社会事業 2.4%
- 鉱業 15.5%
- 不動産・事業サービス 16.9%
- 食品・飲料・タバコ 3.1%
- 冶金・金属製品 3.3%
- 通信業 3.9%
- その他製造業 9.3%
- 運輸業 18.8%
- 電気・ガス・水道業 6.6%
- 建設業 4.5%
- 卸売・小売・修理業 3.5%

出所：ロシア連邦国家統計局『ロシア統計年鑑　2010』から筆者作成。

このほとんどが燃料・エネルギー部門であり，図3-5でみた投資総額以上に，鉱業部門への集中が著しい（ただし，投資総額の場合と異なり，パイプラインへの外国直接投資はほとんどない）。製造業への外国直接投資は2003~07年の平均で26.3％であり，投資総額の場合よりは比重が大きいが，そのうちの機械部門への投資は同2.5％にすぎない。

＊　ロシアには，ロシア統計局とロシア中央銀行が作成・公表する二つの外国投資統計があり，前者は銀行への外国投資を含まないなど，総額の数値にも差がある。部門別構成が得られるのは前者の統計だけであり，本段落で引用する数値は，『ロシアへの投資』（各年版），『ロシア統計年鑑　付録』（2004）などから得られた前者の統計値である。

ロシアにおいて特に製造業部門への外国直接投資がそれほど増加しないことには，政策や投資環境の問題のほか，オランダ病の問題も影響している。ルーブル高が進展する状況の下では，外国企業はロシアへの輸出だけで十分に利益が得られるし，また，ロシア国内に建てた工場は，ロシアの国内企業と同様に，安い輸入品との競争に晒されるのである。

3 エネルギー産業の動向

(1) 石油・ガス部門の特徴

　前節までにみたように，ロシア経済は石油・ガスに強く依存する。それでは，石油・ガス部門は今後もロシア経済を十分に支えられるのであろうか。本節ではこの問題について考察する。

　ロシアの石油・ガス部門の特徴としては次の3点が重要である。第一に，大規模な国有企業が重要な役割を担っていることである。ソ連時代においては，エネルギー開発は，部門ごとの省庁を軸に，一元的な管理体制の下に進められた。ソ連崩壊後は，石油産業において分割民営化が進められたが，2000年代における再編成の結果，2007～09年には国有企業のロスネフチがロシアの生産量の2割以上を占め，業界トップの座に就いている。また，石油の幹線パイプラインは，国有企業のトランスネフチが独占的に管理している。一方，天然ガスについては，国有企業のガスプロムがロシアの生産の8～9割を占め，ガスの幹線パイプラインを一元的に管理するという状況が続いており，ガスプロムの分割構想も2000年代初めに立ち消えになっている。ただし，国際的にみれば，一国の石油・ガス産業が一つの国有企業（一部の株式が民間所有の企業を含む）によって支配されているのはそれほど珍しいことではない。中東の産油国では例外なくそうであるし，ノルウェーなどもそうである。したがって，ロシアの特徴としては，国有企業が支配的な位置を占めていること自体にあるというよりは，そうなるように2000年代に入ってから意識的に再編されたことにあるといえよう。

　第二に，強い輸出志向を有していることである。次項以下でみるように，現在では原油については生産量の約5割，天然ガスについては約3割が輸出に向けられている。輸出によって外貨と税収を確保すること，その輸出収入の増加によって国民所得成長を実現すること，これがマクロ経済的にみた場合のロシアにおける石油・ガスの役割である。これは，特に1970年代のオイルショック以降顕著になり，近年さらに強まっているロシアの石油・ガス部門の特徴である。

　第三の特徴は，パイプラインの重要性である。ロシアは国土が広大で，油・

表3-4 ロシアの原油

	1970	1980	1990	1995	2000
ロシア合計	284.8	546.7	516.2	306.8	323.5
北・北西地域	7.6	21.7	17.0	10.3	13.5
北コーカサス地域	34.8	18.8	8.6	3.4	3.3
沿ヴォルガ地域	145.3	113.4	54.8	40.6	44.6
タタルスタン共和国	101.9	83.1	35.0	25.7	27.3
サマラ州	35.0	25.0	15.1	9.1	8.1
ウラル地域	63.1	77.6	58.1	42.2	37.8
バシコルトスタン共和国	39.2	36.9	25.0	15.7	11.7
トムスク州	2.9	4.8	10.3	6.7	6.9
チュメニ州	28.5	307.9	365.3	201.6	213.5
ハンティ・マンシ自治管区	28.5	304.9	306.0	169.2	180.9
ヤマロ・ネネツ自治管区	0.0	0.0	59.4	32.4	32.0
東シベリア地域	0.0	0.0	0.0	0.1	0.1
極東地域	2.5	2.5	2.0	1.9	3.8
輸出量	-	-	-	122.3	144.4
輸出/生産（%）	-	-	-	39.9	44.6

注：地域の名称とその範囲は，「2030年までのロシアのエネルギー戦略」の付録4に出てくるものに従った。
出所：ロシア連邦国家統計局『ロシア統計年鑑』（各年版）；『ロシアの社会・経済状況 2010年1月』；ロ第1715号により承認）から筆者作成。

ガス田が消費地と離れた内陸に位置するために，石油・ガスの開発には，パイプラインの建設が欠かせない。油・ガス田が海に近い中東産油国などとは大きく異なる点である。ロシアでは，油・ガス田を開発するためにはパイプラインが不可欠であり，一方，パイプラインを建設するためには，十分な埋蔵量を有する油・ガス田の存在が前提となるという「鶏と卵の問題」が生じている（木村 2005：140）。パイプラインについては生産国と消費国だけでなく，通過国も発言力を有する。ロシアの石油・ガス輸出が国際問題化しやすい所以である。

（2） 石油部門

国際エネルギー機関IEA（2009a）によれば，ロシアは原油の生産（2008年）では世界の12.2%を占めてサウジアラビアに次ぐ第2位，輸出（2007年）では世界の11.9%を占めて同じくサウジアラビアに次いで第2位である。ロシアの原油生産は1980年代から停滞が始まり，1990年代に生産量が大きく減少したが，2000年代に，急速な増産となっている（**表3-4**）。特に，2000年代前半は年平均にして7.8%の増加であり，2000～09年でみても年平均4.8%の増加である。

の生産と輸出の動向

(単位：100万トン)

	2005	2008	2009	2013～15	2020～22	2030
	470.2	488.0	494.0	486～495	505～525	530～535
	24.5	29.0	33.5	32～35	35～36	42～43
	5.3	2.7	2.4	7～11	19～20	21～22
	52.2	53.6	52.3	49～50	44～45	34～36
	30.7	32.2	32.4	－	－	－
	10.8	11.8	13.0	－	－	－
	49.1	52.6	54.5	45～47	36～41	25～29
	11.1	11.0	11.4	－	－	－
	11.7	10.4	10.6	12～13	11～12	10～11
	320.2	319.0	311.0	282～297	275～300	291～292
	268.0	275.0	268.0	－	－	－
	50.8	42.4	40.3	－	－	－
	0.2	0.6	5.2	21～33	41～52	65～69
	4.4	13.6	17.4	23～25	30～31	32～33
	252.5	243.1	247.4	243～244	240～252	222～248
	53.7	49.8	50.1	49～50	46～50	41～47

これは，連邦管区とは一部で異なっている。2013年以降は「エネルギー戦略」の目標値。
シア各地域統計委員会ウェブサイト，「2030年までのロシアのエネルギー戦略」(2009年11月13日付政府指令

　このような高い増加率は，1970年代に年平均6.7％増加して以降みられなかったものである。この関係で特筆すべきことは，生産量に対する輸出量の比重が近年では5割を超えていることである。この比率は，ソ連時代には2割程度，1990年代前半には35％程度であったので，それと比べると著しく高くなっているわけである。これは，近年の増産のかなりの部分が，輸出増加のためであることを意味する。例えば，表3-4で2009年と2000年を比べると，生産量増加の6割は，輸出量の増加に向かったことが分かる。

　近年のロシアの原油生産・輸出の増加は，世界的にみても際立っている。2000年から2008年までの世界の原油増産量の44.7％はロシアによる増産であり，2000年から2007年までの世界の輸出増加量についても同じく57.3％までがロシアによるものであった。これに対して，サウジアラビアの貢献度は，それぞれ17.5％と13.9％であり，ロシアとは大きな差がある（以上は，IEAの統計による計算）。もちろん，これには，サウジアラビアは石油輸出国機構（OPEC）の盟主として石油市場のスウィング・プロデューサーの役割を果たす（価格変動に応じて生産を調整する）ということが大きく関係している。ロシアの場合は，近

年はOPECとの協調姿勢が明確になっているとはいえ，必ずしもそのような生産調整を行っていないし，本村（2005：86）によれば，ロシアの油田の技術的特性からも短期的な生産調整は困難だということである。

ロシア政府の原油生産に関する将来予測は，「2030年までのロシアのエネルギー戦略」（2009年11月13日付政府指令第1715号により承認）から得られる（表3－4）。それによると，2030年の原油生産量は，2009年と比べて年平均でみて0.3〜0.4％程度の増加となっている。近年の増産率と比べるならば，相当に控えめな増加予測であるといえる。ただし，留意すべき点は，生産地域について，大きな変化が見込まれていることである。

ロシアの原油生産は，1970年には沿ヴォルガが中心で，ロシア全体の51.0％（タタルスタンで35.8％）が生産された。その後，西シベリアのチュメニが生産の中心となり，1980年にはチュメニ州で56.3％生産されるようになった。チュメニ州の比重は，1980年代半ばから現在に至るまで65〜70％となっている。しかし，2030年までのエネルギー戦略によれば，チュメニの生産はほぼ頭打ちとなり，今後の増産は，東シベリア，極東，北コーカサスで実現されることになっている。とりわけ，東シベリアの増産に期待が寄せられており，2030年にはその比重は12〜13％（2008年実績では0.1％）になり，極東と合わせると18〜19％（同3％）になると見込まれている。

2009年末に一部の稼動を開始した東シベリア＝太平洋石油パイプラインは，この文脈で理解しなければならない。上述のように，石油開発とパイプライン建設の間には鶏と卵の問題があり，西シベリアに代わる次の油田開発のためにはこの新しいパイプラインが必要不可欠だったわけである。なお，これまでのロシアの石油幹線パイプラインは，基本的にすべてロシアの西方向に原油を輸出するものであり，旧東欧・バルト諸国に至るもの，黒海あるいはバルト海の輸出ターミナルに至るものがその中心であった（本村 2008：9-10）。東シベリア＝太平洋石油パイプラインは，東シベリアあるいは西シベリアの原油を東方向に輸出するものであり，この点でも画期的なものである。ロシアの原油・石油製品輸出に占める東アジアの比重は，現在の8％から2030年には22〜25％になると見込まれている。

表3-5 ロシアの天然ガスの生産と輸出の動向

(単位：10億㎥)

	1970	1980	1990	1995	2000	2005	2008	2009	2013～15	2020～22	2030
ロシア合計	83.3	254.0	640.6	595.5	583.9	640.8	664.0	584.0	685～745	803～837	885～940
欧露地域	72.4	92.4	63.0	47.4	47.0	45.6	36.7	33.4	54～91	116～119	131～137
チュメニ州	9.5	160.0	574.2	544.6	530.4	585.3	601.0	514.0	580～592	584～586	608～637
東シベリア	0.2	0.0	0.0	0.0	0.4	0.8	1.5	2.4	9～13	26～55	45～65
極東	1.2	1.6	3.2	3.3	3.6	3.5	9.8	19.5	34～40	65～67	85～87
サハリン州	1.0	0.8	1.8	1.6	1.9	2.0	7.9	17.5	31～36	36～37	50～51
輸出量	-	-	-	192.0	193.9	209.2	195.4	168.4	270～294	332～341	349～368
輸出/生産 (%)	-	-	-	32.2	33.2	32.6	29.4	28.8	39	41	39

注：表3-4に同じ。
出所：表3-4に同じ。

(3) 天然ガス部門

　IEA（2009b）によれば，2008年にロシアは天然ガスの生産で世界の20.9％を占めて第1位，輸出でも世界の20.7％を占めて第1位であった。埋蔵量については世界の3割近くを占めるとみなされており，ロシアは石油以上にガス大国である。ロシアの天然ガス生産量も，原油ほどではないが，1990年代に減少した（表3-5）。しかし，2002～06年には年平均2.4％の増産となり，2006年には減少前のピーク（1991年）を超える生産量となった。

　基本的には順調な増産傾向が続いていたわけであるが，2009年において大きな異変が生じた。ロシアの天然ガス生産量が，対前年比で12.1％もの減少となったのである。10％を超えるような減産は，過去に例がない。これは，世界金融危機の影響で，特にヨーロッパなどでの需要が減少したことだけによるものではない。一つには，アメリカにおいてシェールガス（泥岩に含まれる天然ガス）の生産が増え，同国のLNG（液化天然ガス）輸入が減少したこと，さらに，これと金融危機の影響で安価なLNGが欧州市場に流れ込んだことがこの背景にある。これらは，一過性の出来事ではなく，天然ガスの世界市場に構造的な変化を及ぼす可能性がある。

　2009年11月に承認された「2030年までのロシアのエネルギー戦略」では，このような変化が十分に考慮されているとは考えられないが，2030年の天然ガスの生産量は，2008年と比べて年平均で1.3～1.6％の増加，2009年と比べるならば2.0～2.3％の増加とされている。近年の増産率（2000～08年の年平均で1.3％）と比べて，やや高い目標設定である。地域別には，1990年以降，9割のシェア

を占めていたチュメニの比重が68～69％に下がる一方で，欧露地域（特に，シュトクマン・ガス田の開発による），東シベリア，極東の比重が増大する。東シベリア・極東の比重は，2008年の2％から2030年には15％になるとされている。これに対応して，アジア・太平洋諸国への輸出が，現在のほぼゼロの状態から2030年には輸出全体の19～20％を占めるようになると想定されている。

今後の石油・ガス開発については，探鉱の遅れ，あるいは，投資不足という問題が指摘できるが（本村 2005：93），既述のように，投資不足の一因は，安定化基金の形で石油・ガス企業の利益の大半を税収として吸い上げていることに求められる。実際に石油・ガス企業に資金が不足しているのかという問題はさておき，原油・ガス生産がロシア経済を支えるものである以上，石油・ガス部門への投資不足が同部門の発展を大きく阻害するような事態を政府が等閑視することになるとは考えられない。

4　製造業発展の可能性

（1）　製造業の発展戦略

前節でみたように，ロシア経済を牽引する石油・ガス部門は，今後も十分にロシア経済を支えていく可能性が高い。しかし，ロシアでは，経済が石油・ガス部門に過度に依存することに対して常に警戒感が存在する。一つには，そのような経済はエネルギー価格の変動に対して脆弱だという問題がある。確かに，ロシア経済は原油価格が下落すると成長が鈍化，あるいは，マイナス成長に転落する傾向がある。ゴルバチョフのペレストロイカ期，1998年のロシア通貨・金融危機，2008～09年の世界金融危機がそうであった。もう一つには，世界の一流の先進国として振る舞いたいという願望がある。すなわち，原材料の輸出に依存し，先端的な機械や技術を他国から輸入するような世界経済における役割に対する不満である。

プーチン政権，メドヴェージェフ政権の下でも，特に製造業を発展させて，経済を多様化することが経済の領域における最大の中長期的課題と位置づけられている。ロシアでは，2006年頃から草案作成が開始されて，2008年11月に「ロシア連邦の2020年までの中長期社会・経済発展構想」が採択された。この「構想」では，ロシアが目指すべき経済発展のシナリオとして「イノヴェー

ション・シナリオ」というものが想定されている。これは，2020年までに製造業の発展による経済成長が始まるとするシナリオである。

　このシナリオにおいて重視されている製造業部門は，航空機産業，ロケット・宇宙産業，造船業，無線電子工業などである。これらは，いずれも軍事産業との関係が深い部門であり，また，特に，このうちの最初の三つの部門は，ソ連時代にはロシアが競争力を有していた部門である。ソ連崩壊により，競争力や市場を失っていたこれらの製造業部門を，国のてこ入れによって立て直そうというのが基本的な戦略である。

　したがって，製造業を発展させるといっても，自動車や家電，あるいは繊維などといった消費財を生産する部門を重視する戦略ではない。ここには，現実感覚が働いているともいえる。中国や旧東欧諸国をはじめとする発展途上の国においては，自動車，家電，繊維などの製造業の発展が，外国直接投資を大量に受け入れるなかで実現されてきた。こうした部門において，現代世界のなかで競争力を高めるには，外資導入以外の方法はないとさえいえよう。これに対して，ロシアでは，国内産業の保護政策や劣悪な投資環境，さらにはルーブル高の問題もあって，外国投資の受け入れはそれほど進展してこなかった。そのために，これまでこうした製造業部門が発展しなかったわけである。

　このような例の一つが自動車産業であろう。ソ連時代からロシアには大自動車企業が１社存在した。ヴォルガ自動車工場（AvtoVAZ）である。1990年にロシアの乗用車の生産台数が113万台のとき，同社はそのうちの７割ほどを生産していた。ロシアの乗用車の生産台数は，その後低迷し，2006年まで120万台を超えることはなかった。一方，ロシアにおける乗用車の販売台数は，2000年代の高成長のなかで，飛躍的に増大し，2000年の102万台から08年には329万台に達した。同年の生産台数は147万台，輸入台数は199万台というデータから分かるように，販売の過半は輸入車であった（以上の生産，販売，輸入のデータは，『ロシア統計年鑑　2009』による）。また，生産の４割ほどは，外資企業による外国ブランド車であり，ヴォルガ自動車工場のような国産メーカーの生産は，需要が急拡大するなかでも，それほど伸びなかったのである（坂口 2010）。ここには，ヴォルガ自動車工場に代表されるロシアの国産メーカーにおける外資導入の遅れ，それによる技術革新の遅延と競争力の伸び悩みといった問題があらわれている。

第Ⅰ部　市場経済移行の推移

■□コラム□■

オランダ病

　オランダでは，1960年代に北海でガス田が発見されて，1970年代から生産が開始された。折からのエネルギー価格の高騰と相俟って，天然ガスがオランダの重要な輸出品目となった。しかし，その結果，通貨ギルダーの実質為替レートが上昇し，製造業製品の競争力が失われることとなった。このように，典型的には，資源産業の成長により，製造業が衰退する現象がオランダ病と呼ばれる。1977年にイギリス『エコノミスト』誌がこの用語を初めて用いた。

　さらに，もう少し広い観点から，そもそも資源をもっていることが経済発展にとってプラスなのかマイナスなのかを論じる理論的，実証的研究も盛んである。マイナスだと評価する立場からは，「資源の呪い」という言葉が使われている。オランダ病と資源の呪いの発生メカニズムについては，経済理論的な議論がある一方で，資源ブームが政府資金の非効率的利用や悪しき統治を招く，あるいは，資源によって生み出された巨額のレントが腐敗をもたらすといった政治経済学的な分析もなされている。

　（参考文献）　中村靖（2008）「石油ブームの経済への影響」田畑伸一郎編著『石油・ガスとロシア経済』北海道大学出版会。

（2）　ルーブル・レートと輸入代替

　筆者は，製造業の発展を考えるうえでの重要な要因は，ルーブル・レートの動態であると考えている。既述のように，油価が高騰し，ルーブル・レートの著しい上昇が続くなかでは，オランダ病が進行し，製造業の発展はきわめて難しくなるからである。今後の油価の動向については予測が困難であるが，2000～08年半ばのような急騰が繰り返される可能性は低いとするならば，ルーブル・レートの上昇率は鈍化すると予測できよう。その場合には，輸入代替という形で，すなわち，これまで輸入によって供給されていた製品の一部が国内で生産されるようになるという形で，製造業の一定の発展が生じる可能性は十分にあると考えられる。いうまでもなく，国内製品の技術や品質の水準を向上させるうえで，前項で述べた外資の受け入れ拡大がこうした輸入代替型発展の前提となる。

　本章で考察してきたように，ロシア経済は石油・ガスに深く依存している。

経済成長率が油価に大きく依存しているだけでなく，石油・ガス以外の部門の発展も，ルーブル・レートの動態を通じて，間接的に油価によって強く規定されているのである。

■ ■ ■

●参考文献
上垣彰（2005）『経済グローバリゼーション下のロシア』日本評論社．
　1990年代からのロシアの対外開放に関する政策とその結果の分析．
久保庭真彰（2008）「石油・ガス産業の利潤と資本」田畑伸一郎編著（2008）『石油・ガスとロシア経済』北海道大学出版会．
　産業連関表を用いたロシア経済の本格的な数量分析．
久保庭真彰・田畑伸一郎編著（1999）『転換期のロシア経済――市場経済移行と統計システム』青木書店．
　1990年代ロシアの体制転換に関する統計分析．ロシアの統計に関する説明も得られる．
坂口泉（2010）「2009年ロシア乗用車市場の総括――激変した環境と新たな商機」『ロシアNIS調査月報』4月号．
　世界金融危機により大きなダメージを被ったロシア自動車産業の分析．
塩原俊彦（2004）『現代ロシアの経済構造』慶應義塾大学出版会．
　エネルギー・金融などの部門を含むロシアの経済構造の変化に関する政治経済学的分析．
田畑伸一郎編著（2008）『石油・ガスとロシア経済』北海道大学出版会．
　石油・ガスに依存するロシア経済に関する学際的な分析．
本村真澄（2005）『石油大国ロシアの復活』アジア経済研究所．
　1990年代の低迷から復活したロシアの石油・ガス産業に関する体系的な分析．
本村真澄（2008）「生産と流通」田畑伸一郎編著（2008）『石油・ガスとロシア経済』北海道大学出版会．
　2000年代のロシアにおける石油・ガスの生産と輸送に関する概説．
IEA（2009aなど各年版），*Oil Information*.
　国際エネルギー機関の石油統計．
IEA（2009b），*Natural Gas Information*.
　国際エネルギー機関の天然ガス統計．

（田畑伸一郎）

第4章
財政・金融

　本章ではロシアの財政と金融に関する現状を学ぶ。まず財政に関しては，社会主義から資本主義への移行過程で財政の規模が著しく低下したこと，またロシアは連邦財政主義を採用しているが，連邦構成主体の独立性は不安定なこと，当初は財政赤字が大問題だったが2000年代に入ってからは財政黒字の管理が課題となり安定化基金が導入されたこと，また個人所得税の捕捉を高めるためにフラット・タックスの制度が採用されたことが説明される。

　金融に関しては，移行に伴いインフレ問題や通貨政策が重要性を増したこと，銀行部門では二層式銀行制度が整備され，旧専門銀行が政府系銀行として大きな役割を担っていること，無から創設された金融・資本市場は外貨取引，私有化証券および株式の取引，国債取引と段階を経て拡大しつつあること，さらにマクロの資金循環の観点から，国内の金融機関による金融仲介機能が不十分である一方，有力企業には外国から資金調達を行うものもいることが説明される。

1　財政制度と財政政策

(1)　ロシアの財政を特徴づける諸条件
①移行経済という条件
　どの国の財政にもその国独自の諸条件が反映されており，唯一の標準的な財政制度は存在しない。ロシアの場合，1990年代初頭に着手された計画経済から市場経済への移行という歴史的条件に加え，広大な国土，多様な民族構成，豊富な天然資源の偏在，年間10万人単位の人口減少，および貧富の格差の拡大という諸条件が存在し，その下にロシア的な財政制度が成立している。
　第一の条件である体制移行に関しては財政規模の縮小が求められた。ソ連の財政は国の経済計画と密接に関連しており，特に国有企業の投資資金は銀行よ

りも財政が中心になって配分されるなど、ソ連企業の活動は厳格に財政によって規定されていた。企業活動の結果得られた利潤は企業利潤税としてすべて財政に納付され、企業活動に必用な資金は用途ごとに計画に従って財政から支給されたのである。このように社会主義経済はほぼすべての経済活動を国家ないし国有企業が財政を通じてコントロールしたから、財政規模は歳入でも歳出でも非常に大きかった。これに対し資本主義経済は民間資本が主体である。過剰な政府介入は民間活動を圧迫する恐れがある。こうした観点から財政を市場経済の適正規模に縮小させることが必要であり、また実際に大幅に縮減された。

さらに移行最初期は膨大な過剰流動性が存在し、主要な移行政策の一つである価格自由化を契機としてハイパー・インフレが出現するなど経済政策は困難を極めた。インフレ抑制を焦る政府は、特に財政赤字の縮小を目指して急激な歳出削減を実施した。一般に市場経済において市場の失敗が存在することを考慮すれば、適切な財政政策は市場を補完し国民経済全体として効率的な資源配分を助ける。短期的にマクロ経済の均衡を達成するために歳出の切り詰めが性急かつ過大に追求されたあまり、財政が市場の失敗を補完する役割については、十分に議論や配慮がされたとはいえない。現代の資本主義国家の多くは、民間の経済活動を活性化するように産業インフラなどの整備を通じた公共財の提供を当然としており、財政、特に歳出を国家の経済政策の用具として積極的に用いている。しかしロシアでは、社会主義時代の反省からか、移行経済政策の主眼はとにもかくにも国家の役割の縮小にあった。

財政による資源配分機能のうち、特徴的なのは国民経済費である。これは社会主義制度においては国家から産業分野への投資資金供給を意味した。社会主義解体後は、この費目は企業補助金としての役割、並びに公共財など社会インフラの整備に充てられた。財政赤字を縮小させるための歳出削減のターゲットはこの国民経済費だった。こうした闇雲な歳出削減が、ロシアのインフラの急激な劣化につながった。2000年代に入って財政黒字の時代になると、この費目はじわじわと増えつつある。連邦特別プログラムと称される様々な目的別投資プロジェクトが策定され、その実施に国民経済費が充てられるようになった。

資源配分機能のなかでロシアに特徴的なものとして、もう一つ、住宅・公益事業費があげられる。これは住宅の新規建設、住宅に供給する上下水道（上水道には暖房にもなる温水供給を含む）整備、住宅の管理・補修などを指す。ロシ

アには寒冷地が多いが，その街作りは集中暖房方式である。この運営の仕方が非効率であるとみなされ改革が行われているが，寒冷地という自然条件を勘案すればこの種の国のサービスは今後も不可欠であろう。

②その他の条件

第二の条件である広大な国土，多様な民族，天然資源の偏在は，財政を通じた国の地理的格差の平準化機能を著しく困難なものとしている。通常，国民経済の均衡ある発展には，財政が地理的格差を是正する方向で機能することが必要である。しかし国土が広大ななか，資源の賦存も一様でなく，そのうえ，多様な民族が居住しているロシアでは連邦財政主義が採用されている。連邦制は，我が国の都道府県制と比べて連邦構成主体（上位の地方自治体に相当）の独立性がきわめて高い。なぜなら，仮に連邦政府が過大な財政負担を構成主体に負わせるなら，構成主体は連邦から離脱することも理論上はありえるからである。しかしながら構成主体間の一人当たりGRP（地域総生産）の格差が非常に大きく，また行政サービスが低い構成主体から高い構成主体への住民移動も容易ではないことから，連邦財政主義の利点は十分機能しているとはいえない（横川2010）。実際，連邦政府が中央の立場から一方的に地理的格差の是正を追求することは不可能なのである。とりわけ1990年代には連邦構成主体の分離傾向が強く，これを引き留めるために連邦政府は構成主体に対して様々な譲歩を余儀なくされたから，財政に関しては歳入不足に苛まれた。

他方，豊富な天然資源の存在は，ロシアの財政に新たな役割を付与している。一般に原油など国際的に取引される一次産品は価格の上下動が激しい。原油などを大量に輸出しているロシアはしたがって，その価格高騰時は大いに潤うが，低迷時には大きなダメージを受けるという不安定性に直面する。そこでロシアでは，高騰時に得られた資金を安定化基金として積み上げておいて使わず，価格低迷時への備えにする政策を採用した。これは口でいうほどに容易なことではない。財政から支援を受けたい勢力は，常に何かしらの口実を並べて，歳出を引き出そうと望むからだ。幸いクドリン財務相という有能な大臣の下でこの政策はようやく奏功したといえる。またこの政策は，好景気と不景気の変動を財政機能によって緩和するビルト・イン・スタビライザーの機能も担っていることは重要である。

第三の条件である人口減少は，ロシアに新たな問題を投げかけている。これは世代間の負担の公平化にかかわる問題である。財政機能の一つに，年金や健康保険など社会保障制度が存在する。移行初期には，年金といっても名ばかりで，貧窮する高齢者を十分に支援することができなかった。このため財政黒字に転換後は年金改革が進められた。ここでは，給付額の増大と並んで，賦課方式に加え積立方式の導入が行われ，将来，現在進行中の少子高齢化がさらに進んでも，年金財政が困難に陥らないような設計となった。

　第四にロシアにおける経済格差の広がりも，財政政策と密接にかかわっている。資本主義は，自由で公正な競争条件の下で発生する経済格差を容認している。しかしながら，格差を放置することにより社会の一体性が失われるとか，天災などやむをえない理由で発生する格差については，国家が介入しこれを補正することが適当である。ロシアの場合，移行初期に国有資産が一握りの関係者に渡るなどして貧富の差（所得格差）が拡大した。所得格差を是正する所得再分配のためには，累進課税制度を設けて裕福な者により多くの税金を負担してもらわねばならない。ところがロシアでは2001年に一律13％の個人所得税が導入された。それまでは最高税率は30％で，しかも年収50万円相当以上から課税されていた。このため，高所得者は税負担を嫌って脱税や資産隠しに努めたので，政府はこれを考慮してむしろ進んで税金を払ってもらうように低率のフラット・タックス（単一税率）を導入したのである。

　部門格差については，ロシアでは輸出により外貨を獲得できる部門とそうでない部門の格差が著しく開いている。具体的にはエネルギー資源にかかわる部門とそれ以外である。2000年以降，資源エネルギー産業への課税が強化され，財政の安定に大きく寄与した。あまりにも競争力の突出した産業がある故に，その他の部門は一律に財政上の受益者となる傾向がある。

　一般的にいってロシアでは，好況時に引き締め，不況時に公共事業により潜在的な需給ギャップを補完するというケインズ的な財政政策は受け入れられていない。1990年代はマクロ経済の安定化が最優先され，需給ギャップを財政出動によって補うという発想は存在しなかった。そもそも歳入が決定的に不足し，歳出の元手が存在しなかった。また，2000年代に入ると一転して好景気に沸いたため，安定化基金の創設（後述）など有効な措置もとられたが，引き締めにより経済過熱を沈静化する動きにも発展しなかった。一方で2008年夏からの金

融危機においては，外国借入を行っていたロシアの主要企業・銀行が担保価値の低下によりマージンコール（担保資産の減価に伴い追加で担保を積み増すよう要求されること）が発動されるのに対応し，財政から流動性を供給して危機を乗り切ろうとした。需要不足を補うのとは異なるが一種の安定化措置といえよう。

（2） 財政制度

ロシアでも経済政策のなかで財政政策は最も中心的な位置を占めている。これはソ連でも同様であった。しかし社会主義と現在では，その機能は異なる。一言でいえば，社会主義時代は農業部門から得られた資金を工業部門に投下することで急速に工業化が達成され，また軍需産業に連なる重化学工業部門を軽工業など消費財部門より優先する方針がとられたが，いずれも財政による資源配分の仕組みを利用したものであった。日用品は安価にする一方，嗜好品・高級品は高価にする仕組みも，財政の取引税と価格差補給金のメカニズムによる（田畑 1995）。これらの税金と補給金の負担率は，多くの場合，当局と個別企業との交渉によって決められた。社会主義時代の財政の特徴はその個別性，恣意性であった。

ソ連崩壊後は，大変な困難を伴う移行を成し遂げ，大方の資本主義諸国と同様，一定のルールに基づいて公平な財政運営が行われるようになった。企業利潤と個人所得に対する直接税と，消費税など間接税を徴収し，それらの資金を国家による公共サービスの提供，具体的には治安維持や福祉の目的に投下している。こうした意味で，資本主義の財政制度はすでにロシアに定着している。

まずロシアの財政制度は法律に基づいて運営されている。財政制度と政策にかかわる基本を定めているのは財政法典で1999年に初めて成立した。1992年からの新生ロシアの下では，予算基本法と毎年作成される年度予算法によって規制された（久保庭 1993）。これを統一的に集約したのが財政法典である。これと並んで，財政に多大な影響を与える租税制度についての基本を定めたのが租税法典で1998年頃から徐々に整備されてきた。2010年4月現在，租税法典は第3部まで存在し，租税にかかわるあらゆる領域のルールを規定している。現在も細かい改正は頻繁に行われている。

財政プロセスとは，税金の徴収から国庫制度を通じて管理し，必要に応じて支出し，さらに事後的に予算通りに執行されたかをチェックする監査までの一

連のプロセスをいう。先に述べたとおり,各段階において法に則った形で執行されることが重要であり,それを担保する仕組みが必要となる。例えば,徴税段階では,徴税庁が税金を集める役割を担っているし,徴収された税金は直ちに国庫に集められ管理される。歳出に関しては,所轄の当該官庁から国庫に対する出金指示が与えられ執行される。こうした一連の財政プロセスは,最後に会計検査院によって監査され,法に従った財政政策が担保される。財政プロセスに関して特筆すべきは2008年以降,3カ年予算を策定するようになった点である。その直後の金融危機の影響を受け,執行途上で予算改定を余儀なくされたとはいえ,経済政策に長期的視点を持ち込もうという意欲が窺える。

連邦国家ロシアは,他の連邦制をとっている国々と同じように,連邦財政主義をとっており,連邦財政,連邦構成主体財政,およびそれより下位の地方政府財政の三つのレベルから構成される。

連邦構成主体は,連邦を構成する基本的な単位であり,法律上は連邦離脱の権利を有する。このため連邦財政主義は,それぞれのレベル,特に連邦構成主体財政が相対的に連邦財政から自立していることを意味する。実際に,1990年代前半の状況下では連邦と構成主体の間で租税の配分率に関する取り決めを毎年結ぶなど,両者の間で連邦協定が結ばれ,連邦は様々な優遇措置を与えて連邦からの離脱を防ぐ必要があった。しかし財政が黒字化して以降は,構成主体の自立傾向には歯止めがかかった。とりわけ連邦政府の集権化傾向が顕著である最近は,連邦財政に権限が集中しているのが実態である。例えば税源配分をみると,景気により変動しやすい企業利潤税は100％連邦財政に配分され,景気変動に左右されにくい個人所得税は連邦構成主体財政に70％,下位の地方財政に30％割り振られている。しかし付加価値税,統一社会税,鉱物資源採掘税など大口のものは連邦に全額割り振られ,連邦構成主体に全額割り当てられている相続・贈与税や企業資産税,下位の地方財政の土地税,個人資産税は必ずしも大きなものではない。今後,政治情勢によって変更もありえる。

(3) 財政構造とその推移

財政構造を検討する際には,次の二つの指標をみる必要がある。一つ目は,財政が国の経済規模に占める比重であり,歳入や歳出の対GDP比によって示される。1990年代のロシアの財政規模は歳出がなかなか縮小しなかったのに対

第Ⅰ部　市場経済移行の推移

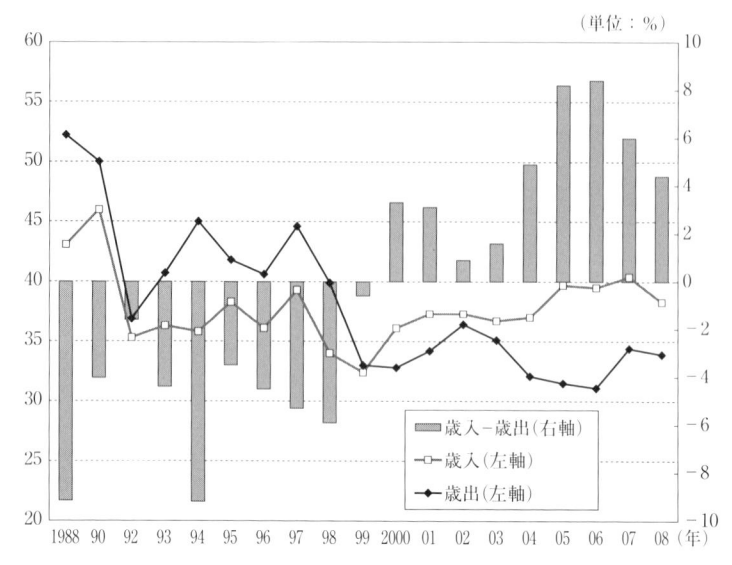

図4-1　国家財政の規模および財政赤字・黒字（対GDP比）の推移
出所：田畑 2010を参照して筆者作成。

して，歳入規模は生産活動の低下に伴う景気低迷できわめて大幅に縮小した。このことが財政赤字問題の根本的な原因である。その後，歳出規模は対GDP比30％程度で推移しており（**図4-1**），他方，主要輸出品の原油価格の世界的な高騰を受けて，歳入の規模は急拡大した。この結果，財政黒字が出現し，その一部を安定化基金という形で蓄積する政策に結実した。

　二つ目は，歳入，歳出それぞれの各費目別の重点の推移である。まず歳入に関しては，直接税と間接税の比重の違い（直間比率）や，企業利潤税と個人所得税の比重の違い，さらに利子収入に対する課税比率などをみることができる。歳出に関していえば，財政の3機能，すなわち資源配分，所得再分配，経済変動の緩和（安定化）のいずれに重点が置かれているかを検討する必要がある。以下，歳入，歳出の各項目について検討しよう。

　①歳入——費目別重点の推移，所得税税率の一本化
　歳入費目には，企業利潤税，個人所得税，統一社会税，付加価値税，物品税，資産税，天然資源利用料などがある。税金には直接税と間接税の二つがあり，

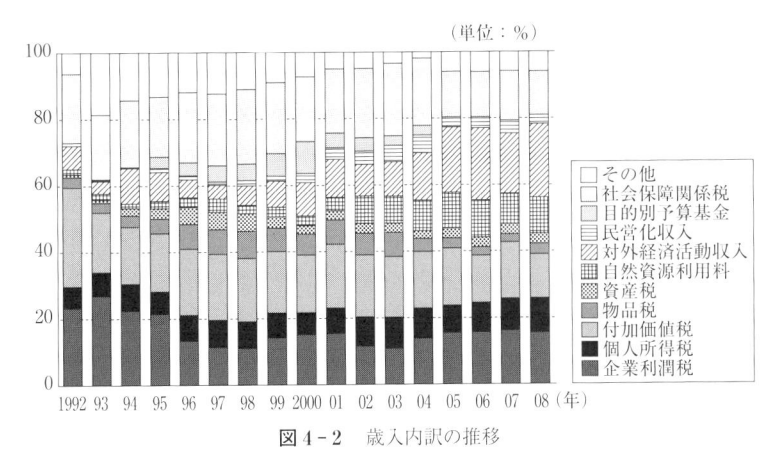

図4-2 歳入内訳の推移

出所：図4-1に同じ。

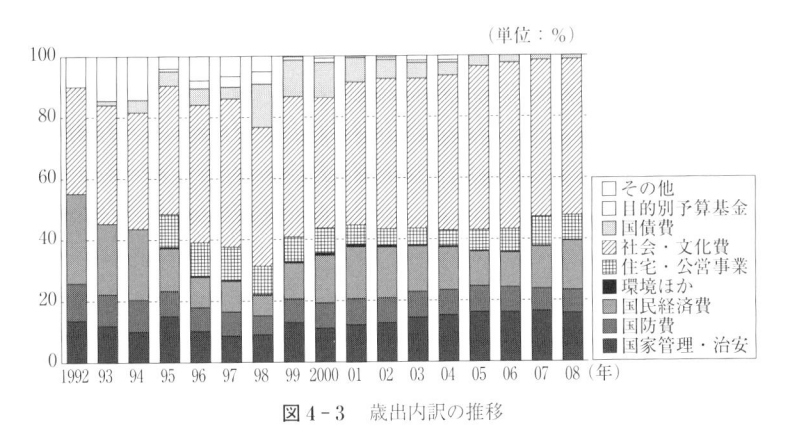

図4-3 歳出内訳の推移

出所：図4-1に同じ。

　前者の代表的なものは企業利潤税と個人所得税であり，後者には付加価値税，物品税などがある。直接税は所得や利潤の多いものに税負担をより多く負わせる累進課税では分配面の公正を追求することになるが，間接税を主体とすれば，所得や利潤にかかわらず負担が一定だから，より逆進的な側面をもつ。
　ソ連崩壊後，一連の歳入費目の推移をみると（図4-2），企業利潤税，付加価値税は比率が縮小している。これに対して，比重が大きく伸びたのは，自然資源利用料と対外経済活動収入である。その他の項目は，概ね一定である。

②歳出——費目別重点の推移

　歳出費目には全国家的問題，すなわち国家債務償還，国防，安全保障と法秩序維持活動と，国民経済，住宅公益経営，教育，保健とスポーツ，社会政策などがある。この他，予算間移転もある。具体的に歳出費目の推移をみると（図4-3），社会・文化費の増加が顕著である。同時に，国家管理・治安は1992年当時と比べて着実に増えている。国債費は1998年から2000年にかけて一時10％を超える比率を占めたが，その後は財政健全化を反映して縮小している。

　すでに述べた財政政策の三つの機能の観点から，歳出費目の重点の変化をみると，歳出は資源配分機能に重点があるといえる。しかしそのなかでも国民経済費は縮小しており，これは移行経済政策の結果と捉えることができる。

（4）　財政赤字と財政黒字の管理

　ロシアの財政は1990年代には赤字に，そして2000年代に入ってからは黒字の管理に悩まされた。1990年代が赤字であったのは，移行政策の影響で大幅に経済が縮小していくなか，十分な歳入を確保できなかっただけでなく，租税制度の整備も不十分で，さらに国全体が非貨幣取引や未払いなどの影響で，現金で税収を得るのではなく，バーターによる現物か，相殺により歳出と歳入を帳消しにするというやり方が横行したからである。赤字の補塡は当初は中央銀行直接信用に頼っていたが，1993年から国家短期証券（GKO）が発行されるようになった。しかし，大量に発行しすぎたために1998年8月，政府は90日間の支払い停止を宣言し，事実上のデフォルトとなった。

　一方，2000年代の歳入増加は，天然資源，とりわけ原油資源に対する課税負担を増やしたことが影響した。しかし，それまで歳入不足によって削られてきた歳出の復活を望む勢力からは圧力がかかる。とはいえ，歳入に余裕があるからといって野放図に歳出を増やせば，結果として物価騰貴につながり，無駄な歳出として将来に禍根を残す。そこで安定化基金として原油価格高騰時にはその分を使わないで基金に積み立てる制度が導入された。実際，2008年以降の経済危機の局面では，この基金を使い経済ショックの緩和に成功した。

　安定化基金は，2004年にイラリオーノフ大統領顧問（当時）が提案し，その財源はロシア産原油の国際市場価格が基準（設立当初は1バレル20ドル。2006年から同27ドルに変更）を超える場合に，これを上回る部分に対する原油の採掘税と

輸出関税からの収入であり，一方その利用は油価が1バレル27ドルを下回る場合に財政赤字を補填するか，基金の総額が5000億ルーブルを超える場合に他目的に利用できるとされた。政府はこれを利用して対外債務の返済を前倒しで行い，年金基金の不足分をも補填してきた。その後2008年から安定化基金は準備基金と国民福祉基金に分割され，前者はこれまで同様の積立を主たる機能とするが，後者は国民生活の改善により積極的に利用された。準備基金は従来の原油採掘税と輸出関税に加えガスの採掘税およびガスと石油製品の輸出関税が原資となった。安定化基金のもう一つの目的は，外貨収入を外貨のまま管理することによって資源輸出に伴う大量の外貨流入を不胎化する役割であり，クドリン財務相もこの効果を認めている。

(5) 予算外基金

予算外基金には，年金基金，連邦社会保険基金，連邦強制医療保険基金などがある。これらは2001年に創設された統一社会税という費目で徴収される。同税は従来の各種基金の拠出逃れや未払いが頻発することを防ぐために導入された。なお，2010年より統一社会税は所期の効果を得て廃止され，各基金ごとに対する保険料徴収方式に戻ることになった。

2 金融制度と金融政策

(1) 移行経済下の金融政策の特徴

移行期の経済政策の特徴は，価格の自由化とそれがもたらすインフレを収束させる安定化である。金融政策面では，安定化は引き締め政策を意味した。ただし，市場経済の制度が十分に機能しているわけではないから，公定歩合の調整や公開市場操作によって市場をコントロールすることはできなかった。

まずはソ連期から存在してきた銀行部門を活かしつつ，事実上ゼロから金融・資本市場を育成するという課題が存在した。また，厳密に対外経済活動が管理されていたソ連と異なり，ロシアでは国際経済への積極的な統合が進められ経常取引の自由化が急がれたから，金融政策の一つとして通貨政策が大きな位置を占めることになった。特に主要輸出品である資源価格が国際市場で大きく変動するために，これが国内の貨幣流通量の増減に直接関係することから，

金融政策の成否は通貨政策の是非に大いに関係していたといえる。

①ソ連の金融制度

ソ連の金融制度は，一般には受動的な役割しか果たさなかったと考えられている。当初，ソ連指導部は貨幣や銀行の廃止といったアイデアすらもっていた。しかし社会主義下でも，価格や貨幣といった金融的な指標を全廃することはできないとの結論に達し，社会主義的な金融体制を築いた。それがモノバンク（単一銀行）制度と，現金流通と非現金流通の厳格な分離である。なお社会主義化の段階で株式会社は国有化されたから証券市場は存在しなかった。

モノバンクとは，中央銀行にあたるゴスバンク（ソ連国立銀行）が発券業務を行うほか，国有企業の口座をもち企業間の決済や融資活動といった商業銀行業務を同時に行う銀行のことをいう。商業銀行業務といえども国の計画に基づいており，ゴスバンクが独自の金融政策を遂行することはありえなかった。

二つ目の特徴が，現金流通と非現金流通の厳格な分離である。これは計画経済を機能させるための金融面からの監督手段である。前者は国有企業が現金を利用できる局面を賃金支払いなどに制限し，当局にとって管理の難しい現金流通の領域を特に限定する一方，取引企業とのやり取りには，非現金，すなわち銀行口座間の決済のみが許された。つまり，たとえ企業の効率改善努力により（非現金で）利益が出てもそれを現金の形で蓄えることは禁止され，企業間取引は必ず銀行で記帳されるから，計画どおりの経済活動が行われているかは銀行口座を監視するのみでよい。これをルーブルによる統制という。

企業資金のやり取りのうち，経常的なものはゴスバンクと，また投資にかかわるものは，財政資金の供給とゴスバンクおよびストロイバンク（建設銀行）の長期融資で賄われた。以上の観点から，ソ連の「銀行」は名前こそ銀行だが，およそ市場経済における銀行とは似て非なるものであった。

②移行期の金融制度改革と金融政策

移行開始に伴い，現金流通と非現金流通の分離という考え方は放棄されたため，ソ連末期に大量に発行されていた非現金通貨が現金化され，過剰流動性となって移行最初期のハイパー・インフレーションにつながった。公定歩合操作などは金融制度全体の未成熟もあって機能せず，したがって新生ロシアの中央

銀行は，インフレ抑制のために現金供給を意図的に絞るという方法でもって対応せざるをえなかった。このため移行初期には，通常の経済取引に事欠く通貨不足が起こり，経済活動の停滞，並びに非貨幣取引の横行に結びついた（大島・小川 2000）。

銀行制度では，中央銀行が発券銀行に専念し従来の商業銀行業務から手を引いた。しかし現実問題としては，特定の企業・プロジェクト支援を目的として指令信用の形態で商業銀行を経由する融資を行った。このことが腐敗の原因ともなったが，他方，生まれて間もない商業銀行の育成にも結実した。

通貨政策面では，ソ連崩壊後の国際経済への統合過程で，1992年7月，複数あった為替レートが一本化され，国内経常勘定の交換性が回復された。その結果，ルーブル・レートは中央銀行の意思で決まらなくなり，当局は為替市場の動向を見極めつつ必要に応じ介入することになった。ルーブルは，当初，急激に減価したが，減価による対外債務の実質負担増と輸入インフレの高まりを嫌った介入によってしだいに実質増価した。為替レートを名目アンカーとしてインフレを抑制するという，他の移行経済諸国でもとられた方策が採用されたのである。特に1995年に導入された目標相場圏（コリドール）により，当局があらかじめ宣言したルーブルの対ドルレートが一定範囲で維持されるようになり，他の政策も相まって確かにインフレは収束したかにみえた。しかしこの政策はルーブルの実質増価を招き，オランダ病と呼ばれる副作用を伴った。ロシアでは輸出競争力のある天然資源が為替レート水準にかかわらず大量に輸出され続けたから，これらの資源輸出から得られる外貨の流入が，国内の通貨流通量の増加をもたらしインフレにつながった。ルーブルの増価は国内製造業の輸出競争力を失うだけでなく，大量の輸入品の流入ももたらした。

（2） 金融制度
①銀　行
ロシアの金融制度の中心は銀行制度が担っており，中央銀行と商業銀行からなる「二層式銀行制度」がとられている。かつてモノバンク制の下で中央銀行が企業向け融資を行っていた機能を廃止し，中央銀行は商業銀行の最後の貸し手として，銀行制度と金融政策を調整する役割を担っている。ただ，中央銀行はゴスバンクから引き継いだザグランバンクといわれる外国支店を所有してい

たから，この外国支店が海外で商業活動やマネーロンダリングなど中央銀行にあるまじき職務を行っていたとして，非難されたこともある。

中央銀行は，ロシアの銀行制度を司っており通貨・金融政策の要である。その法的地位は中央銀行法によって規定され，通貨価値の安定を目的として金融政策を実行することが求められている。市場経済が未発達な国では中央銀行の独立性がしばしば問題になるが，一時は財政政策と相反する金融政策をとってマクロ経済政策が混乱したこともあった。当時の総裁は通貨価値の安定よりも国の経済（生産活動）の安定を追求したのである。現在，中央銀行には金融政策を司る国家銀行評議会が存在し，中央銀行総裁を中心に政府関係者も参加してマクロ経済政策が検討され，金融政策が決定される。

商業銀行は，ソ連崩壊前後に大量に設立され，現在でも約1170行存在する。大半の商業銀行の規模は小さく，トップ20の銀行で銀行セクター全体の資産量の約7割を占める。これらの機関は商業銀行法という法律で規制されている。

商業銀行は，その出自からいくつかのタイプに分けられる。第一は旧専門銀行系の銀行である。これはソ連末期に設立された専門銀行から商業銀行へ改組・分割された組織に起源をもちほとんどが1990年前後に成立している。彼らは元来ゴスバンクや専門銀行の地方支部だったから，地方の（旧）国有企業や行政府との関連が深く，規模は大きいが資産内容・収益性は悪い。第二は，企業等何らかの団体・組織が出資者や設立者となっているものである。旧ソ連の部門別産業省や，部門別産業省が改組されて成立した企業グループによって創設された。第三にごく少数の企業が株主として大多数の株式を保有している企業のポケット銀行があり，多くの場合，規模は小さい。このほか2000年以降急増した外資系銀行も存在する。

現在，銀行部門の主力は旧専門銀行系の銀行である。なかでも貯蓄銀行を母体とするズベルバンクと，対外貿易銀行を母体とするヴネシュトルグバンクは，国家の支援を受けて，中心的な役割を依然として果たしている。

ところで移行経済政策の主要な柱の一つは私有化である。国家所有から切り離し民間企業として市場という競争条件の下で活動することで，資源の効率配分を目指すのがその目的であった。この点から銀行部門をみると，ズベルバンクとヴネシュトルグバンクの2行を中心に政府系銀行の役割は依然大きい。これは一つには，ロシア全体における経済に対する国家介入度の高まりと関係が

ある。他方、日本でも政府系金融機関がそうであったように、国の経済政策を忠実に実行する機関として政府系銀行を維持する思惑もある。例えば、ロシアでは中小企業の育成と経済構造の多角化が必要とされており、ズベルバンクは政府の意向を受けて中小企業金融へ努力せざるをえない。

ロシア中央銀行が株式の約6割を所有するズベルバンクはその出自から、かつては国家が住民預金を全額保証する形で競争上の優位を得ていた。しかしながら、競争条件の公平化の要請もあって、ほぼすべての商業銀行が加入して2004年から預金保険制度が創設され、ズベルバンクの国家保証は3年間の過渡的措置のあと廃止された。この間、全住民預金に占めるズベルバンクの比重は、7割超から5割弱程度まで縮小した。それでも全国に広がる支店網とブランドの効用で依然大きな役割を果たしている。

これら2行と並んで注目に値するのがヴネシュエコノムバンクである。同行は、ソ連崩壊後、ロシアが引き継いだソ連の対外債務の返済管理を担当する金融機関だった。しかしながら対外債務を完済後は、同行の傘下に開発銀行という国家コーポレーション（コラム参照）が設立された。同行はより強力に国家の経済政策推進の一翼を担っており、2008年の金融危機後の企業救済に際しても、主要な支援先への融資は同行が担った。

外資系の金融機関は、EU内部の金融機関の統合が進んだ結果、ウニクレディトバンク（イタリア）や、ライファイゼンバンク（オーストリア）など、東方市場へ積極的に進出して競争力を維持しようとする数行がロシアでも活発に活動を行っており2010年初時点で226行（うち100％外資銀行は81行）が存在した。また、BRICsブームの影響下などで西側資金が大量に入ってきたこともあり、トロイカディアログなどの投資銀行も一定の影響力を保っている。

ロシアの変化の激しい経済状況の下では、数多の銀行が創設され、また多くが破綻した。とりわけ1998年の金融危機に際して、それまで勢いのあった大手行が一斉に破綻し、一時、金融機能が麻痺するほどであった。こうした破綻銀行の破綻処理や再生支援のために組織されたのがARKO（金融機関再生庁）である。破綻金融機関から債権を買い取って償却したり、債務を整理して別の機関に譲渡したりした。設立当初は、資金不足により十分に機能するか懸念されたが、概ね成功裏に破綻処理を終えた。同庁はその後改組され、預金保険基金という名の国家コーポレーションとして再編され、現在に至っている。

②金融・資本市場

　新生ロシアの金融・資本市場は外国為替取引から始まった。1992年に開設されたモスクワ銀行間通貨取引所（MICEX）がその嚆矢で、ここから取引が拡大してきた。拡大の次の契機はバウチャーの取引開始である。これは大衆私有化政策に際して発行された有価証券であり全国民に配布され、私有化対象企業の株式と交換できた。この私有化証券は換金可能で、最終的に企業の株式を取得したい人はこれを買い漁って株式と交換した。こうしてロシアの株式市場が成立する。上述のMICEXのほか、ドルでもルーブルでも取引ができ外国人にも人気のコンピュータで取引が行われるロシア取引システム（RTS）がある。この2市場が、ロシアの証券市場の中心をなしている。2009年時点で上場企業数はMICEXが234社、RTSは316社である。全国で国公営を除く民間企業が397万社あるなかで如何にも慎ましやかな数字であるが、両取引所の時価総額を合計すると1498兆ドルとなり対GDP比では121.7％の大きさを占める。

　第三の拡大要因は国債の発行である。財政赤字に苦しむ政府は1993年から国家短期証券（GKO）を発行して市場から資金を調達し不足額を穴埋めした。インフレ率が高いなか、期間3カ月を中心としたGKOは利回りも高く安定商品として人気が出て金融機関はこぞってこれを購入した。そのため資本市場は大いに発展したが典型的なクラウディングアウトとなり、民間の資金需要が賄われないことになった。1998年、GKOの事実上のデフォルト後は発行額が控えられていたが、現在では連邦債（OFZ）が発行されている。そのほかの債券に関していえば、これまで主流であった金融機関以外でも事業会社の社債発行が近年盛んになりつつあり、企業の資金調達経路の多様化が進んでいる。

　当初、金融・資本市場の創設には西側が積極的に支援して金融監督体制が整備された。一時、中央銀行が資本市場の監督機能をも果たそうとして、監督機能の二分化が起こったが、現在、市場を監督している金融市場局の前身である有価証券市場連邦委員会は1993年に創設され、銀行を除く有価証券市場参加者を中心に監督した。現在の金融市場局は、年金制度改革等の結果生まれた年金基金など幅広く金融市場参加者の監督を行うのが目的である。銀行業務、保険業務、監査業務を除き、基本的にはすべての監督機能を一元化している。他方、2002年に創設された金融監督局は資金洗浄など不正な金融取引に対する監督を行う。テロリズムとの戦いが重要視されているロシアでは、違法な金融取引の

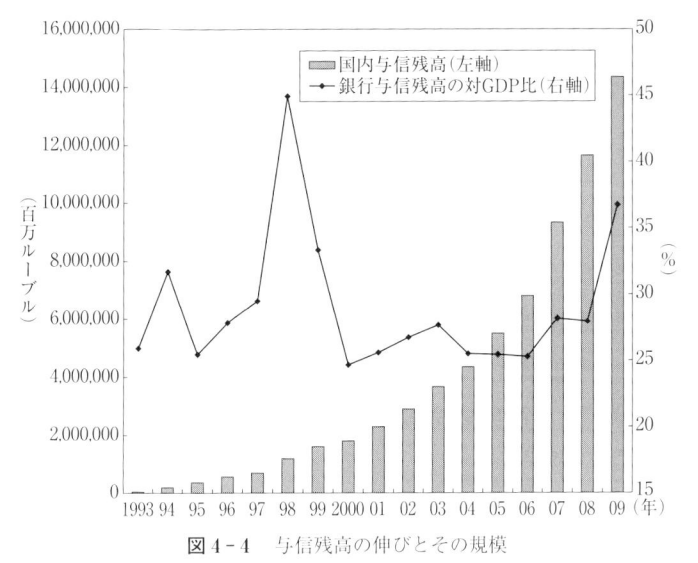

図4-4 与信残高の伸びとその規模

出所：IMF IFSにより筆者作成。

結果，テロ組織が合法的に収入を得ることに警戒心が強い。なお保険会社の監督は，保険監督局が行っている。

(3) 資金循環

ロシアの金融セクターは成長著しいとはいえ，依然として脆弱性を有している。第一に国内の銀行を通じた金融仲介機能が弱い点があげられる。移行初期の不安定なマクロ経済状況を反映して銀行預金がインフレにより大幅に減価したものの補償が行われなかったことなどから国民の銀行預金に対する信頼はきわめて低い。さらに移行開始後，早期に国内交換性が回復され外貨の購入が可能だったことから，住民は銀行預金よりも外貨（特にドル）を現金で保有する傾向が強かった。他方，銀行も外貨投機，国債投機の機会がふんだんにあったため，実物セクターへの与信活動は限られていた。2000年以降，経済成長が始まると，与信額は絶対額では伸びたものの，対GDP比でその規模をみると飛躍的に拡大したとはいえない（図4-4）。この意味で，金融セクターが経済成長を牽引したとはいえない。他方，与信残高の内訳をみると（図4-5），企業向けの融資比率は低下し，代わって個人向けの融資が拡大している。同様に預

第Ⅰ部　市場経済移行の推移

(単位：%)

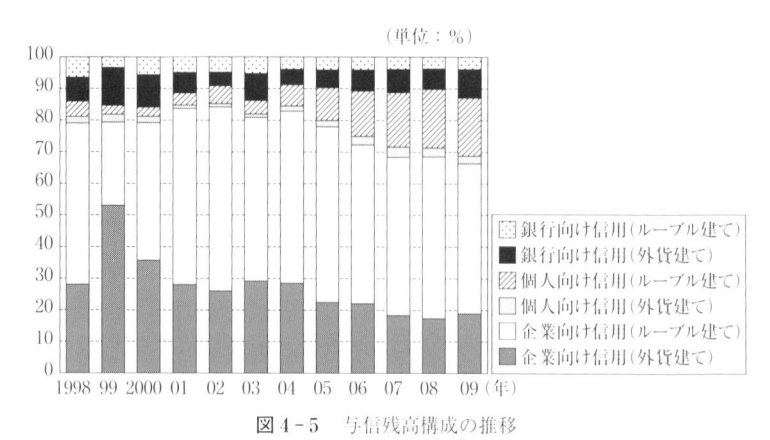

図4-5　与信残高構成の推移

凡例：
- 銀行向け信用（ルーブル建て）
- 銀行向け信用（外貨建て）
- 個人向け信用（ルーブル建て）
- 個人向け信用（外貨建て）
- 企業向け信用（ルーブル建て）
- 企業向け信用（外貨建て）

出所：ロシア連邦国家統計局『ロシア統計年鑑』(各年版)より筆者作成。

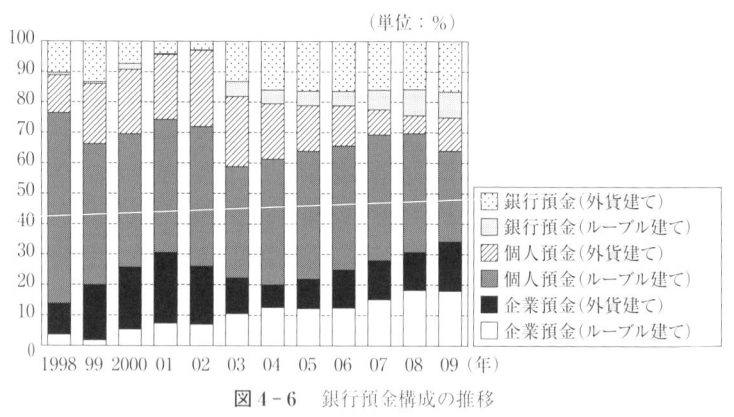

(単位：%)

図4-6　銀行預金構成の推移

凡例：
- 銀行預金（外貨建て）
- 銀行預金（ルーブル建て）
- 個人預金（外貨建て）
- 個人預金（ルーブル建て）
- 企業預金（外貨建て）
- 企業預金（ルーブル建て）

出所：図4-5に同じ。

金の内訳をみると（図4-6），個人預金はむしろ比率が低下しており，これに代わって企業および銀行の預金が増えている。そもそも預金も与信も外貨建てで行われる比率が近年，低下したとはいえ，相当水準に上っていることに注意が必要である。こうした状況は，ロシアの金融セクターの脆弱性を見事に示している。住民による銀行預金が十分に集まらないなかで，銀行は内外市場で起債することで資金調達を行った。とりわけ外国からの資金流入は顕著に増大している。同時に指摘すべきは，国と密接に関係する大企業が巨額の外国借入を

第4章　財政・金融

■□コラム□■

拡大する国家の役割──国家コーポレーションからロシア版シリコン・バレーへ

　近年，国民経済への国家の関与の高まりは特に顕著である。なかでも国家コーポレーションは従来の国営企業と異なり，財務報告を大統領に直接行うだけでよく，他の国家機関からの監視を免れている独特な組織だ。代表的なものに，ナノテクノロジーの発展を目指す「ロスナノテク」，原子力産業の発展・育成のための「ロスアトム」，ハイテクの育成・開発・販売を行う「ロステフノロギー」，優先産業への支援を行う「開発銀行」，ソチ冬季五輪施設建設のための「オリンプストロイ」，住民の銀行預金を保護する「預金保険局」，公共住宅の修繕・建設を行う「公共サービス改革基金」，自動車道路整備の「ロシア自動車道路」などがあり，ほとんどがプーチン大統領（現首相）時代に作られた。これらの設立目的は，①新技術・新産業の育成，②既存産業のテコ入れ，③国家的意義を有するプロジェクトの実施，④国民の福祉や経済的利便性の向上，の四つに集約できる。以上の点から，確かに国家コーポレーションはロシアが抱える課題の解決に不可欠な装置だが情報開示などの点で企業統治には疑問がもたれており，これがうまく機能する保証はどこにもない。実際，メドヴェージェフ大統領は2009年の一般教書演説でこれらの改組を主張した。他方，同大統領は「近代化」政策を志向しており，その一環でモスクワ近郊スコルコヴォにロシア版シリコン・バレーを作り始めている。これもまた増大する国家の役割の一例である。

直接行っていることである。今次経済危機の発生する直前の2007年にはロスセリホスバンク，ヴネシュトルグバンク，ヴネシュエコノムバンク（開発銀行），ズベルバンク，ロスネフチ，およびガスプロムの6組織だけで300億ドルを超す対外借入が行われた。これは，2008年以降，欧米の金融市場の動揺とともに，ロシアに大きなダメージを与えた。一方，大口の優良企業が外国市場から直接資金調達を行うことに対して，国内金融機関は個人向けの融資を増加させることで対応しようとし，個人向け信用残高が急速に伸びた。高価な耐久消費財から住宅の購入まで消費者金融がロシア経済の過熱をもたらした。銀行は企業の融資を増やすことができないで，他行に預金するという行動をとっているのである。

● **参考文献**

大島梓・小川和男（2000）『最新ロシア経済入門』日本評論社．

大津定美・田畑伸一郎（2006）「ロシアの年金改革」西村可明編著『移行経済国の年金改革』ミネルヴァ書房．

久保庭真彰（1996）「独立後のロシア財政の制度及び動向」日本輸出入銀行海外投資研究所『ロシアの財政』（調査資料，No. 28）．

久保庭真彰・田畑伸一郎編（1999）『転換期のロシア経済』青木書店．
　　やや専門的だが情報が豊富．

白鳥正明（1996）『ロシア連邦の銀行制度研究1992～1995年』日本経済評論社．
　　やや専門的かつ初期の動向に限られるが貴重な研究書．

田畑伸一郎（1995）「ソ連・ロシアの財政・金融・価格制度とその改革」望月喜市・田畑伸一郎・山浦理人編『スラブの経済』弘文堂．
　　基本的なソ連の財政・金融システムとその後のシステムを明快に解説している．

田畑伸一郎（2010）「ロシアの一般政府予算の推計（1992～2008年）」（未定稿）．

二村秀彦・金野雄吾・杉浦史和・大坪祐介（2002）『ロシア経済10年の軌跡——市場経済化は成功したか』ミネルヴァ書房．

横川和穂（2010）「ロシアにおける中央集権化と地方自治体財政」『比較経済研究』第47巻第2号．

World Federation of Exchanges (2010), *2009 Annual Report and Statistics*, (http://www.world-exchanges.org/files/statistics/excel/WFE09%20final.pdf〔2010年3月24日アクセス〕）．

　　　　　　　　　　　　　　　　　　　　　　　　　　　　（杉浦史和）

第5章
民営化と企業システム

　市場経済化とは単に自由価格で取引し，競争することを指すのではなく，ゲームのルールを構築し，市場で行動するプレーヤーを作り出すことを意味する。体制転換後，国家の一部でもあった国有企業に代わり，民間企業が形成されたが，その過程はロシアに独自の条件を反映したものであった。民営化の結果，オリガルヒと呼ばれる政府と結びつきの強い企業が形成され，また企業（株式会社）組織，コーポレート・ガバナンスにはインサイダー支配，所有権の集中化があらわれた。決して，先進諸国にみられる所有と経営の分離は観察されない。小企業もまた政府の決定に即して組織されたが，その規模は相対的に小さい。ルールは先進諸国に類似しても実態は大きく異なる。ロシアに形成された企業システムには，政府の影響力の大きさ，独自の行動様式が観察され，経路依存的な企業システムの発展を読み取ることができる。日本企業が日本社会そのものを表現するように，ロシア企業もロシア社会を映し出す。

1　民営化と企業制度

（1）　民営化前に──経営者はどこから来たのか

　1991年まで存在したソ連社会主義は計画経済，国有を基盤にする経済システムである。大部分の企業は国有であり，国家により集権的に管理された。企業の計画課題は国家と企業の間で交渉され，国家機関から企業に下達された。計画目標（例えば，生産量，販売高，利潤総額など）が定められ，企業はそれを達成するために過剰に資源を溜め込み，投資財需要を膨張させ，計画外の手段（非公式の資材調達）も利用された。国有・計画経済にはそれに相応して企業組織が編成されたのであり，それは「不足の経済」と呼ばれる経済システムにほかならなかった（Kornai 1979）。

1992年以降のロシアが体制転換（市場経済化・資本主義経済への移行）を果たすには，何よりも計画を遂行することに躍起になる国有企業に代わって，市場経済で行動する主要な経済主体となる民間企業とそこでの経営者・資本家を創出し，そのための経済制度を新しく作り出す必要があった。まず，体制転換後のロシア経営者・資本家がいつ，どこから来たのかを考えてみよう。

　経営者・資本家の形成にはその資本主義精神を重視する考え方がある。M.ウェーバーの見方である。「近代資本主義の拡大の原動力はなにかという問題は，まずもって資本主義的に利用しうる貨幣が何処から来たかではなくて，むしろ何にもまして資本主義精神の展開ということなのである」（ウェーバー1992：77）。ロシアの現実は市場の制度を作り出してもすぐに経営者はそれに適した行動をとるわけではないことを示しており，その点ではウェーバーは正しい。しかし，実際に最初に形成される資本家・経営者は必ずしもそのような精神に満ちたものではなく，人間のむき出しの欲望が彼らを突き動かすことをK.マルクスは強調する。マルクスは資本形成の過程を本源的蓄積と呼び，「教会領の横領，国有地の詐欺的な譲渡，共同地の盗奪，横領と容赦ない暴行とによって行われた封建的所有や氏族的所有の近代的所有への転化，これらはみなそれぞれ本源的蓄積の牧歌的な方法であった」という（マルクス 1974：959）。つまり，資本主義は機会平等を強調するが，初発にそのような平等性はなく，国家が強制力を利用することができる特定の出し抜けた者こそ経営者になりえたのである。ロシアは封建体制から資本主義になったのではなく，社会主義から資本主義になったのであり，マルクスの表現をそのまま用いることはできないが，経営者が輩出される現場は彼の言に近い。形成された私企業の出発点は「不足の経済」の時代，すなわちソ連社会主義時代に遡り，この過程は自生的（自然発生的）民営化と呼ばれる。まさに，民営化はすでに，体制転換の前から始まっていたのである（溝端 2006参照）。ロシア資本主義という船の舵取りは，沈み行く船ソ連社会主義のなかから生まれたのである。ソ連からロシアに至る所有権の変遷過程については，図5-1を参照されたい。

　ソ連時代（ペレストロイカ期），多元的な所有や雇用を含めた企業活動などが法的に認められてきたが，起業家が大量に出現し始めるのは1987〜88年以降で，特に1988年の協同組合法によるコーペラチフという名前の私企業が認められてからである。新しい担い手は，主に古い体制，国家機関・党機関のなかから生

第5章　民営化と企業システム

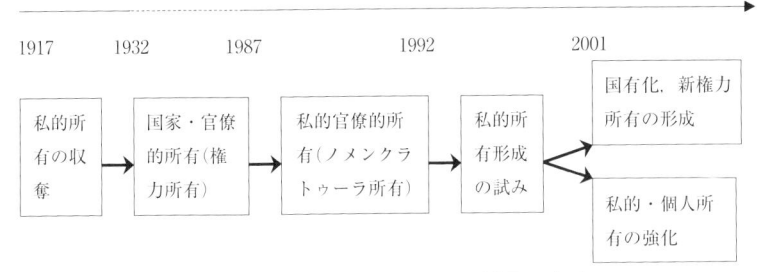

```
1917        1932        1987         1992         2001
```

```
私的所    国家・官    私的官僚的所    私的所         国有化，新権力
有の収    僚的所有    有(ノメンクラ    有形成         所有の形成
奪       (権力所有)   トゥーラ所有)    の試み
                                                 私的・個人所
                                                 有の強化
```

図5－1　ソ連・ロシアにおける所有権の変遷

注：ノメンクラトゥーラはソ連時代の登用名簿を指すが，そこから官僚・エリート層を意味する。破線部はソ連の下での非私的所有の時期に相当する。集団化・国有化に始まり，脱国有化に終わる。

出所：ヌレエフ 2009：138。

まれた。第一に，国家機関は改組・再編・営利化を経て企業に生まれ変わった。例えば，ソ連石油・ガス工業省は国家コンツェルンガスプロムに改組され(1989年)，翌年株式会社になった。同じように，重・エネルギー・輸送機械工業省や輸送建設省は民営化され，そのほかの官庁も新たに企業を産み落とした。多くの商業銀行も国家の銀行からの変身組である。さらに，国有企業のなかにはルールがなくとも実験的に民営化されたところもある（ヴォルガ自動車工場：AvtoVAZ）。この場合，官僚の天下り，国家からの役員派遣は当然の帰結であった。第二に，支配政党それ自体がビジネス機関に転進し，新しい私企業はコムソモール（共産党の青年組織）経済と呼ばれる。その起源は1986年の党による青年科学技術創造センターの創設にあり，この機関は合弁企業の設立権限や所得税の免除などの特権を手にして経済活動に走った。1990年春の時点で，コムソモール経済の規模は，4000件以上の多様な営利団体，600件以上の青年科学技術創造センター，1万7000件以上の青年・学生コーペラチフ（約100万人）に達していた。そこでは，二つの経営者層が頭角を現す。一つは国有企業経営陣であり，もう一つはセンターの官僚であった。このなかで最も著名な経営者はセンター「メナテプ」を率いたM.ホドルコフスキーであった。彼らの成功は特権を抜きには説明できない。特権には，例えば，合弁企業の創設，国家の特恵的な信用を利用した利鞘稼ぎ，不動産取引などがある。このようにして形成された資本家は資本主義精神とは異なった独自の行動をとり，政府と結びついた企業の形成はロシアの体制転換にとり必然的な産物であった。ここでは，

表5-1 ロシアにおける民営化の推移

民営化段階	時期	主要な方法	受益者層
自然発生的民営化	1987～1991	資産の抜き取り	ノメンクラトゥーラ，コムソモール
大衆民営化	1992～1994	バウチャー配布	インサイダー（経営者・従業員）
貨幣民営化	1994～1997	資産売却・再分配	アウトサイダー・一部インサイダー（経営者）
担保民営化	1995～1997	銀行による詐欺的売却	オリガルヒ
民営化の中断	1997～2000	―	オリガルヒ
個別民営化	2001～	資産売却	オリガルヒ，外国投資家，アウトサイダー

出所：ヌレエフ 2009：134。

マルクスもウェーバーも，いずれの主張も的を射ている。

（2） 上からの民営化

　民営化は国家の経済領域への関与の後退，あるいは国家部門から民営化部門への資源の移転による民間部門の活性化を意味するが，ロシアでは国有の私的所有への転換（私有化）こそその政策の中軸に位置づけられた。しかし，ロシアに限らず，旧社会主義諸国の民営化はきわめて困難であると同時に，その国に独自の様相を帯びていた。民営化を実施する国家機関も自ら創出する必要があったからである（上からの民営化）。ロシアでは，1991年7月，体制が変わる以前に民営化法が採択され，1992年初に民営化プログラムが策定されるとともに，国家機関が整備された。意思決定機関にあたる国家資産管理委員会（1997年9月に国家資産省に格上げ）が設置され（現在は，経済発展省の下に国家資産管理連邦局になっている），資産の所有者・売り手になる国家資産基金が設立され，両方とも連邦レベルだけでなく地域レベルにも組織された。また，民営化は規模によって主に競売などで譲渡される小民営化と株式会社化を経て所有権を転換する大民営化に分けられた。民営化はバウチャーを用いる初期の段階（1992～94年大衆民営化）と，その後の有償による売却の二つの段階に分けられる（表5-1）。なお，この初期の3年間だけで11万社余りが民営化されており，それ以後2008年までは合計して3万社ほどにすぎない（図5-2）。

　最初の段階では，第一に民営化はバウチャーの発行による無償譲渡を特徴としている。バウチャーは額面1万ルーブルの国有企業株式を取得する権利証書であり，国民全員に交付された。これは国民に買い取るだけの資金がない場合

(単位：社)

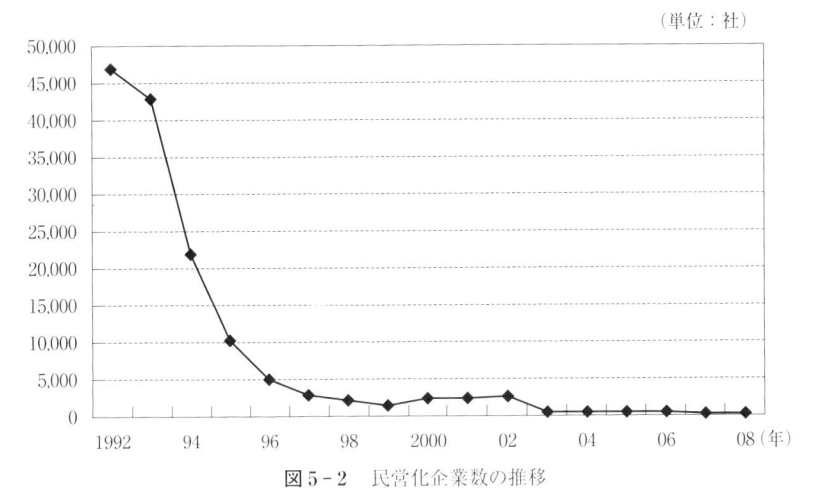

図5-2　民営化企業数の推移

出所：ロシア連邦国家統計局『ロシア統計年鑑　2009』356頁。

に必要な措置といわれる反面，国民の人気取り政策で，責任ある所有者を生まないと批判される。第二に，ロシアの民営化は公開での売却よりも企業内部での申し込みが利用され，株式会社に転換するときには，従業員への過半数の優先譲渡あるいは一部無償譲渡などの特恵が利用された。第三に，連邦の中央政府とは別に地域（連邦構成主体）政府は独自の民営化政策を講じ，それは中央と地方の対立を引き起こした。このほか当初，国家の影響力が温存され，黄金株もそれに利用された。

次の有償売却の段階では，1995年8月，銀行や企業が政府に貸し付けた資金に対する担保として連邦の所有する株を譲渡する担保民営化が実施された。譲渡対象企業には，スルグトネフチェガス，ルクオイル，シダンコなどの石油企業，ノリリスク・ニッケルなどの金属企業，そのほか有力な運輸会社が含まれ，外資に参加する制限をつけて公開の競売が実施された（12社）。落札者は政府への融資と引き換えに普通株（担保期間内での株数に基づく発言権）を取得した。競売の結果，有力な銀行が株を取得するか，大企業が自社株を取得した。担保民営化はロシア版国有資産払い下げであり，オリガルヒと呼ばれる政府と結びついた金融・企業集団を形成する契機になった。下院はこの民営化をロシアの文化を反映した不名誉なものと批判し，1997年7月に禁じられた。

有償民営化ではスヴャジインヴェストなどの大企業が民営化されたが，2008年時点でも民営化は遅れている。国家官僚の抵抗が強く，歳入目当ての民営化は拒否された結果であり，国家コーポレーションの法人化など民営化はなお完了していない。

（3） 企業制度の設計

民営化はロシアに新しい企業ができあがったことを指し示しているが，この変化の最大の難点は法制度の整備がそれに遅れて実施されたことであり，法には十分な執行力がなく，そのうえ法律上の所有と実際に形成された所有の間には最初から乖離が発生した。実際に，ロシアはいち早く私的所有を承認したが，そのことが直ちに私企業の法律上の存在を確立したわけではなかった。企業（法人）の地位を定める民法が採択されたのは1994年であり，また主要な資本主義の会社形態である株式会社法は1995年に定められた。

株式会社は現代社会における中心的な企業形態である。株式会社は資本の証券化，有限責任，重役制度を特徴としている。市場で株を購入する投資家（株主＝所有者），所有者に委託され経営管理にたずさわる専門経営者，企業に雇われている従業員が主要な登場人物であり，1株1票で法的には株主が企業の意思決定を行う。ロシアの法では，株式会社は証券市場での株の流通を前提とする公開株式会社と特定の所有者に制限されて株が自由に取引されない閉鎖株式会社に区分される。後者の場合，株はほかの株主の合意なしに転売できないので，アウトサイダーからの買収に対する障壁となるが，株主数は50名までに制限される。2002年時点では，閉鎖型の件数は公開型のおよそ6倍になる。いずれの型であっても株式会社法に規定され，最低資本金額が決められており，管理機関など組織面は両方の型で共通している。ロシアに独自の会社形態として，自主管理型の人民企業も定められたが，それは閉鎖株式会社の一形態になる。この場合，株の75％は従業員株主に属し，従業員規模が51名を下回らず，5000名を超えてはならないという規模のうえでの制約があり，1人1票で意思決定が行われる。株式会社法は公開株式会社を前提にしており，株主の持ち株比率が会社支配の基準になる。実効支配は50％を超える規模の所有になり，75％を超える場合にはより完全な決定権が得られる。逆に，25～30％規模の株は重要決定を制御できるという意味で，ブロック株といわれる。

株式会社の最高の意思決定機関は株主総会である。株主総会は，定款の変更，組織の再編，清算，取締役会・会計監査委員会の選任，増資の決定など会社の存亡にかかわる決定にたずさわる。ロシアでは支配株をもつ者がすべてを決め，少数株主の権限は軽視されやすいこと，株主の議決権の大きさに影響する増資や社債の株への転換などの決定が経営者の手で行われ，資本の希薄化による株主の権利の侵害が発生することといった法制度上の問題が存在していた。しかし，2001年の株式会社法の改正で株主の権限・利益確保が図られ，個人投資家を保護する傾向が強まっている。

　意思決定にかかわる第二の機関は取締役会（監査役会）である。取締役会は一定期間会社を指導するために選出された執行機関であり，事業の優先領域の選定，株主総会の招集，執行役員会の形成などの権限をもつ。取締役は株主総会で選出され，1000名を超える株主数では7名以上，1万名を超える場合には9名以上になる。合議制執行役員会構成員が取締役の4分の1を超えることができず，慣習的には取締役の3分の2以上は株主から選ばれる。取締役の選出では，累積投票制度が用いられる。単純多数決の場合には，過半数（50％＋1株）を所有していれば，その株主はすべての取締役を選任することができるが，累積投票制度の場合には，持ち株の比率に沿って取締役を選出することが可能となる。例えば，51％と40％を保有する2人の大株主がいて残りの部分を多数の株主により分散的に所有されているとしよう。仮に10名の取締役を選ぶとすると，単純多数決は10名全員を51％所有者が決める。これに対し，累積投票制度の場合，40％所有者が4名の取締役を選出でき，少数株主の権利保護が図られる。民主的な手続きではあるが，所有権紛争が起こりやすく，それを避けるために株の集中化が起こりやすくなる。

　会社の経常的な経営は合議制あるいは単独の執行役員によって行われ，この機関は取締役会および株主総会に報告義務を負う。企業の主たる管理スタッフが執行役員会を構成しており，執行役員会は取締役と契約を結ぶ。経営の監督（取締役会）と執行（執行役員会）は名目的に区別されているが，実際には，取締役会は執行役員の長（CEO：最高経営責任者）に支配される，あるいは代表取締役は執行役員会の長を兼務し権限が集中するケースがみられる。

　ロシアには株主主権型の法制度が導入されたが，労働者の経営参加を認める特殊な企業の型や累積投票制度など独自の制度が組み込まれている。しかし全

体として，グローバル化が強まることで，株主の権利を保護するアングロ・アメリカ型の方向に向かって法制度の改正が行われている。

2 ロシア企業システム

(1) コーポレート・ガバナンス

2010年初の時点でロシアには490.8万社の企業が存在している。その圧倒的大部分は民間企業であり，法人形態（401.6万件）をとっている。法人のうち国有に相当するユニタリー企業は4万社，営利企業は385万社あり，企業の中心というべき株式会社は25.9万社ある。なお，これに小企業および自営業者（410万件）を加えると，ロシアには900万件ほど事業所が存在することになる。日本では企業数は421万社（2006年，中小企業庁）あるいは事業所数591万件（2006年，総務省），アメリカでは事業所数760万件（2007年，US Census Bureau）なので，量でみる限り，ロシアにおける企業の発展は先進諸国と遜色はない。

企業における所有・経営の関係，企業内での経営者への動機づけといった企業経営そのものにかかわる問題はコーポレート・ガバナンスと呼ばれる。コーポレート・ガバナンスは各国の企業のステークホルダー（利害関係者）と意思決定のあり方，企業の制度の束そのものを意味するので，資本主義のモデルを特徴づける手がかりにもなる。大きくは，アングロ・アメリカ型の株主主権モデルと多様なステークホルダーに立脚する大陸欧州（ドイツ）モデル，さらには会社支配型ともいうべき日本モデルに分けられるが，世界的には1990年代にグローバル化が進むことでリベラルな株主主権の考え方が各国のモデルに強く影響し，その方向に会社法などの制度改革が行われている。

ロシアの会社法では，株主の権限が大きい。しかし，少数株主と大株主の対立は大きく，前者の利害が軽視されやすい。2006年の法改正では30％以上の大口の持ち株の取得手続きが別途定められ，また95％以上を保有したものは残りの株を買い占めることを定めている。株式会社の所有構成はロシアのコーポレート・ガバナンスを特徴づける（**表5-2**）。

ロシアの株主は大きくインサイダーとアウトサイダーに分けられる。インサイダーは企業内部関係者で，経営者，従業員にあたり，アウトサイダーは企業の外側の投資家（企業，銀行，外国人，個人，政府）にあたる。民営化の結果株

表 5-2 ロシアの株式会社における所有構成

(単位:%)

	1995	1997	1999	2001	2003	2005	2007	2009	2011*
インサイダー	54	52	50	50	50	48	51	52	50
経営者	11	15	15	19	25	31	35	42	42
従業員	43	37	34	28	22	16	13	8	5
関連会社	-	-	1	3	3	1	3	2	3
アウトサイダー	37	42	42	42	45	45	40	35	38
個　人	11	15	20	22	21	20	13	18	15
その他企業	16	16	13	12	15	18	18	9	10
金融機関	9	9	7	8	8	5	8	6	10
外国投資家	1	2	2	0	2	2	0	2	3
政　府	9	7	7	7	4	7	9	13	12

注:＊推計値。サンプル数はおよそ100~150社の工業企業。
出所:Aukutsionek, Dyomina and Kapelyshnikov 2009:5．

式会社が作り出されたので，1990年代前半までは従業員の持ち株が半分近くを占めたが，その後大きく変化する。インサイダーとアウトサイダーの比率に大きな変化はみられないが，経営者の所有比率が急激に増加し，従業員のそれは急減しており，個人株主は2000年代初頭までは伸びるがその後低迷している。資本市場が整備されるに従って，株の分散化，大衆株主化が進んだのではなく，経営者の株主化が進んだのである。所有権こそが企業のなかですべてだとすれば，ロシアは最も忠実にアメリカ型の株主主権を推し進めたのであり，企業内での権力保持を指向する経営者はそれに反応したのである。経営者は支配権を強化するために，株主総会の通知を行わない，外部投資家を取締役から排除する，独立した会計監査に抵抗する，総会での発言基準を順守しない，配当分配で小口株主の権利を侵害するなどの行為をとっている(溝端 2001:78-79)。

　その結果，ロシア企業のコーポレート・ガバナンスには次の特徴が観察される。第一に，企業は有限会社を含め，閉鎖的な組織化を指向する。たとえ公開株式会社であっても株式の自由な譲渡は制限され，実質的に閉鎖性を強める。所有権にきわめて敏感なのである。そのうえ，一部の大企業を除いて多くの企業は情報閉鎖的であり，サイトでの情報開示は行われていない。第二に，所有権の集中化が進行している。3分の2の企業で過半数保有者が存在し，39％の企業には対抗するステークホルダーもいない(図 5-3)。つまり，所有と経営は一致し，経営者は監督と執行の両方の権力を手にする。取締役会はポケット

第Ⅰ部　市場経済移行の推移

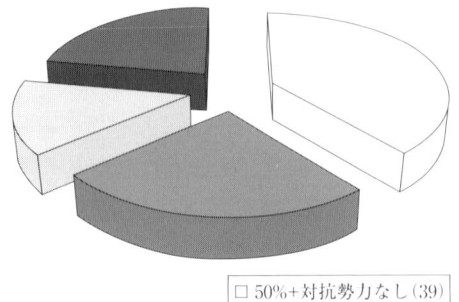

- □ 50%+対抗勢力なし (39)
- ■ 50%+対抗勢力あり (25)
- □ 25～50% (14)
- ■ 25%未満 (22)

図5-3　所有権集中度

注：括弧内が比率（%）。2009年2～6月ロシア高等経済大学による1,000社の経営者への調査結果。
出所：ドルゴピャトヴァ 2009：113。

会議化した。もっとも2000年代の経済成長期に，株式の分散化，集中度の低下傾向もまた観察される。大規模所有者は株主主権モデルという世界標準に関心をもったのである。

　第三に，従業員所有は縮小傾向にあるが，それでも彼らは企業内の有力な安定株主として存在し，経営者サイドも従業員への企業内福祉を一部でも維持している。例えば，AvtoVAZでは，10%程度が従業員の手にあるが，2003年に3割引で内部申し込みを実施している。従業員持ち株により，仕事への動機づけを強める，売却権を制限して企業内で資金を調達する，安定株主になるといった点が目的になる。第四に，企業の資金調達において外部からの影響力を減じるために，また金融機関が未成熟で金利が高いために，外部資金（銀行借り入れ）よりも内部留保（自己金融）が重要な資金源泉になる。少なくとも，株式会社は所有権の移転手段にはなるが，その本来の目的にあたる市場での大規模な資金調達の機能を十分に果たしているわけではない。第五に，所有権の構成において，海外（イギリス，キプロス，オランダなど）でのオフショア企業と株式の相互持ち合いを利用して，複雑なネットワークが形成される。さらに，外国人所有の割合も拡大する傾向にある。

　企業経営には，対照的な力が同時に働いた。一方で，できたばかりのロシア市場に世界標準が導入され，急速にそれに適合を迫られた。企業リストラも2000年代以降に実施されている。他方で，ロシア企業は，ソ連時代に備えていた特徴を一部であっても維持し，それが独自の組織・経営者を産み落とした。多くの遺産を取り出すことができるが，興味深い次の事例をここではあげておこう。企業経営者の女性比率はロシアにおいて突出して高く，このことは社会主義時代の女性の労働参加と昇進をそのまま転換後も持続していることを示す。2009年に世界の上級経営陣における女性比率は24%であったが，ロシアは42%

で，日本の7％と対照的であった（Grant Thornton, International Business Report 2009）。もう一つ，ロシアの労働者は期限のない労働契約を結んでおり，その比率は2000年76.8％，2007年81％で，有期労働者はそれぞれ12％，10％にすぎなかった。このことは労働コストを高め，ロシアの労働生産性を低下させる一因と考えられている（『コメルサント』2010年4月14日）。

　コーポレート・ガバナンスの独自性とともに，ロシア政府・経済界は着実にガバナンス改革を実施している。まず，OECDの「コーポレート・ガバナンス原則」（1999年）を受け入れ，株主主権を強めるように株式会社法を改正し，「コーポレート・ガバナンス法典」が策定された。2002年にロシア企業家・産業家連盟「コーポラティブ・ビジネス倫理憲章」は，所有者の権利保護と法制度の遵守，交渉による紛争処理を訴えている。2003年国家コーポレート・ガバナンス会議が設立され，経済界は改革に積極的になっている。特に，グローバル化，多国籍化は企業に世界標準への適合を求めている。

（2）　多国籍企業

　ソ連は「共産圏」の閉鎖的なイメージをもつが，もともと世界市場から孤立していたわけではない。国際市場商品というべき石油ガス，農産物，金属を取引しているからであり，かつ銀行などソ連が海外に保有する資産の管理も行っていた。体制転換以後，ロシア国内に外資が入るとともに，ロシア発の直接投資が急増した。特に，CIS諸国はもともとひとつの国，ソ連邦を構成していただけに，緊密な経済関係を構築している。2001～07年に対外直接投資残高は200億ドルから2100億ドルほどに増加し，2008年初には2550億ドルを超えた。主要な拡張方法は国際的なM&A，つまりロシア社による外国企業の買収であった。

　ロシアのトップ25多国籍企業の海外雇用は13万人にのぼり（2004～05年），主要な多国籍企業は6大グローバルプレーヤー（石油ガス部門のルクオイル，ガスプロム，金属部門のセヴェルスタリ，ルサル，ノリリスク・ニッケル，エフラス），第2層の多国籍投資家（ダイヤモンド社Alrosaなど数10社），第3層の旧ソ連圏を狙う投資家（食品会社Wimm-Bill-Dannなど）に分けられる（Deloitte 2008）。

　事業規模にかかわりなく海外に子会社をもつ会社を多国籍企業と定義すれば，ロシアではオフショア会社を別にして5000～1万社存在するといわれる。特に，

多くはCIS諸国（最大はカザフスタン）に立地している。しかし，実際に国際ビジネス・国際経営戦略を前面に押し出しているのはガスプロムなど少数の企業にすぎず，ロシアの多国籍企業の国際競争力は大きくない。オフショアはソ連時代に端を発するが（ソ連共産党はキプロスを在外の拠点に選択していた），ロシアからの資本逃避地となっている。その動機には，課税の最適化（船舶会社が最も明瞭な事例で，登記先で非課税の特権を得る），資産の所有（アルファグループの親会社はジブラルタルのオフショアに登記されており，レノワグループの資産保有者がバハマに登記されるなど真の所有者を隠ぺいして安定性を確保する），資産の構造化（資産の集中化などに利用する），資産管理，納税の最小化と結びついて真の取引参加者の隠ぺい，オフショア取引の形成，国際投資の利用と海外拡張の実施，外国市場での有価証券の発行，ロシア向け投資の実施，決済センターがある。1990年代半ばにロシア居住者が創設したオフショア会社は5〜6万社あり，2000年までに10万社に増加している（世界のオフショア会社の3.5〜4％）。ガスプロムをはじめ，有力企業もまたオフショアを活用している。政府は税制や投資面で規制を厳しくしているが，解決していない（ヘイフェツ 2008）。

　ロシア多国籍企業が海外に進出する場合，引きつける要因と押し出す要因の両方が働いている（ヘイフェツ 2007：52-53）。前者の要因には新規の販売市場，原料基盤の拡大，関税・非関税障壁の回避，事業多角化，過小に評価された資産の取得などが含まれる。また，後者には，国内での資源制約，国内市場での競争の激化，国家依存の引き下げ，敵対的買収など第三者からのクレーム回避などが含まれ，政治的影響は大きい。

　ロシアの国際的M&AではIn-out（国内から海外へ）とOut-in（海外から国内へ）が対照的で，2008年にそれぞれ236億ドル，262億ドルであった。同程度の規模だけ入りかつ出て行っているのである。このうち海外向けでは，金属，エネルギー，建設が多い。また，ロシア国内経済と緊密に結びついて海外に拡張しており，国内経済の有機的な構成要素として対外経済は機能する。この状況は「パラレル経済」と呼ばれており，国内におけるリスク・コストの削減，シナジー効果などの国内での生き残りという動機が働いている（ヘイフェツ 2007）。パラレル経済は輸出拡大や世界標準への適応などの経済効果とともに，移転価格を用いた企業利益の国際的な移転・集中化をもたらす。一例をあげておこう。ガスプロムはロシアの石油会社ロスネフチを2005年に130億ドルで買収した。

この場合，ガスプロムはロンドンにあるシブネフチの所有者企業が支配するオフショア会社5社に100億ドル支払い（56％分の株），残りは自社のオランダ子会社がオフショアに30億ドル（16.7％分）を支払った。国内取引は，完全に国際取引化したのである。

（3） 大企業と中小企業

　ロシアではビッグビジネスが急速に成長している。1990年代の大企業の多くはオリガルヒと呼ばれた。オリガルヒは寡頭政治を意味するoligarchに由来し，権力エリート集団と同時に，統合ビジネス集団を意味する。この集団は財産関係・管理関係で結びつき，1993年から国家の手で出現し始めた。1998年金融危機までは銀行集団が中心で，産業集団は限られていた。その後，担保民営化，破産（債権者が外部監査役になって管理する），公式の金融産業グループ・持ち株会社の創設により拡大し，1997年末にガスプロム，ルクオイルなどの巨大集団を含め30～50ほどが存在した。1998年金融危機後，ソフトな結びつきは解消され，多様な産業部門を包摂して大企業が形成された。2000年初におよそ25件の大企業があったが，2007年には250件にまで膨張した。また，統合ビジネス集団に代わり，より透明な所有，市場関係，国際化を特徴とする会社形態が主要になった（パッペ 2003；パッペ・ガルヒナ 2009）。最も主力の集団をあげておこう。ガス企業のガスプロム（国家の持ち株は50.002％で，この集団には石油会社ガスプロムネフチ，化学工場シブール，大規模なガスプロムバンクなどが含まれる），石油会社ルクオイル（経営陣が50％以上の株をコントロールし，石油化学会社や電力会社を含む），石油会社タトネフチ（タタルスタン共和国政府が所有し，石油化学，銀行などを含む），銀行を中心とするMDM，鉄鋼会社セヴェルスタリグループ，ノボリペック金属コンビナート，メタロインヴェスト（A.ウスマノフらによる採鉱企業の集団），エフラス－ミルハウス（鉄鋼企業エフラスを中心とし，R.アブラモヴィッチが所有する），インタロス（ノリリスク・ニッケルなどを包摂する），ONEKSIMグループ，ウラル採鉱会社，レノワ（石油会社TNK-BPを中心とする），アルファグループ（アルファバンクなど），システマ（石油会社バシネフチ，テレコムMTSを中心とする），国家コーポレーション・ロステフノロギー（パッペ・溝端 2003；パッペ・ガルヒナ 2009：242-271）。

　これに対し，中小企業は大企業とは異なった姿をみせる。ソ連の計画経済は

大規模企業を基盤に編成されたが，1987年コーペラチフ（協同組合）の形で，小企業が設立され，1990年に法律も整備された。1991年に所有の多元化，個人企業が奨励され，ロシアは小企業の支援・発展措置を採択している。初期の中小企業は，大企業の納税回避手段，民営化の対象，民営化の際の資産移転手段の役割を帯びており，実際3分の1ほどは大企業に付属して設立された。1995年6月小企業活動の国家支援に関する法が採択された（2007年6月に新法）。小企業は，国家機関，外国人あるいは非小企業が25％を超えて所有権をもたない法人であり，従業員数100名から200名までが中企業，100名以下が小企業，そのうち15名以下がミクロ企業である。小企業支援基金が設立され，信用組合の設置も認められた。

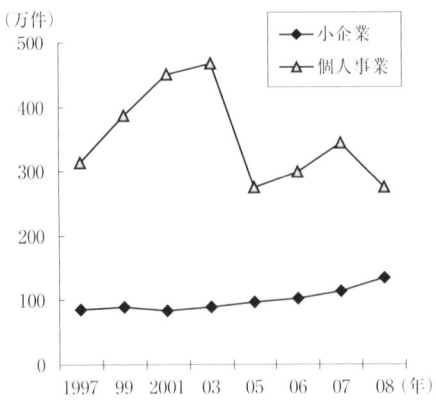

図5-4 小規模企業の変動（年末，単位：件数）
注：個人事業は2004年までは法人を形成しない事業を指しているが，2005年以後は国家個人事業主登録されたものを指す。
出所：ロシア連邦国家統計局『ロシアの小企業』（各年度版）。

しかし，小企業には税負担の重さに加え，行政管理上の負担がのしかかっていた。2001～02年に従業員11～20名規模の企業は新規ビジネスの登記に平均26人日を要し，多種多様な必要証明書のうち一つを取得するだけでも16人日を要した。スモールビジネスの管理では監察に時間の11％を割かれる始末であった。それ故，プーチン政権の最も有効な支援は行政改革にほかならなかった。臨検法は各機関の臨検を2年に一度以内とし，ライセンス法は許認可事業数を減じ，登記法は新規事業にワンストップサービスを入れ登記時間を最大5日とし，さらに標準化・認証法と簡略化税制法が導入された。中小企業における最も大きな変化は簡略化税申告制度を用いる企業の比重であり，2003年初の40％から2004年春の59％まで急増した（Buyske 2007：87-90）。

その結果，小企業とは別に，個人事業主（国家に登記される法人を形成しない個人の事業者），自営業者（個人事業主＋個人農＋家計部門の就労者）も中小企業に含めておく必要がある。個人事業主の登記・会計基準・税はほかの企業よりも簡

表5-3 小規模企業における雇用吸収力

(単位:万人)

	2001	2007	変動幅
就業者総数	6,498	6,802	304
小規模企業就業者総数	2,848	3,891	1,043
小企業就業者数	689	1,016	327
個人事業主	424	343	−81
自営業就業者数	816	1,230	414
非公式部門就労者数	919	1,302	383

出所:ロシア連邦国家統計局(2002, 2008)『ロシアの小企業』;ロシア連邦国家統計局(2002, 2008)『ロシア国民の経済活動』。

略化され,登記は徴税機関による。2004年の登記で個人事業主は大きく変動しているが,小企業は1991年26万8000社から2008年末134万8000社に5倍以上増加している(図5-4)。ちなみに,小企業のうちミクロ企業は106万5000社あり,大部分零細企業にほかならない。

この統計では事業所の数が増えたことだけは指し示しているが,就業者の変動は分からない(表5-3)。そこで,最後に,小企業と自営業者(雇用されている人を含める)に,インフォーマル(非公式)部門で働いている人を加えて,小規模企業の位置を推定しておこう。このうち,非公式部門は家計あるいは法人として国家登記されていない企業であり,個人事業主,自営業者と重なりうる。自営業者のなかには雇用されているものが含まれる。統計上相互に重複していることを考慮する必要があるだろうが,小規模企業は雇用を急増させていることは明らかになる。就業者総数に占める比率は43.8%から57.2%になっている。中小企業部門は大企業と並んでロシア社会の独自の姿を指し示している。

3 国家化と政府・企業間関係——国家捕獲からビジネス捕獲へ

(1) 企業と政府の関係

計画経済における計画の策定は国家の専横によって決まるわけでも,企業のエゴイズムで決まるわけでもない。国家・党の指令性が強いとはいえ,国家と企業の間には計画指標の確定,その実施・報告・評価をめぐって交渉が繰り広げられる。文字通り,企業と国家機関の関係こそが計画経済を特徴づけており,企業の相対的な自立性が高い場合が分権とみなされる。市場経済化はこのよう

な関係を取り除き、企業に自立した意思決定を付与するが、企業が完全情報をもって自由に振る舞うわけではない。

ロシア企業は転換当初から、企業（特に大企業）は政府に対し利益を得る契機を求め、政府もまた企業の利益を求める関係にあった。ロシアには石油・ガスを代表とする、市場の参入制限にかかわる事業あるいは独占的な供給者に帰属する利益（レント）を取得する機会があり、企業・政府双方がこうした利益に高い関心をもっている。

民営化はその場合に両者の利害が最も明確に交差する場であった。オリガルヒを生むに至る過程で、企業は政府から資産・利益を引き出すことに成功し、こうした関係は国家捕獲（state capture）とまで表現された（岩崎・鈴木 2010）。しかし、1998年金融危機、さらにはプーチン政権の成立、ユコス事件を通して国家の影響力のほうが大きくなる。その結果は、ビジネス捕獲（business capture）と呼ばれる、国家による企業の所有権の取得あるいは国家の影響力拡大であった。ユコス事件をみておこう。

石油会社ユコス社はCEOのM.ホドルコフスキーの名を冠して「ホドルコフスキー帝国」と揶揄されるオリガルヒであった。母体のメナテプバンクは1988年創設で、担保民営化でユコスの支配株を取得した時点から石油産業が中心に躍り出る。2003年4月に世界市場でも評価が高くなったユコスはシブネフチとの合併を発表する。この合併により、同社は全ロシアの石油生産の3分の1を占めることになる。しかし、その後7月、過去の脱税告発を受け、10月にプーチン大統領と政治的に対立したホドルコフスキー自身が逮捕された。詐欺、横領、脱税などが理由であった。特に、内外のオフショアが利益のセンターになり、大規模な脱税とみなされた。CEOは交替し、ユコス株が国家に差し押さえられるとともに、鉱区のライセンスは剥奪され、合併は白紙に戻る。国家はユコスを差し押さえ、最終的にユコスの採掘の3分の2を保有するユガンスクネフチェガスが2004年末に政府系石油会社ロスネフチに控えめな価格、2600億ルーブルで買い取られた。一方、ユコスに取得されるシブネフチ株は2005年にガスプロムに譲渡された。その後、清算手続きに入ったユコス資産は売りに出されたが（8720億ルーブル）、圧倒的にロスネフチに買い取られた。ユコスの主要株主のホドルコフスキーとP.レベジェフは有罪になり、禁固刑となった。事件後、ホドルコフスキーは欧州人権裁判所にロシアの裁判制度の不透明性、検

察の訴訟手続きの違法性を訴えている。

　ロシアビジネスの最大の問題は汚職であるが，それ以外にも税の支配，非効率な政府管理，非効率なインフラなどを問題にあげることができる。いずれも企業と政府関係にかかわるものであり，ユコス事件は問題の解決がなお困難であることを如実に物語っている。

（2）　国家化

　2000年代の経済成長期は民間資本の増大ではなく，国家の影響力の拡大を意味している。直接の国有化ではないが，所有権を含め国家は着実にその影響力を拡大させており，それ故にロシアは国家資本主義とさえ呼ばれる。

　何よりも，政府は競争力を引き上げ，外資参入を規制することを目的に，政府管理を強める産業政策である「戦略的産業・企業」指定を行っていたが，これが2008年世界経済危機に際して特定の企業が「システム形成企業」として国家の援助対象に位置づけられた。システム形成企業の要件として，技術的センター，大規模な雇用の提供，2009年に契約を締結した輸出業者，大規模投資の実施などがあり，300社ほどがそれにあたる。軍産複合体，金属企業，連邦構成主体への主要納税企業，都市形成企業，輸入代替企業が含まれる。

　国家の影響力は，直接の強権的な譲渡によるケース（ユコス事件）もあるが，市場取引によって所有権を取得するケースもある。日本企業も参加している石油ガス開発のサハリン2プロジェクトにおけるガスプロムによる所有権（50％＋1株）の取得も環境クレームを利用したとはいえ，その取引は市場価格による。このほか，政府は，破産，不良債務，さらに独占規制・環境規制，税制をベースに企業に介入し，所有権について必ずしも完全所有ではなく，ブロック株の取得なども利用している。最も重要な政府系企業は，石油ガス会社のガスプロム（ガスプロムネフチ），ロスネフチであろう。この場合，企業の経営戦略はそのまま政府の戦略につながっている。

　2007年に政府は大規模な国家コーポレーションを創設した（『ヴェドモスチ』2009年8月31日；クズィク・シマチェフ 2010）。それ以前の国家コーポレーションは信用機関再建機構（ARCO）であり，1998年金融危機後の再建法の策定に伴って設置された。国家コーポレーションは国有企業と民間企業の中間物として位置づけられ，特別法に即して設置されている。同機構は2003年に不要とな

り，2004年に預金保険機構が設立された。トップ経営者はそのまま横滑りした。この機関は有価証券への投資収入で経費を支弁し，2008年危機により問題銀行の救済を行っている。その際，政府は2000億ルーブルを振り込んでおり，2009年初時点で強制預金保険基金規模は790億ルーブルを超えている。七つの国家コーポレーションが設立され，政府から2兆6400億ルーブルを取得しており，非営利機関と位置づけられている（1996年非営利機関法）。国家コーポレーションは資産を保有し，子会社（営利機関）を保有することができる。国家コーポレーションは三つの型に分類でき，①市場でも政府でも失敗を補填するもの（対外経済銀行，ロスナノ），②行政システムの効率と弾力性を高めるもの（住宅改革促進基金，オリンプストロイ），③戦略部門の競争力と安全保障を高めるもの（ロスアトム，ロステフノロギー）がある。

　対外経済銀行（開発銀行）は2008年世界経済危機のなかで国家の影響力を拡大する経路になり，危機打開措置（2008年の融資規模2800億ルーブル）を実施している。1995年の担保民営化とは逆に，同行は大企業の株を担保に危機打開のための資金供給を行い，事実上の国有化を促した（ラディギン 2010：421-428）。その資金源泉は石油ガス収入から政府に入る安定化基金（国民福祉基金）であり（2008年10月15日付の政府決定で財務省は同基金の80％まで株，債券の取得に振り向けることができる），緊急融資と引き換えに担保株を取得し，また金融機関への資本注入を実施した。このように，経済危機下で，政府は国有資産を拡張したが，その経路には対外経済銀行による担保取得，公開市場での買い付け，国家コーポレーションの拡張，政府系銀行の融資による株の譲渡（対外経済銀行による融資企業の株の集中化），銀行の再融資の枠を用いた国家持ち分の拡大が含まれていた。対外経済銀行は安定した金融システム形成と実体部門への融資の手段になっている。

　ロステフノロギーは傘下に無償および有償で取得した500社以上（278戦略的企業），20都市形成企業（80万人）を抱え，主要な資産には軍需産業と自動車メーカーAvtoVAZなどが含まれる。同社は政府からの資金取得，傘下企業の発展・再編を進めている。国家コーポレーションには官庁，行政色の強いものから，市場の主体としての性格の強いものまで含まれる。

　国家コーポレーション以外に，政府が株主になっている企業は多数ある。株主として，政府は配当を受け取る権利がある。2008年まで純利潤の25％が配当

といわれるが,実際には企業ごとに異なり,例えば,2007年にガスプロムは17.5%,ロスネフチは10.5%,シェレメチェボは10%であった。政府は配当を引き下げてもそれが投資ではなく,経営者や従業員の所得に振り向けられているという批判が強い(『コメルサント』2010年4月14日)。

4　企業の行動と責任

(1)　企業行動

　経済学の教科書は,完全競争市場から話を始める。企業は自由に市場に参入・退出でき,利潤最大化を目標にして行動する。たとえ先進市場経済であっても,現実の市場では独占が生じ,政府の介入領域が正当化される。ロシアでも,競争法(2006年)が定められ,それを執行する反独占局がある。法にはカルテル(同一産業内での協定などによる競争制限)の用語はないが,競争を制限する協定などその行為は禁じられている。法では特定の市場で50%以上を占拠する状態,35%以上であっても独占価格などで決定的に影響できる状態を支配的とみなし,罰金などの制裁が科せられる。しかし,自由競争に適応した行動がロシア企業を特徴づけるわけではない。ソ連社会主義の遺産をロシア企業が引き継いでいるのであれば,当然企業の行動にも独自性が浮かび上がる。

　ソ連企業は不足経済の下で行動していたので,投入財(資源,労働力,設備)の不足が生産を制約した。しかし,市場経済化により,資金さえあればロシア企業は市場で投入財を購入することが可能となると,これまでとは異なる生産の制約要因が観察される。当たり前であろうが,資金がないと企業の行動はままならず,またそもそも作ったものが売れなければ企業は破産してしまう。そうすると,需要こそが生産を制約する最大の要因になる。**図5-5**は生産を制約する要因を企業に尋ねた結果をあらわしている。明らかに,1992年の体制転換の後企業の動機に変化がみられ,投入財不足ではなく,資金不足と需要不足が企業の生き残りに決定的な意味をもつようになっており,このことは2008年経済危機の深刻さを十分に指し示している。それだけでも,企業は市場に適応した行動をとるようになったと結論づけられる。しかし,二つの要因もまた無視できない。一つは,設備老朽化であり,特にインフラの老朽化が目立つ。もう一つは,2000年以降の経済成長期に労働力不足が増加していることである

第Ⅰ部　市場経済移行の推移

(単位：%)

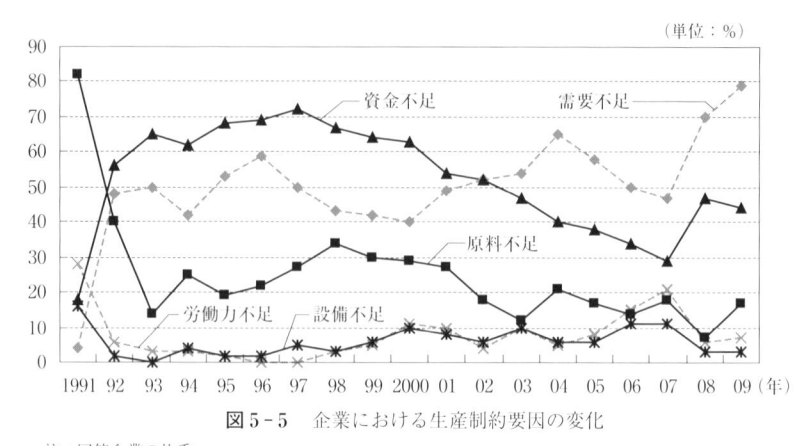

図5-5　企業における生産制約要因の変化

注：回答企業の比重。
出所：*The Russian Economic Barometer*, Vol.XVIII, No.3.

(経済危機でその後低下しているが)。体制転換後に企業および地域における労働者の訓練・教育制度は打撃を受けており、またロシアの人口減少には歯止めがかかっていないことから、質量ともに労働力の確保はロシア企業を制約する要因になりうる。

　市場適応性の高さにもかかわらず、市場経済化においてロシア企業には独自の行動もまた観察される。図5-6では二つの線が同じ傾向を指し示している。何よりも、バーターと未払いの変動が目を引き、市場に対する適応に異質性を示している。体制転換後、移行不況下で企業は採算性を悪化させたが、必ずしもリストラに着手したわけではなかった。ロシアの労働市場では、賃金は弾力的に対応しても雇用の温存が図られた。この対応は、雇用水準の維持ではなく、賃金水準の維持に調整の主眼をおく東欧のスタイルとは異なる（ベロコンナヤほか 2007：24-25)。転換後、ロシアでは、企業生き残りと雇用確保のために、独自の取引形態を選択した。一つは、バーターおよび手形であり、企業は生産量を通貨決済規模にまで縮小することはできず、物々交換であるバーター取引が意識的に利用された。この取引は納税回避よりもむしろ、企業活動維持手段となり、CIS諸国との貿易でも利用された。バーターにはほかの経済主体との交渉・ネットワークが不可欠になる。もう一つは、未払いである（不良債権)。企業はまず政府に対し税の形で未払いを生み出し、労働者へも賃金未払いを累積させた。賃金支給が滞るか現物化しても、労働者は企業に所属することで、

第5章　民営化と企業システム

(単位：％)

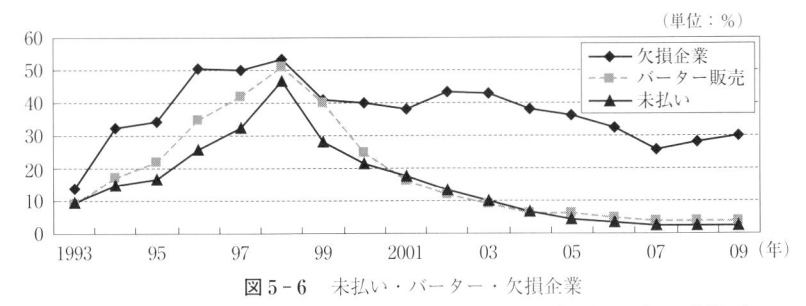

図5-6　未払い・バーター・欠損企業

注：未払いは期限切れ債権の年度末の金額を当該年のGDPで除した値。欠損企業は企業数に占める比率。バーター販売は工業部門での販売高に占める比率。
出所：ロシア連邦国家統計局（www.gks.ru〔2010年5月6日アクセス〕）および*The Russian Economic Barometer*, Vol.XVIII, No.3。

住宅などの公共財を手にすることができたので，未払いはすぐに失業をもたらさなかった。図5-6から，1998年のロシア金融危機をピークに，バーター，未払いともに急激に減少していることが分かる。企業行動は正常化しているのである。しかし，2000年代以降の経済成長にもかかわらず，欠損企業の比重は30％を超すレベルで安定している。輸送など公益事業に代表的であるが，欠損を出しながらも政府の補助を受けて生きながらえる姿はソ連時代の政府との温情主義的関係を想起させよう。

さらに，ロシア企業の行動における個性として，投機的体質を指摘することができる。所有権（株主主権）が企業の支配に決定的な意味をもつ限り，所有権の取引そのものが企業の重要な成長戦略になり，会社そのものの売買，企業のM&Aが急成長した。企業の利益，借入金（調達資金）は必ずしも投資ではなく，所有権取得に用いられた。こうした会社拡張方法はオリガルヒ，大企業の急成長をもたらした。2008年経済危機により急激な縮小を余儀なくされたが，投機的な行動はなお続いている。ロシアでのM&Aは2007年にピークの1223億ドルになり，その後危機で2008年753億ドル，2009年428億ドルという水準にあり，石油ガス部門がその中心に位置している（『合併と買収』2010年No. 1-2）。

（2）　企業の社会的責任

企業は株主のいうことだけを聞いていればいいわけではない。様々な社会のステークホルダーに対しても，倫理，環境，労働・雇用など多様な責任を負っ

> ■■□コラム□■■
>
> ## ロシア版企業城下町
>
> 　企業の視点から都市形成企業，地域の視点からモノシチー（単一財特化都市）と呼ばれる。2000年の政府決定では，最大企業が地域の雇用の25％を超すケース，単一部門の比重が当該地域の生産の50％を超すケース，単一財に特化した企業がニュータウンに存在するケースがそれにあたる。工業都市以外に，閉鎖都市や学研都市もそれに該当する。木材加工・製紙（総数の20％），機械（17％），食品（14％），燃料（11％）が典型的であり，ガスプロムやルクオイルといった巨大企業の支社もまた含まれる。それ故，企業城下町間で経済実績の格差は著しく大きい。政府の定義は上記以外に，地域発展省のものがあり，①特定企業の雇用が住民の労働人口の25％以上を占める，②特定企業の生産の比重がその地域で50％を超す，③住民と企業は独力で外部経済環境のリスクを補償することはできないという基準がある。2009年7月時点で467都市，332ニュータウンがあり，全都市人口の25％を占めている。起源はピョートル大帝の時期ともいわれるが，ソ連時代が決定的であり，当時の主力企業の地方支社企業が典型的な型にある。民営化により自立するが，転換不況のなかで困難を極め，再び合同化され，地方政府・自治体の生き残りとも緊密に結びついている。多くの都市のインフラは企業の資金に依存しており，企業財務が地方財政を支えている。大部分の企業城下町は欠損を計上しており，存亡の淵にある。特に，2008年世界経済危機は，都市の存続を危うくし，政府は国家支援プログラムにブラックリスト企業27都市をあげている。

ている（日本比較経営学会編 2006）。概して，ステークホルダーに対する環境マネジメントやコンプライアンスは企業の社会的責任（CSR）として，先進諸国の企業ではその重要性を高めている。

　ロシア企業もまたCSRから無縁ではない。グローバル化に伴い，また多国籍化に伴い，CSRは重要な経営上の原則になっている。主力財界のロシア企業家・産業家連盟もまた2004年に「ロシアビジネス社会憲章」を採択し，社会的な問題に積極的に取り組んでいる。多くの企業の慈善行為の大きさは個人のそれに対する相対値でみれば大きい。2009年12月段階で75社，198件の非財務報告書が公表されている。ロシアに進出する外国企業もまたCSRを本国と同様に重要視しており，例えば日本のトヨタはロシアの法令遵守やエコロジー管理，

雇用確保や省資源をその課題にあげている。

　そのうえ，ロシア企業のCSRには，ソ連社会主義の遺産が強く働いている。まさに，市場経済の制度は経路依存的に形成されている。従業員への福利厚生や住宅などの公共財はソ連時代に企業により提供されていた以上，それが継続される。また，雇用の確保も重視される。企業城下町の場合，企業の社会的インフラ負担は都市そのものの存亡にかかわる。そのため，政府はCSRを協定によって実質化しようとする。さらに，垂直統合型の石油ガス企業の場合には，企業内に家族的な人間関係が形成され，CSRは労働者にとって雇用契約の一部を織りなしている。こうして，ロシアのCSRは公式化する傾向が強く，政府の影響力が著しく大きい。企業経営者が政治家であることもこの影響力と無関係ではない。また，相対的にNGO／NPOといった任意の機関の影響力が限定的であり，企業にとり義務的な取り組みとなりやすい。しかし，CSRは必ずしも企業の透明化をもたらすわけではなく，逆にCSRが汚職に用いられるなど，責任が行使されているとはとても考えられない。

　ロシア企業はCSRの後発国，欧州圏で最下位と目されているにもかかわらず，ロシアの経営者にはCSRは体制転換以前から課せられたものという見方が根強い。このことは，企業が存在する社会は過去の遺産を無視できず，特に広大なロシアにおける地方企業にその傾向が色濃くみえる。

　企業にかかわる法制度は体制転換によって，グローバル化によって，変貌してしまった。しかし，企業をつぶさに観察すると，過去の遺産の重さ，過去に埋め込まれている制度が明らかになり，それを無視して欧米型の企業経営に変わることはありえない。ロシア企業にみえる異質性，独自性は現代社会の企業を捉える生きた教材であることは間違いない。

●参考文献

岩崎一郎・鈴木拓（2010）『比較経済分析』ミネルヴァ書房。
　　市場経済化とそこでの国家の役割，直接投資の役割に焦点をあて，体制転換の動態を比較経済制度論の視点から広範囲に分析している。
ウェーバー，M.（1992）『プロテスタンティズムの倫理と資本主義の精神』大塚久雄

訳，岩波書店．

クズィク，M.・シマチェフ，Iu.（2010）「国家コーポレーション」ガイダル，E.T.編『現代ロシアの危機経済』プロスペクト（露語）．

ドルゴピャトヴァ，T.「製造業企業における所有変化」『経済の諸問題』2009年No.12（露語）．

日本比較経営学会編（2006）『会社と社会』文理閣．
　　多様化する企業社会を国際比較するとともに，現代企業社会の最新の特質を経営学の観点から描き出した集団研究成果．先進諸国企業の比較研究も行われている．

ヌレエフ，R.M.（2009）『ロシア——制度発展の特殊性』ノルマ（露語）．

パッペ，Ia.・溝端佐登史（2003）『ロシアのビッグビジネス』文理閣．
　　ロシアにおける1990年代から2000年代前半期における大企業形成過程とその構造を析出している．オリジナルは『オリガルヒ』の表題で，日本語版への編集・翻訳の際に表題を変えている．現在ロシア企業の鳥瞰図を手にすることができる．後掲の同名著（2009）はその続編にあたる．

パッペ，Ia.・ガルヒナ，Ia.（2009）『ロシアのビッグビジネス』GU-VSE（露語）．

ヘイフェツ，B.（2007）「外国拡張」『合併と買収』No.9（露語）．

ヘイフェツ，B.（2008）『グローバル・国民経済におけるオフショア権限』エコノミカ（露語）．

ベロコンナヤ，L.A.ほか（2007）『ロシアにおける賃金』GU-VSE（露語）．

マルクス，K.（1974）『資本論』大月書店，第1巻第2分冊．

溝端佐登史（2001）「ロシアにおける民営化と企業経営」林昭他編『体制転換と企業経営』ミネルヴァ書房．

溝端佐登史（2006）「ロシアにおける資本形成と再編」『彦根論叢』（滋賀大学），第359号．

ラディギン，A.（2010）「金融危機の条件下での資産政策」ガイダル，E.T.編『現代ロシアの危機経済』プロスペクト（露語）．

Aukutsionek, S., N. Dyomina, and Kapelyshnikov, R. (2009), "Ownership Structure of Russian Industrial Enterprises in 2009", *The Russian Economic Barometer*, Vol. XVIII, No.3.

Buyske, G. (2007), *Banking on Small Business*, Cornell University Press.

Deloitte (2008), *Russian Multinationals: New Players in the Global Economy*, Routledge.

Kornai, J. (1979), *Economics of Shortage*, Vol.A and B, North-Holland.

（溝端佐登史）

第Ⅱ部

国民の暮らしと地域

第6章
労働市場と社会政策

　本章では，体制転換期にロシアにおいて形成された労働市場モデルに焦点をあてる。社会主義体制下では完全雇用が原則であったため失業は基本的に存在しなかった。一方，社会主義体制下では雇用の過剰と不足が常態となっていた。急激な体制転換のなか，企業が抱え込んでいた過剰労働力が大量失業となって顕在化すると予測されたが，ロシアでは失業率は緩やかに上昇した。その代わり，労働時間の削減，無休の強制休暇などの形での非正規雇用のほか，賃金支払遅延や賃金の現物支給が広くみられるようになった。これはロシアの労働規制は厳しいものであったが，しばしば遵守されなかったためである。そして，移行不況のなか，ロシアの実質賃金は大幅に低下し貧困者が急増した。ソーシャル・ネットに関しては，失業手当の導入や年金制度の再構築が行われた。

1　体制転換と失業

(1)　社会主義体制下における過剰雇用と大量失業への脅威

　社会主義体制下では完全雇用が原則とされ，摩擦的失業以外の失業の存在が否定された。コルホーズ農民は国内移動のために必要な国内旅券を長い間受け取ることができず，また，大卒者は行政的配分によって就職先を決定され少なくとも3年間は転職できないなど，国家によって労働力が配分され，労働移動が統制されていた。しかし，労働力の市場的配分はかなりの程度存在し，次のような理由から，社会主義体制には労働者の売り手市場がビルト・インされていた。それは，重化学工業化という国家最優先課題の下，大規模な労働力投入が計画されただけでなく，完全雇用の原則の下，労働者は解雇される心配がないうえ，自己都合による退職は基本的に自由であったからである。そして，1950～60年代頃から労働力流出がすでに問題となり，1970年代には労働力不足

が問題になり始めた。

　ただし，社会主義体制下での労働力不足は過剰雇用と表裏一体であった。つまり，ソ連企業は多くの余剰人員を抱え込んでいるのが常であった。これは，離職が多いだけでなく，従業員数が多いほど経営陣の俸給ランクが上がる，また，国家の突然の計画変更という計画経済システムの不備や社会的動員に備えるなど，企業にとって労働力を抱え込むインセンティブが強かったためである。体制転換にあたり，こういった企業内に過剰に抱え込まれた労働力が企業外に放出され，その結果，大量失業が発生するだろうと懸念されることになった。

（2）　移行経済下における雇用維持と失業率の緩やかな上昇

　ほかの移行諸国においてと同様に，ロシアにおいても，社会主義から資本主義へと転換するなかで生じた移行不況によって，社会主義体制の下で抱え込まれていた過剰労働力が大量失業という形で顕在化するであろうと予想されていた。しかし，こういった大半の予想に反して，また，中東欧諸国などのほかの移行諸国とは異なり，ロシアでは雇用が高い水準で維持され，失業率が緩やかに上昇したのである。

　図6-1には，1990年代における，ロシアや主な中東欧諸国の失業率の推移が示されている。なお，ここでの失業の定義は，ILO基準すなわち国際基準に準拠したものである。ILO基準では，労働力調査の調査期間中に，調査対象者（15歳以上の男女）が，①仕事がなく，②仕事があればすぐに就くことができ，かつ，③求職活動をしていた場合（事業を始める準備をしていた場合を含む），その調査対象者を失業者として分類することになる。図6-1に示されているように，中東欧の移行諸国では，1993〜94年頃には失業率がピークに達した（10.4〜21.4％）。これに対し，ロシアでは，失業率が比較的緩やかに上昇し，金融危機に直面した1998年になってようやくピークに達することになった。しかし，その水準は約13％であり，ほかの移行諸国のピーク時の水準と比べると相対的に低いものであった。

　ロシアの失業を登録失業率からも捉えてみることにしよう。1992年に，ロシアでも定期的にILO基準に準拠した労働力調査が実施されるようになり，上述のような国際基準に準拠した労働統計が公表されるようになった。また，本章の第3節で触れるように，1991年4月から住民雇用法が施行され，失業手当が

第6章　労働市場と社会政策

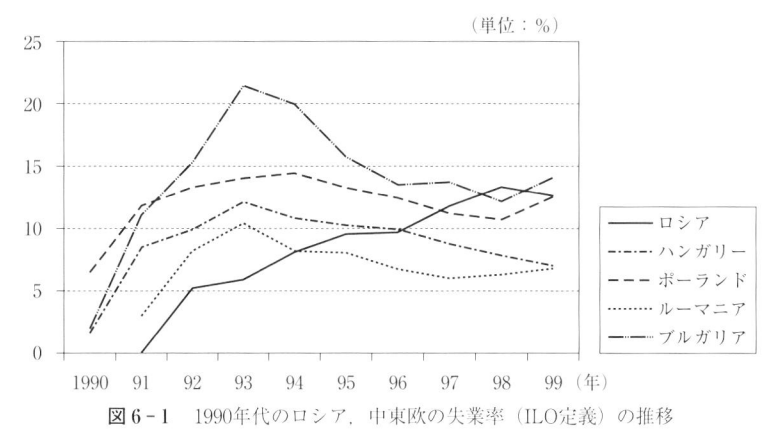

(単位：％)

図6−1　1990年代のロシア，中東欧の失業率（ILO定義）の推移
出所：World Bank (2005), *World Development Indicators on CD-ROM*.

支給されるようになり，登録失業者数に関してもそのデータが公表されるようになった。登録失業者とは，雇用局の機関に失業登録に出向いた，仕事のない求職者のことである。しかし，ロシアの登録失業率は，失業の実態を把握する際の適切な指標とはいえない。図6−2に示されているように，ロシアの登録失業率はきわめて低い水準を示したが，ILO基準の失業率との乖離がきわめて大きく，そのトレンドも失業率と特に連動しているようにはみえない。その理由は，登録失業率の推移は，労働市場を取り巻く不況などの経済状況に左右されるだけでなく，失業支援を実施している国家雇用局の資金上の問題ともかかわりがあるからである。また，他の移行諸国，例えば，ポーランドと比べるとき，ロシアの登録失業率の低さは際立っている。OECDによれば，ポーランドとロシアの季節調整済み失業率は，それぞれ，1992年には12.9％と0.4％，1994年には16.5％と1.7％であった。ポーランドでは，失業手当の給付額が高めであり，そのため非就労者にとって失業登録のインセンティブが高くなり，また，失業認定基準も緩かったなどの理由から，特に1990年代にはポーランドの登録失業率は失業率（ILO基準）を上回る傾向があった。一方，ロシアでは非就労者にとって失業登録のインセンティブがきわめて低く（3節参照），そのため，登録失業率が失業率を大きく下回った。ポーランドの制度的事情を考慮するにせよ，ロシアの失業率は登録失業率においても他の移行諸国と比べて相対的に低い水準であったといえる。ただし，登録失業率はロシアの失業の実態

第Ⅱ部　国民の暮らしと地域

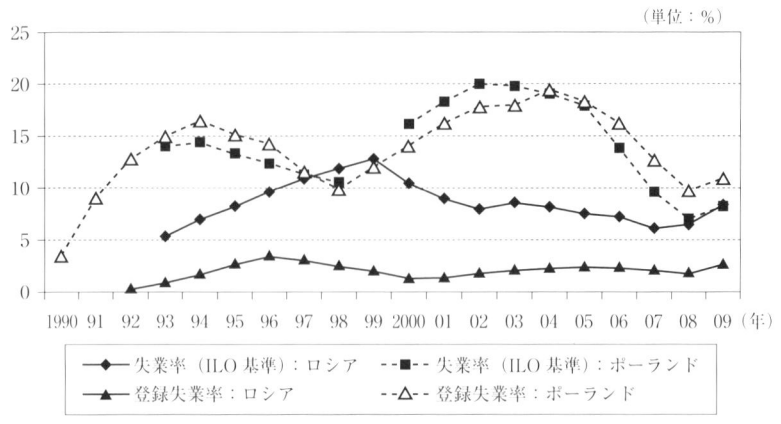

図6-2　ロシアとポーランドの失業率（ILO基準）と登録失業率の推移
出所：OECD.Statのデータを基に筆者作成。登録失業率は季節調整済みデータ。

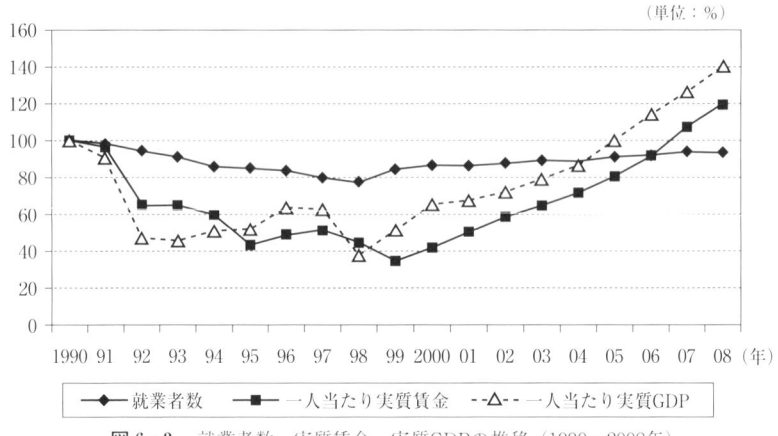

図6-3　就業者数，実質賃金，実質GDPの推移（1990～2008年）
注：基準年は1990年。
出所：ロシア連邦国家統計局のデータを基に筆者が算出・作成。

を反映していないため，その実態を把握するためには，ILO基準の失業率をみる必要がある。

　ロシアは他の移行諸国よりも長く深い不況に陥ることになったにもかかわらず，失業率が緩やかに上昇したということは，一方で，移行ショックに対しロシアの雇用が敏感に反応しなかったことを示唆している（図6-3）。移行開始

図6-4 ロシアにおける労働移動（1992～2006年）
出所：ロシア連邦国家統計局のデータを基に筆者作成。

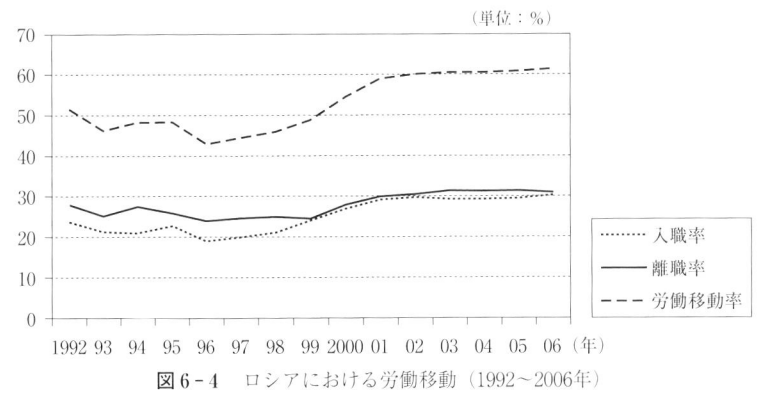

前の1990年と比べて，移行開始当初の1992～93年に，ロシアの一人当たり実質GDPは50％以上減少したが，就業者数は約5～10％の減少にとどまった。こういった経済ショックに対する雇用量の反応の鈍さは，ほかの移行諸国と比べて非常に際立っている。最も単純な算出によれば，実質GDPに対する就業者数の弾性値は，移行先進国であるハンガリーが10.4（1993年）ときわめて弾力的あったのに対し，ロシアはわずか0.24～0.56（1993～96年）であった。

ロシアの労働市場は硬直的で労働移動率（入職率と離職率の和）が低かったため，雇用が維持され，相対的に低い失業率が実現されたのだと仮定することができるかもしれない。しかし，ロシアの労働移動率は高く，例えば，移行開始当初の1992年には51.4％（入職率は23.6％，離職率は27.8％），経済成長の兆しがみえ始めた1999年にも48.7％（入職率は24.2％，離職率は24.5％）という高い水準を示した（図6-4）。労働移動率が，ルーマニアでは24％（1992年），ブルガリアでは32％（1993年），ポーランドでは42％（1993年）であったことと比べてみても，ロシアの労働移動率は決して低いとはいえない。また，ほかの移行諸国と比べて，ロシアでは，労働力状態（就業，失業，非労働力）の間の移動に関しても大きな値を示した。

以上のように，労働移動に関してみると，ロシアの労働市場は硬直的ではなく伸縮的であったといえる。それでは，ロシアにおける雇用維持と低い失業率の謎を解く鍵は何であるのか。それは，次節でみていくように，不完全就業，賃金，労働規制のコントロールの弱さにある。

2　移行経済下ロシアの労働市場の柔軟性

（1）　不完全就業の拡大——時短労働と無給の強制休暇

　ロシア企業は，長く深い移行不況に対し雇用削減という形で対処するのではなく，労働時間を削減する，無休の強制休暇を与えるなど，積極的に従業員を不完全就業下におくことによって移行ショックに対応した。

　ソ連製造業の一人当たり年間平均労働日数は，1970～80年代には約230日であったが，**表6-1**にみられるように，移行が始まった1992年には213日まで減少した。労働日数はその後も減少し，1994年には189日にまで減少している。こういった1カ月以上の大幅な労働日数の減少幅は，1960年代初めに週休2日制が導入されたときに匹敵するほどの大きなものである。1990年代に労働日数が大幅に減少したのは，移行不況による工場の稼働停止に因るところが大きい。工場が稼働停止するのと同時に，従業員は無給の強制休暇に追いやられることになった。1994年には，経営上の理由により，製造業部門就業者のうち36％の人々が無給あるいは一部有給の強制休暇に入ることになり，就業者一人当たりの強制休暇の平均日数は46日にも及んだ。

　1990年代の前半には，経営上の理由で無給の強制休暇に入った就業者の数は約530～850万人に達し，また，労働時間を削減された就業者の数は約350～730万人に達した（**図6-5**）。このように，企業側は，企業内の正規の人員を一時的に非正規化することによって，労働コストの削減を図ったのである。一方，従業員側は，こういった不完全就業から受けるダメージの緩和を図った。例えば，定期的・非定期的にあるいは偶発的に追加的仕事に従事したり，自家消費を目的として個人副業経営（自家菜園）に勤しむなど，インフォーマルな経済活動に従事したりした。

　1998年の金融危機後に経済成長が始まると，一時的に非正規化されていた就業者の数も減少の方向へと収束し，2007年には，時短労働にある就業者数は約20万人，無給の強制休暇中の就業者数は約40万人にまで減少した。しかし，世界同時不況が始まった2008年頃から，再び，従業員の一時的非正規化という労働コスト削減の手段を選ぶ企業があらわれている。労働時間という観点からみると，ロシア企業の経済ショックへの対応パターンは，移行開始から約20年

第6章　労働市場と社会政策

表6-1　ロシア製造業の労働者の年間日数使用内訳：1980～96年

(単位：一人当たり平均日数)

	1980	1985	1990	1991	1992	1993	1994	1995	1996
年間日数	366	365	365	365	365	365	365	365	366
(内訳)									
1. 祝日・休日	97	97	102	105	106	107	110	110	110
2. 労働日数	229	228	225	220	213	205	189	193	192
3. 未使用の日数	39.9	39.9	38.1	39.2	44.1	44.3	43.1	42.8	40.9
(理由)									
休暇	22.5	23.1	21.6	22.7	26.6	26.8	26.3	25.8	25.5
病気	11.8	11.2	12	11.9	10	10.5	9.9	10.7	9.5
規定内の欠勤	4	4.6	3.3	2.9	2.5	2.1	1.9	1.5	1.3
会社承認済みの欠勤	1	0.5	0.8	1.2	4.6	4.5	4.6	4.4	4.4
ずる休み	0.6	0.5	0.4	0.5	0.4	0.4	0.4	0.4	0.2
4. 終日の作業休止	0.2	0.1	0.2	0.5	3.5	8.1	22.4	19.1	22.8

注：休暇は，経営側からの強制的休暇を含む。
出所：ロシア連邦国家統計委員会（1996）『労働と雇用』。

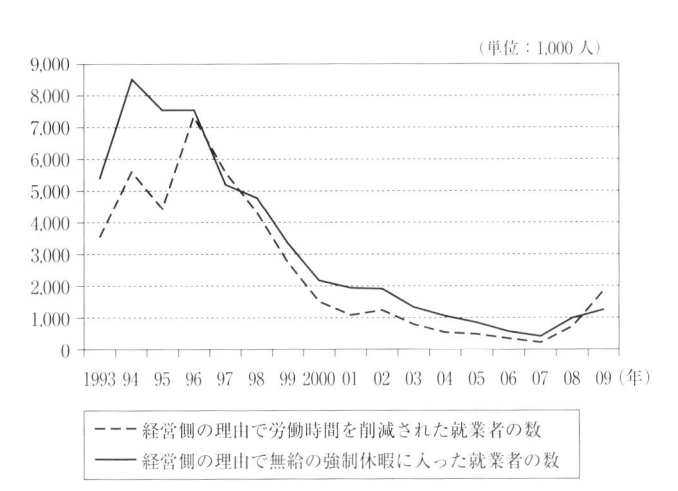

図6-5　不完全就業下におかれた就業者数の推移：1993～2009年

（凡例）
- - - - 経営側の理由で労働時間を削減された就業者の数
──── 経営側の理由で無給の強制休暇に入った就業者の数

出所：以下のデータに基づき筆者作成。経済分析ヴューロー（2002）『ロシアの雇用要覧──1991-2000年』；ロシア連邦国家統計局『雇用と労働』（各年版）。

たった現在でも，それほど変わっていないといえるであろう。

（2）非正規雇用

ロシアの雇用水準が高水準で維持された別の理由として，不完全就業のほか，

労働法に基づかない、つまり、民法や口約束等に基づく有期雇用を企業が積極的に利用したことがあげられる。上述の企業内の従業員の一時的非正規化と対比するならば、こういった企業戦略は、企業外の新規従業員の非正規化といえるであろう。後述するように、ロシアでは、2002年に新しい労働法典（以下、新労働法典）が採択されるまで、計画経済時代の1971年に制定された労働法典（以下、71年労働法典）が適用され続けていた。71年労働法典における解雇規制はきわめて強いものであり、企業にとって解雇費用は高かった。そのため、企業側には、労働契約ではなく、民法上の契約あるいは口約束を結ぶことによって解雇費用を低く抑えようとするインセンティブが高まったのである。

1992～2002年の労働力調査を基にV.ギンペリソン（ロシア国立高等経済大学）が算出したところによれば、移行当初の1992年から経済成長開始前夜の1998年に、正規雇用は17％減少したのに対し、非正規雇用は70％も増加した。非正規雇用が雇用全体（自営業等を除く）に占める比率は、1992年にはわずか2.8％（181万人）であったが、1998年には5.5％（304万人）となり、2002年には7.2％（439万人）にまで上昇した。ロシアの非正規雇用比率は先進諸国ほどの水準には達していないが、ほかの先進移行諸国と比べて小さいとはいえない。OECDのデータによれば、OECD諸国の2002年の非正規雇用比率は14.9％、ハンガリーは2.6％、ポーランドは9.5％であった。ロシアの非正規雇用者数がダイナミックに変化している点も考慮すると、非正規雇用は今後軽視することのできないロシア労働市場の重要な問題の一つといえるであろう。71年労働法典と同様、新労働法典においても非正規雇用の利用が厳しく制限されてはいるが、労働コスト削減の手段として非正規雇用を利用する傾向が強まっている。

ロシアの非正規雇用において特徴的なことは、非正規雇用下にある者は女性よりも男性が圧倒的に多いという点である。ロシアでは、移行不況期も経済成長期も、非正規雇用者のうち男性が占める比率は約60％以上という高水準であった。これは、非正規雇用者は女性が占める比率が高いという一般にみられる現象とは様相が異なる。OECDのデータによれば、非正規雇用者のうち男性が占める比率は、OECD諸国も、上記二つのほかの移行諸国においても、20～30％の間におさまる水準であった。また、ロシアにおいて非正規雇用に直面している主な年齢層は20～30歳代の若年層であった。

(3) 伸縮的な賃金

雇用維持と比較的低い失業率の謎を解く第二の鍵は，伸縮的な賃金である。ロシアの賃金の伸縮性は，主に，物価上昇に連動させ賃金を引き上げるようなインデクセーションの不在，また，賃金支払遅延の拡大と関係がある。前掲図6－3に示されているように，実質賃金は伸縮的に変化し，1995年には1990年の約40％にまでその水準が大幅に低下した。実質賃金が大幅に低下したのは，移行不況のなかで生産量が大幅に低下したからだけではなく，ハイパーインフレや高インフレが持続するなか，名目賃金が十分にインデクセーションされなかった，あるいは，まったくされなかったからである。インフレがある程度の水準におさまり，1999年以降から経済成長が始まると，実質賃金が持続的に上昇するようになり，2007年になってようやく1990年の賃金水準にまで回復した。

ロシア企業が（実質）賃金削減の手段として頻繁に利用したのは，賃金未払いや賃金支払遅延であった。ハイパー・インフレや持続的な高インフレの下で支払遅延が生じると，仮に未払いの賃金が1カ月後に支払われたとしても，労働者が受け取る金額はすっかり目減りしたものになってしまった。企業は，賃金未払いや支払遅延の代償として，従業員に自社製品等の形で現物賃金を与える場合もあった。賃金支払遅延額（実質）は1997～98年頃にピークに達し，持続的にその額が減少し始めるのは，経済成長が始まった1999年以降のことである（図6－6）。1999年に約2200万人の労働者が賃金支払遅延に直面していたが，2008年には約20万人にまで減少した。ただし，賃金支払遅延によって労働コストの削減を図るという方法は，不況の際のロシア企業の常套手段となっており，アメリカを震源とする世界同時不況のなかで，再び賃金支払遅延額が大きくなっている。

実質賃金が大幅に減少し，不完全就業や賃金支払遅延が拡大しても，ロシアでは社会的不安が過激な形で表面化することはそれほどなく，全国各地でストライキが頻繁に生じるというような現象も起こらなかった。その理由として，体制転換後も，労働組合の性格が大きく変化することはなく，社会主義体制下のときと同様に，基本的に，労使一体あるいは労使協調であったことがあげられる。そのほか，賃金支払遅延は，労働者側と企業側の利害を一致させる手段でもあったという点を指摘できるであろう。労働者の失業不安は大きく，彼らは解雇されるよりも賃金支払遅延の方を望んだ。一方，企業側は，労働者を抱

第Ⅱ部　国民の暮らしと地域

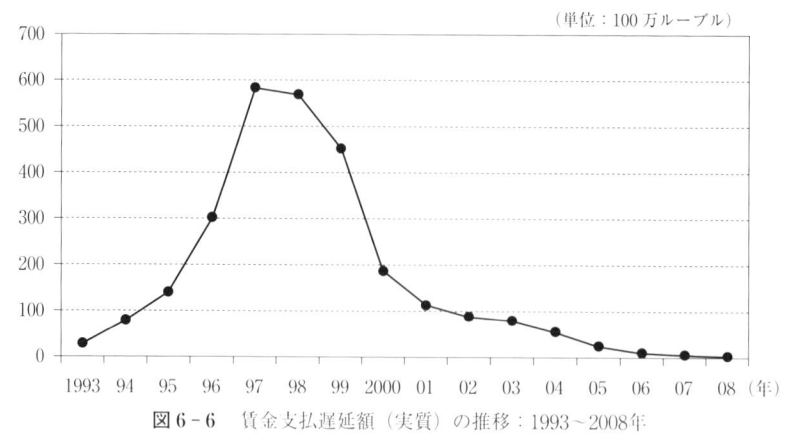

(単位:100万ルーブル)

図 6-6　賃金支払遅延額(実質)の推移:1993〜2008年
注:賃金支払遅延額は年始時点のデータ。基準年は1993年。
出所:ロシア連邦国家統計局のデータを基に,筆者算出・作成。

え込んでも,賃金支払遅延によって労働コストを自由に削減することができ,また,高い解雇費用を回避することもできたため,労働者の抱え込みは企業にとってコスト増加にはつながらなかったのである。

　労働者はフォーマルあるいはインフォーマルに追加的な仕事に就くことで,追加的所得を得ることもできた。経営側は従業員が追加的仕事に就くことを妨げることはなく,むしろ,低賃金,不完全就業,賃金支払遅延の現状を考え,奨励する場合さえあった。全ロシア世論調査センターによれば,1989年には全雇用者の13％が主な仕事以外から所得を得ていたが,1994〜96年には全雇用者の18〜21％が追加的な仕事に就いていた。こういった追加的仕事の形態は,ほかの企業・組織での兼業,修理作業,縫製サービスや家庭教師,掃除,炊事などの個人サービス業等が主であった。また,労働者は「隠れた賃金」を得ることもできた。「隠れた賃金」は,例えば,封筒に入れるなどの形で労働者に直接手渡された。1995〜2006年に,「隠れた賃金」はGDPの約10〜12％を占め,また,その総額はフォーマルな形で受け取る賃金の30〜40％に相当した。

　追加的就労や「隠れた賃金」によって,実質賃金低下による家計所得へのマイナスの影響は緩和された。しかし,実質賃金の大幅な低下によって,多くのロシア国民の生活水準が悪化したことに変わりはない。ロシア連邦統計局のデータによれば,1990年には11.4％であった貧困者比率は,1992年には33.5％

にまで急激に上昇した。また，ロシア長期モニタリング調査のデータを基に筆者が算出したところによれば，1990年代に常に貧困に陥っていた人は調査対象者全体のわずか7.7%であったが，一度でも貧困に陥ったことのある人は全体の70%近くにも達した。貧困者の代表的社会グループは失業者や年金生活者であると一般に想定されていたが，実際は，労働者（働く貧困者）であった。ロシアの失業率は比較的低水準であったこと，年金生活者の年金は物価上昇に連動させ引き上げられたこと，また，雇用水準は維持されたが実質賃金は大幅に低下したことなどを考慮するとき，ロシアの貧困者の代表的社会グループが労働者であったことは当然の帰結であろう。筆者の推計結果によれば，ロシアの働く貧困者は，主たる職場が国有部門であり，また，企業側の経済的理由により無給の強制休暇におかれていたり，賃金支払遅延の被害を被っていたりする人々であった。2000年以降，持続的に貧困者比率が全国レベルで減少し，世界同時不況前夜の2007年には13.4%にまで貧困者比率が減少した。しかし，ロシアでは，貧困ではないが生活水準が貧困線近傍の水準である人々が多いため，世界同時不況後に，そういった人々の多くが再び貧困に陥ることが懸念されている。また，貧困者比率の削減の速度は地域ごとに差があり，経済成長のなかで地域間の経済格差はさらに広がった。

(4) 厳しい労働規制と弱い監視

雇用維持と比較的低い失業率の謎を解く第三の鍵は，ロシアの労働規制は厳しいものであるが，規制が実施されているかどうかを監視するメカニズムは脆弱であるという点に求めることができる。基本的に，2001年12月に新労働法典が制定されるまで，1971年に採択された労働法典を改正しながら，移行後の新生ロシアにおいても71年労働法典が適用されていた。以下，解雇，有期雇用（非正規雇用），賃金支払遅延を軸に，新労働法典における労働規制ついてみてみることにしよう。

解雇規定に関しては，71年労働法典では，労働組合の同意のない解雇は全面的に禁止すると規定されていた。新労働法典ではこういった規定はなくなったものの解雇手続きは煩雑であり，解雇費用は高い。

有期雇用に関しては，71年労働法典では3年未満の労働契約がありうるという規定があるのみであったが，新労働法典では期限の上限が5年まで伸ばされ，

表6-2 ロシア,中東欧・CIS諸国,OECD諸国の雇用規制の厳しさ

	ロシア	中東欧・CIS諸国	OECD諸国
採用の難しさ	33	31.9	26.5
労働時間の硬直さ	40	29.9	30.1
解雇の難しさ	40	25.9	22.6
雇用の硬直さ	38	29.2	26.4

注:各指標は0から100の値をとる。数値が大きいほど規制が厳しいことを示す。「採用の難しさ」は,有期雇用の有無や契約期間,最低賃金率に関する指標。「労働時間の硬直さ」は,労働時間の規制に関する指標。「解雇の難しさ」は,解雇規制に関する指標。「雇用の硬直さ」は,上記三つの指標の平均。
出所:World Bank (2010), *Doing Business 2010*.

　有期労働契約が許容される範囲が具体的に規定され制限されている。また,相当の理由のない有期労働契約は無期労働契約とみなすと規定されている。
　賃金支払遅延に関しては,新労働法典には,定められた賃金支払期限を守らない,あるいは,その全額を支払わない行為を禁止するという規定が組み込まれている。また,賃金支払遅延に対する使用者の責任についても規定されている。ただし,賃金支払遅延にかかわる事案に対して異なる結論をもつ判決が併存しているというのが現状であり,この規定の適用には問題が残されている。
　基本的に,新労働法典は数々の妥協の産物であり71年労働法典と大きく変わらないと法学者などから評されている。つまり,ロシアの新労働法典による労働規制はソ連時代と同様に依然として強い。そして,以下でみていくように,ロシアの労働規制は,国際的にみても厳しい類いのものである。
　世界銀行は2002年から先進国,移行国,途上国のビジネス環境にかかわる法制上の規制をDoing Business Projectにおいて調査している。2009年のプロジェクトの結果に基づく,雇用が容易な国に関するランキングにおいて,ロシアは183カ国中109番目に位置した。これは,新労働法典における労働規制も,国際的にみて厳しいものであることを示している。また,表6-2に示されているように,中東欧・CIS諸国とOECD諸国の「雇用の硬直さ」がそれぞれ29.2,26.4であったのに対し,ロシアのそれは38に達した。ロシアのこの結果は,メキシコの41という雇用の硬直さに匹敵するものである。
　以上のように,ロシアの労働規制は法制上厳しいものといえる。しかし,こういった規制がロシアにおいて実際に遵守されているのだろうか? 欧州復興開発銀行(EBRD)と世界銀行によるBEEPS (Business Environment and Enterprise Performance Survey)では,各国においてビジネスを行ううえで何が障害

になるかを定期的に調査し，その結果を指標化している。BEEPSの調査結果によると，「ビジネスを行ううえで労働規制が問題となる」と回答した企業は，中東欧諸国においては，2002年に約20％，2005年に約25％であった。これに対し，ロシアにおいては，2002年に約10％，2005年に約15％の企業が，ビジネスを行ううえで労働規制が障害になると回答した。

　Doing Business ProjectとBEEPSの結果が示すところは，法制上，ロシアの労働規制は中東欧諸国よりも厳しいにもかかわらず，労働規制がビジネスを行ううえで障害になるのは中東欧諸国においてであるということである。これは，ロシアの労働規制は厳しいものであるが，監視のシステムが上手く機能しておらず，そのため，ロシアでは，規制が企業によって厳格に遵守されているわけではないということを示唆している。こういったメカニズムが，雇用維持と低い失業率の謎を解く第三の鍵といえる。

3　国民生活と社会政策

　前説で述べたように，ペレストロイカ，さらには，市場経済への移行にあたり，市場経済に適合する労働法典の導入が目指されたわけであるが，社会政策に関しても新たな制度の導入や改革が目指されることになった。そのなかで労働問題と国民生活に深くかかわるものは，失業対策と年金改革であろう。そこで，本節では，社会政策のうち失業対策と年金改革についてみていくことにしよう。なお，年金改革については，労働問題との関係から，老齢年金を中心にみていくことにしよう。

（1）　失業対策

　社会主義の下では一時的に生じる摩擦的失業以外には失業が存在しないというのが建前であったが，ペレストロイカが進むなかで失業の存在が公認されるようになった。1988年には「雇用保障，労働権の実現」という章が71年労働法典に追加され，また，1991年4月に住民雇用法（以下，雇用法）が制定された。雇用法の目的の一つは失業者救済であり，運営組織として中央政府に雇用局，地方政府に雇用センターが設置された。そして，この雇用法が体制転換後の新生ロシアにおいても機能することになった。

雇用法の下，ロシア連邦国家住民雇用基金が設立され，ロシアでも失業手当が支給されるようになった。しかし，登録手続きが煩雑であるうえ，失業手当の支給額も小さかったため，ポーランドなどと異なり，ロシアでは失業登録のインセンティヴが著しく低くなった（図6-2参照）。技能資格向上や新技術の習得などにおいて，上記の運営組織は一定の役割を果たしたが，失業者救済という面ではその役割は大きいとはいえないであろう。

（2） 年金改革

ソ連時代にもソ連国家年金法に基づく年金制度が存在したが，ペレストロイカの頃からソーシャル・ネットの再構築が進められ，1990年にはロシア国家年金法が新たに制定された。ロシア年金法の下，それまで別々に存在していた労働者とコルホーズ員の年金基金が一本化され，ロシア連邦年金基金が設立された。連邦年金基金は連邦予算とは別の予算外基金であり，したがって，年金基金の財源は国家予算にほぼ全面的に依存するというソ連時代の年金制度はこれをもって姿を消すことになった。

1990年代を通じた議会などでの激しい議論の後，2001年12月に1990年国家年金法が廃止され，新年金3法（国家年金保障法，強制年金法，労働年金法）が新たな年金制度として始動することになった。新制度の下で，従来の賦課方式に加え，積立方式が初めて導入され，強制加入の年金体系は基礎部分（基礎年金），保険部分（所得比例年金），積立部分（積立年金）の三つの要素から構成されることになった。また，逆累進税である統一社会税が導入され基礎部分にかかわる財源として連邦予算に組み込まれることになり，そのほか，積立部分の運用を被保険者の任意で非国家年金基金（企業年金に相当）に委ねることができるようになった。2003年に非国家年金基金法が改定されたことにより上記のような積立金の運用が可能になったわけであるが，この改定を受けて，民間基金や保険会社の年金市場への参入意欲が非常に高まることになった。しかし，国民の間では，政府だけでなく金融機関への信頼も低く，民間受託機関への委託希望者は少ないのが現状であった。

新年金制度における老齢年金にかかわる新たな事項は次の通りである。国民皆年金のほか，老齢年金支給額と現役時の賃金額の相関を高めることが目指されるようになった。また，年金の基礎部分と保険部分がインフレに応じてイン

デクセーションされるようになっただけでなく，保険部分に関しては賃金の上昇にも連動させて上昇することもありえると規定されるようになった。

　新たな年金改革における成功は，年金における積立方式の比重が徐々に高まった点にある。ロシア年金基金のデータによれば，労働年金における保険部分の比率は，2002年に59.97％，2003年に61.87％，2004年に62.25％というように徐々に上昇している。

　以上のように，年金改革は本格的に動き始めたが，必ずしも順調に進んでいるわけではない。例えば，早くも2004年には，中年層（1967年以前生まれの労働者）が，改革の核の一つといえる年金保険料の一部強制積立から突如除外されることになった。年金支給額は小さなものであり，また，年金基金の財政難のなか，2005年から統一社会税が引き下げられることになった。そのほか，ロシアでは年金にかかわる次のような危機的状況が存在している。第一に，人口の高齢化である。1990年代ロシアの老年従属人口指数（生産年齢人口に対する老年従属人口の比率）は大きな変化をみせたとはいえないが，深刻な高齢化がロシアに押し寄せる確率は高い。また，ロシア連邦年金基金とロシア連邦統計局のデータによれば，1990年代を通じて，就業者への社会的負荷は増大している。年金受給者数に対する就業者数の比は，1990年には2.29であったが，1998年には1.66まで減少した。第二に，ロシアの年金受給資格年齢は，男性は60歳以上，女性は55歳以上であり，男女間の年齢格差があるだけでなく，国際的にみても年金受給資格年齢が低い。そのうえ，3〜5年ほど早く年金生活に入る場合もある。ロシアでは，1990年代に男性平均寿命が60歳を下回り，今後も似た状況が続くと予測されるが，その一方で，高齢化が進展している。年金受給資格年齢を上昇させることには矛盾も生じるが，年金受給資格年齢が低いままであると，現役世代の負担を増大させるだけでなく，財政負担も増大させることになり，年金の財源赤字を解消することは難しい。第三に，納入される保険料の総額を減少させるような特殊な要素，つまり，賃金支払遅延，賃金の現物支給，隠れた賃金などがロシアでは広くみられる。この点は，人口問題のようなあらゆる国でみられる長期的問題と異なり，移行経済下ロシアの特殊な問題といえるであろう。

第Ⅱ部　国民の暮らしと地域

■□コラム□■

社会的特典

体制転換から20年近くが経った現在でも，ロシアにはソ連時代に形成された制度が残っている。ここでは，こういったソ連時代の遺制の一つとして社会的特典を紹介しよう。

社会的特典は，公共交通費，薬代，電話代，住居費等への補助，また，税金の全面的あるいは部分的免除等の形で，特定のカテゴリーに属する人々，組織，企業，地域に付与されるものである。社会的特典の歴史は1920〜40年代に遡るが，当初は，国に対する貢献への評価と報賞という性格のものであった。それが，1950〜80年代になると，賃金平準化のなかで社会的富へのアクセスを差別化するという方向に機能するようになり，また，賃金や年金が減少した1990年代には，社会的に脆弱な人々への支援の役割を果たすようになっていった。

特典を付与されている者が家計に一人でもいれば，その家計全体が特典の恩恵に浴することになるといってよいだろう。ロシアの社会政策独立研究所によれば，2003年に特典受給者のいる家計は全家計の50.7％にも達した。つまり，社会的特典による政府の財政負担は大きい。また，どのような家計が特典（住居特典）を受けているかというと，その53％が年金生活者のいる家計であった。

2004年に，社会的特典が2005年1月から現金化されること，また，社会主義時代から保障されてきた多くの特典が姿を消すことが決定された。この法案に対し，年金生活者，特に，老婦人たちが激しく抵抗し，大都市の幹線道路を占拠し機動警察までもがその排除のために動員されるという騒動が全国的に繰り広げられることになった。さすがのプーチン大統領（当時）も老婦人たちの激しい抗議行動にはお手上げだったようである。老婦人たちは年金の引き上げと特典現金化の緩和を勝ち取った。

4　労働市場と社会政策に関する若干の展望

以上，本章では，体制転換のなかで大量失業を発生させるのではなく，雇用維持と相対的に低い失業率を実現したロシア労働市場のメカニズムとはいかなるものであったのかを中心にみてきた。1990年代に形成されたロシア労働市場のメカニズムは，基本的に2000年以降も同様に機能しており，大きな変容をみ

せる兆しは今のところない。世界同時不況のなか，賃金の支払いを遅延させるという生き残り戦略をとるロシア企業が増えたのはその証左といえるであろう。また，1990年代の雇用維持と相対的に低い失業率は，大量失業の可能性という脅威のなかで，労働者が職の保持と引き換えに雇用条件の悪化や賃金の低下を速やかに受け入れた結果でもあった。つまり，失業への脅威が失業増大へのストッパーとして上手く作動していたのである。世界不況に感染するなどによって経済状況が悪化したとき，ロシアの失業者数がどれだけ速く増大するかは，求職者がどれだけ速やかに，そして，どの程度，不況前の賃金水準よりも低い賃金を受け入れることができるのかに依存しているというわけである。

　ロシア政府は，世界同時不況による失業者増大の可能性に対し速やかに反応し，2008年12月には解雇規制への監視強化を打ち出した。しかし，あまりにも厳しく規制強化を図ることは危険を伴うことにもなり，きわめて難しい問題である。なぜなら，問題はありながらもロシア企業に特徴的な賃金支払遅延，不完全就業等の適応戦略をまったくとることができなくなるとき，結局は，失業が急激に増大する，あるいは，労働関係の多くがインフォーマル化するという難しい問題が生じてしまうからである。そして，こういった労働関係のインフォーマル化の拡大は，紆余曲折を経ながらも進みつつある年金改革への足枷にもなりえる。年金制度の行方を考えるうえでも，当然のことながら，ロシア労働市場のメカニズムとその動向への理解が必要であるといえる。

■ ■ ■

● 参考文献
大津定美（1988）『現代ソ連の労働市場』日本評論社。
　　公的には存在を否定されていたソ連労働市場が，実際にはどのように機能していたのか，その実態を明らかにしている。
大津定美・吉井昌彦（1999）『経済システム転換と労働市場の展開――ロシア・中・東欧』日本評論社。
　　90年代前半のロシア，ポーランド，ハンガリー，ルーマニアの失業問題に詳しい。
小森田秋夫編（2003）『現代ロシア法』東京大学出版会。
　　ソヴィエト法からロシア法への転換の過程と，ロシア法（基本六法）の詳細について知ることができる。

西村可明編著（2006）『移行経済国の年金改革――中東欧・旧ソ連諸国の経験と日本への教訓』ミネルヴァ書房。
　　中・東欧諸国，旧ソ連諸国の年金改革とその特殊な状況が明らかにされている。
武田友加（2011）『現代ロシアの貧困研究』東京大学出版会。
　　体制転換のなかで生じたロシアの貧困とその特徴をミクロデータに基づき実証的に明らかにしている。

（武田友加）

第7章
経済格差と階層化

　本章では，体制転換およびその後の経済成長に伴うロシア社会の変容を，所得・消費水準，経済格差，階層分化という3点から特徴づける。まず，統計から貨幣所得および消費支出構成の変化を確認する。体制転換に伴い貨幣所得が大きく低下し，消費支出構成にも変化がみられたこと，その後の経済成長に伴う所得水準の向上が生活の質的側面の向上につながっていないことを示す。次に，経済格差に目を向ける。体制転換後，所得格差が大きく拡大し，経済成長期においても格差拡大が続いていること，格差拡大が階層分化を規定し，少数の富裕層と多数の貧困層が生まれていることが示される。最後に，ロシアの階層分化の独自性を示すものとして，中間層を取り上げる。ロシアの中間層には，規模の小ささ，構成・価値観の多様性といった点で独自な特徴が検出されること，経済成長にもかかわらず中間層の規模は増大していないことを明らかにしている。

1　体制転換と生活領域における変化

(1)　所得水準の変化
　ソ連からロシアへの体制転換は人々の生活面にきわめて大きな影響を与えている。ソ連時代の生活の特徴として，所得格差が小さく，平等性が高かったこと，無償の医療や教育，充実した社会保障制度を中心に最低限の生活保障がなされていたことがあげられよう。こうした状況下，ソ連の人々はいわゆる体制の歯車としてではなく，したたかに自己の利害を追求していたと考えられる。ただし，特に1970年代以降，都市化・工業化の進展によって消費水準が高度化し，人々の消費に対する欲求も高度化・個別化していくにつれ，高等教育を受けた専門家層を中心に体制に対する不満が高まっていき，ソ連崩壊の一因ともなったことが指摘されている（レーンほか 2007）。

第Ⅱ部　国民の暮らしと地域

表7-1　ロシアのGDP成長率と生活水準関連統計（1991～2007年，95年以降は隔年）

	1991	1992	1993	1994	1995	1997	1999	2001	2003	2005	2007
GDP成長率（％）	-5	-14.5	-8.7	-12.7	-4.1	0.9	5.4	5.1	7.3	6.4	8.1
GDP（1990年=100）	95	81.2	74.2	64.7	62.1	60.5	60.7	70.1	78.8	89.9	104.6
実質貨幣所得増加率（％）	15.7	-47	16	11.9	-16.1	6.3	-13.2	10.1	14.6	11.7	13.1
実質貨幣所得（1990年=100）	115.7	61.3	71.1	79.6	66.8	71.6	52.0	64.9	82.4	102.4	132.1
インフレ率（％）	160	2,510	840	220	130	11	36.5	18.6	12.0	10.9	11.9
失業率（％）	-	5.2	5.9	8.1	9.5	11.8	12.6	8.8	7.8	7.1	5.7
ジニ係数	0.260	0.289	0.398	0.409	0.381	0.401	0.400	0.397	0.403	0.409	0.423
十分位数比	-	8.0	11.2	15.1	13.5	13.5	14.0	13.9	14.5	15.2	16.8
貧困率（％）	-	33.5	31.5	22.4	24.7	20.7	28.4	27.5	20.3	17.7	13.3

出所：ロシア連邦国家統計局『ロシア統計年鑑』（2001年版，2009年版）より抜粋。ただし，GDPおよび実質貨幣所得は筆者が計算した。

　体制転換に伴い生活領域においても市場経済化が進捗している。社会主義期における国家による一元的な資源配分に代わって，市場メカニズムの導入に伴う価格の自由化や配分経路の多元化が観察されている。この下で，生活面においても国家の役割低下に基づき個人の自己決定権が拡大しており，そのことが人々の生活水準・経済格差の大きさに影響を与えている（林 2005）。ただし，ソ連期の生活がすべて国家による一元的な管理に規定されていたわけではないように，現在の生活も市場経済化によってすべて説明できるものではない。

　まず，公式統計を用いて，ソ連からロシアへの変化を所得水準の変化という点から確認しておこう。市場経済への移行開始後の5年間において，とられた政策にかかわらず，すべての移行国でGDPの急速な低下と貧困レベルの増加が観察された。1992年に体制転換を開始したロシアの経済変動はきわめて大きく，概して1998年金融危機以前の混乱・不安定な状況から，1999年以降の経済成長期へと変化している（表7-1参照）。GDPの変化では，1992年の急進的改革の開始に伴い低落を開始し，1996年までマイナス成長が続いた。1997年にわずかに上昇したものの，1998年の金融危機によって再び低下した。その後，1999年から経済成長を開始し，以後2002年を除き5％を超える成長が続いた。実質貨幣所得は，体制転換が開始された1992年に急落し，1997年まで徐々に回復したが，1998年の金融危機により再び低下し，1991年を100とした場合に1999年には1990年の半分程度となった。その後は，GDPの伸びと並行して，

あるいはそれを上回る比率で実質貨幣所得が急速に増加している。最低生活費（国民の健康維持と生活保障に不可欠な財やサービス等を価格で表したもの。連邦法によって規定されている）を下回る所得を有する人々の比率である貧困率は1992年には33.5％と3人に1人を超えていたが，1997年まで徐々に低下し，1998年の経済危機で再び上昇したあと，その後の経済成長によって近年では10％台の前半にまで低下している。

（2） 家計の消費支出構成の変化

次に，体制転換およびその後の経済成長による家計消費の変化を確認しておこう。**表7-2a**は1980年から2002年までの家計の消費支出構成を示している。この表から以下の3点が明らかになろう。第一は，1980～90年にかけて食料品への支出比率が低下し，非食料品への支出が増大していることから，ソ連末期に消費支出構成が高度化していることである。第二に，1990～95年にかけて食料品への支出が急増し，非食料品への支出が低下していることから，体制転換による所得水準の低下により，人々が消費を切り詰めていることが分かる。第三は，1998～99年の経済危機に際し食料品への支出が50％を超えたが，その後の経済成長によって徐々に低下していることである。次に，**表7-2b**は2003年から2008年の消費支出項目と家計に占める比率を示している。表7-2aとbで項目が異なっており直接比較はできないが，少なくとも経済成長に伴い食料・飲料の占める比率が低下し，輸送や通信，保健や余暇・文化行事の比率が増加していることが確認できる。消費生活の高度化が進み，それにより健康への配慮を高め，余暇・文化行事を楽しもうとする人々が増加していることを示唆しているといえよう。

2008年の所得データをもとに，人々の生活実態をイメージしてみよう。一人当たり平均貨幣所得（月間）は1万4939ルーブル（日本円で5～6万円）であり，結婚後も夫婦共働きの家計が大半（専業主婦率は10％程度）であることを考慮すると，夫婦2人世帯の平均世帯所得は日本円で月10～12万円程度と考えられる。所得源泉としては，給与所得が65.5％，企業活動からの所得が10.3％，年金などの社会給付が13.2％，資産所得が9.0％，そのほかが2.0％となっている（ロシア連邦国家統計局〔2009〕『ロシア国民の社会状況と生活水準』：108-109)。ソ連期には賃金および年金・給付が家計所得の90％以上を占めていたが，体制転換後

第Ⅱ部　国民の暮らしと地域

表7-2 a　家計の消費支出構成（1980-2002年）

（単位：％）

	1980	1985	1990	1995	1996	1997	1998	1999	2000	2001	2002
消費支出	100	100	100	100	100	100	100	100	100	100	100
食料品	36.1	35.0	31.5	49.0	47.2	43.0	51.3	52.0	47.6	45.9	41.7
外　食	6.4	5.8	4.6	3.0	3.0	2.8	2.0	1.7	1.8	2.5	2.4
アルコール飲料	5.4	4.6	5.0	2.5	2.5	2.8	2.6	2.5	2.5	2.4	2.2
食料品以外の財	37.8	40.2	45.8	31.8	31.3	36.5	30.2	30.8	34.3	34.4	36.2
サービス支出	14.3	14.4	13.1	13.7	16.0	14.9	13.9	13.0	13.8	14.8	17.5

出所：ロシア連邦国家統計局（2003）『ロシア統計年鑑』192頁。

表7-2 b　家計の消費支出構成（2003-2008年）

（単位：％）

	2003	2004	2005	2006	2007	2008
消費支出	100	100	100	100	100	100
食料・飲料	37.7	36.0	33.2	31.6	28.4	29.1
アルコール飲料	3.2	3.0	2.7	2.7	2.4	2.3
衣服・靴	12.6	11.6	10.7	10.9	10.4	10.4
住宅・公共料金	10.5	10.8	11.3	12.1	11.6	10.4
日用生活品	7.3	6.9	7.2	7.3	7.3	7.5
保　健	2.2	2.4	2.5	3.0	3.1	2.9
輸　送	9.2	10.2	12.2	12.5	16.6	15.5
通　信	2.4	2.9	3.7	4.0	3.8	3.7
余暇・文化行事	6.0	6.3	7.1	6.4	6.4	7.7
教　育	1.3	1.7	1.8	2.0	1.8	1.6
ホテル，外食	3.1	3.5	2.9	2.6	3.0	3.0
その他	4.5	4.7	4.7	4.9	5.2	5.9

出所：ロシア連邦国家統計局（2009）『ロシア国民の社会状況と生活水準』247-248頁。

その比率は概ね80％弱に減少している。ただし，公式統計からみる貨幣所得では実態は必ずしも明らかにはならない。非公式セクターにおける所得や食料品を中心とする現物での価値分が存在しているからである。このことはロシア人の生活領域に市場経済化と現物化の両側面が存在していることを示唆している。

（3）　生活の質的側面における特徴

次に，ロシア人の生活の質的側面における特徴を確認しよう。生活の質には生活水準や所得水準などの量的指標に加え，居住環境や教育水準，さらに生活に対する主観的評価など多様な要素が含まれる。ここでは国際比較によってロシアの生活の質を考えるために，国連開発計画が1990年から毎年算出している人間開発指標（HDI）をみよう。HDIは国ごとの人間開発の達成度，人々の生

活の質を示す指標と考えられ，①長寿で健康な生活（出生時平均余命で測定），②知識（成人識字率と初等，中等，高等教育の総就学率で測定），③人間らしい生活（一人当たりのGDPをドル建て購買力平価で測定）の三つの側面に着目し，各要素を指数化（0～1）したものを単純平均したものである。HDIが0.8以上の国はHigh Human Developmentグループ，0.5～0.8未満の国はMedium Human Developmentグループ，0.5未満はLow Human Developmentグループに分類される。1990年以降のロシアのトレンドを確認すると，1990年には0.821とHigh Human Developmentグループに含まれていたが，体制転換の混乱のなかで数値を低下させ，1995年には0.777まで低下した。その後，経済成長とともに回復して2003年（2005年版『人間開発報告』）には0.795で62位，2005年には0.8を超え（0.802, 67位），High Human Developmentグループに復帰した。その後，数値を伸ばし，2006年には0.811（73位）に，最新の2007年（『人間開発報告 2009年』）は0.817（71位，調査対象182ヵ国）となっている。新たに調査対象となった国も含まれているためランクには変動がみられるものの，1999年以降の経済成長によって一人当たりGDPが増加したため，ロシアのHDIの数値は上昇してきており，2005年以降はHigh Human Developmentのグループを維持している。もっとも，2007年以降新たにVery High Human Developmentグループ（0.9以上）が区分けされたため，ロシアは第二グループという位置づけである。

他方，ロシアのHDIの特徴として，HDIを構成する諸要素間の数値にバラツキが大きいことが指摘されている。2007年の数値で，一人当たりGDPは55位と相対的に高位であるのに対し，出生時平均余命は118位（66.2歳，男性59.9歳，女性72.9歳）と低く，HDIのランクは71位に低下している。このことは，生活水準と生活の質との間に格差が生じており，経済成長が必ずしも生活の質の向上を導いているわけではないことを示唆している。

2 経済格差と階層分化の概要

(1) 体制転換と経済格差の動態

体制転換の影響は所得の低下に加えて経済格差の拡大という点にもあらわれている。前掲表7−1をもとに所得格差の動態を確認しておこう。まず，1990

年代について確認すると、十分位数比(世帯を収入の低い方から高い方へ順に並べ10等分したグループのうち、最高所得グループ〔第Ⅹ十分位〕と最低所得グループ〔第Ⅰ十分位〕との所得格差の値)およびジニ係数(所得格差を示す数値で、0は所得分配が完全に平等である場合、1はある一人の人だけが所得を得ている場合)の数値は1992年以降、大幅に増大し、1994年に最大となっている。ソ連からロシアへの体制転換に伴って経済格差が急速に拡大したことが分かる。これは、1992年から1993年の1年間でジニ係数が0.289から0.398へと0.1以上も増大したことに顕著に示されている。この間のロシアにおける格差拡大は歴史上類をみない速度であったといわれる (Milanovic 2001：254)。次に、2000年以降の経済成長期においても経済格差の拡大が続いていることが確認できる。例えば、2007年のジニ係数は0.423であり、1995年の数値 (0.381) を大きく上回っている。

　こうして、体制転換によって急速に所得格差が拡大したことに加え、急速な経済成長を遂げつつも所得格差の拡大が続いている点にロシアの特徴をみることができよう。経済成長と経済格差との関係については、よく知られた法則としてクズネッツ曲線がある。経済成長の初期段階では経済の不平等は拡大するが、経済が一定の成長を遂げた後は不平等度が縮小してくるというもので、所得を横軸に、ジニ係数を縦軸にとれば、逆U字型のクズネッツ曲線が出現するというものである。この法則が正しいとすれば、ロシアはいまだ経済発展の初期段階であるということになる。あるいは、クズネッツ曲線自体がロシアの状況をふまえて再構成される必要があるのかもしれない。

　次に、資産格差を確認するために、耐久消費財の所有状況を確認しておこう(ゴルシュコフ 2009)。**表7－3**は各種の耐久消費財の保有状況を2003年と2009年の調査結果を比較することによって示している。表から、携帯電話、パソコン、調理用機器、ビデオカメラなどの所有率が急増しており、消費生活の高度化が観察されること、衛星放送アンテナ、ホームシアター、エアコンなど2003年には2％以下の所有率であった財の所有率が10％近くまで増加しており、経済成長が新たな耐久消費財の普及を促し、生活様式に変化を生み出していることが分かる。ただし、否定的傾向として、貧困層(この調査では約17％)においては耐久消費財の所有の低下も生じていること、貧困層に次いで貧しい30％程度の人々にとって耐久消費財の所有の停滞がみられることが指摘されている。このことは経済成長に伴う耐久消費財の普及とともに、資産格差の拡大が進んでい

表7-3 耐久消費財の所有状況

(単位:%)

品 目	2003	2009
第1グループ(所有率が2/3以上)		
冷蔵庫	99	99
カラーテレビ	95	97
カーペット	93	89
掃除機	84	89
洗濯機	85	87
家具一式	82	88
携帯電話	21	83
調理用機器	39	67
第2グループ(所有率が1/3以上)		
電気ドリル	46	55
ビデオテープレコーダー	51	49
コンピュータ	19	46
音響機器	30	42
国産自動車	29	34
第3グループ(所有率が1/3以下)		
ビデオカメラ	8	28
外国製自動車	7	15
冷凍庫	11	13
バイク	12	11
衛星放送テレビアンテナ	2	11
ホームシアター	1	9
エアコン	2	6
食器洗い機	2	4
輸入シミュレーター	2	3
第4グループ(生活から消えつつあるもの)		
白黒テレビ	24	11

出所:ゴルシュコフ 2009:38。

ることを示唆している。

(2) 階層分化の概要

ソ連からロシアへの体制転換およびその後の経済変動はロシアの社会階層にどのような影響を与えているのだろうか。経済格差の変動を通してロシアの社会階層の変化を推し量ろう。**表7-4**は1970年から2008年までの貨幣所得の分配に関する指標を示したものである。表から以下の点が明らかになろう。第一に,ソ連後期の所得格差は相対的に大きくなく,また1970年から1990年にかけて所得分配の平等化が観察されることである。これは同時期に第五分位(最も

表7-4　貨幣所得の分配に関する統計

(単位：％)

	1970	1980	1990	1995	2000	2001	2003	2005	2007	2008
貨幣所得	100.0	100.0	100.0	100.0	100.0	100.0	100.0	100.0	100.0	100.0
第一分位	7.8	10.1	9.8	6.1	5.9	5.7	5.5	5.4	5.1	5.1
第二	14.8	14.8	14.9	10.8	10.4	10.4	10.3	10.1	9.7	9.7
第三	18.0	18.6	18.8	15.2	15.1	15.4	15.3	15.1	14.8	14.8
第四	22.6	23.1	23.8	21.6	21.9	22.8	22.7	22.7	22.5	22.5
第五	36.8	33.4	32.7	46.3	46.7	45.7	46.2	46.7	47.8	47.9

出所：ロシア連邦国家統計局（2009）『ロシア統計年鑑』184頁。

所得水準の高い20％の人々）の所得比率が低下し，第一分位の所得比率が上昇していることから明らかである。第二に，ソ連崩壊後，所得分配の不平等が急速に進んだことである。ソ連末期の1990年と1995年とを比較すると，第五分位の所得比率が大きく増大しているのに対し，第一～第四分位の比率は低下していることが分かる。ここから体制転換によって富裕層の所得のみが増大したことがうかがえる。第三に，2000年以降も所得分配の不平等は徐々に強まっていることである。2000年以降，急速な経済成長が観察されているが，同時に所得分配の不平等化も着実に進んでいることが確認される。

　ロシアの階層分化の動態を確認しておこう。体制転換に伴い経済格差が急激に拡大したことを受けて，1990年代前半のロシアの社会階層は少数の富裕層と多数の貧困層のみによって構成されているとの認識が一般的であった。しかし，その後，時期が進むにつれて中間層の存在を示す実証研究が登場するようになり，現在ではほとんどの論者が中間層の存在を認めている。これまでの研究から各階層の比率を示すと，おおむね富裕層（10％以下），中間層（20～30％），貧困層（10～20％）であり，残りは不安定な階層（貧困層に準じる位置か，潜在的中間層とされる層）である。富裕層と貧困層との格差，中間層の規模の小ささが特徴である。

　こうした変化の背景には，体制転換に伴って階層分化の基準が変化したことが関係している。ソ連期の階層分化を規定していたのは権力の大きさや管理機能の強さといった政治的要因であり，ノメンクラトゥーラと呼ばれるエリート層が階層構造の上位を占めていた。エリート層は管理権だけではなく，分配過程に対する影響力も有しており，エリート層の地位と労働者の地位との間には所得や資産といった経済力の差以上の格差が存在していた。体制転換によって

階層化に影響する要因は大きく変化した。第一に，政治的要因の影響力が相対的に低下し，所得や資産の大きさにあらわされる経済的要因が相対的に強い影響を与えるようになった。第二に，教育水準や専門的能力といった社会文化的要因の影響力も相対的に高まっている。第三に，移行期特有の特徴として，若さや積極性，野心といった要素がより大きな影響力をもつようになっている（林 2002）。

(3) 富裕層および貧困層の動態

『フォーブス』誌の長者番付により現代ロシアの富裕層のイメージを描いてみよう。2010年の世界の大金持ち100人のうちロシア人は14人含まれ，国籍別の人数ではアメリカに次いで第2位となっている。このなかには，R.アブラモヴィッチやO.デリパスカといったいわゆるオリガルヒといわれる人々が多く含まれている。

これに対し，貧困層に該当するのは，失業者，年金生活者，国営企業労働者，農民などが中心であり，子供の多い家庭，単親の家庭も多い。職種は医療，教育，文化，農業，肉体労働などが中心となっている。貧困層の多くは体制転換に伴う変化にうまく適応できておらず，子供の数の多さ，労働市場における地位，旧システム下の人的ネットワークの弱さが特徴としてあげられる。既述したように，1999年以降の経済成長によって貧困率は低下しているが，それでも10％を超える人々が最低生活費を下回る所得しか手にしていない。

他方，経済格差の急激な拡大にもかかわらず，移行期のロシア社会は餓死者が大量に出現するような危機的状況に陥ったわけでもなく，また，国民も公に抵抗行動をとることもなかったといわれる。このことは人々の生活様式に，緊張を回避する経路が存在している可能性を示唆している。具体的には，副業からの収入，友人・親戚からの援助，ダーチャ（簡易別荘）などでの食料自給，企業に所属することに伴う財・サービスの供給などがあげられる。こうした行動により人々は生活水準の低下を自衛していると考えられ，これはロシアに独自な社会的セーフティ・ネットとみることもできるだろう（林 2005）。**表7-5**はロシアの家計を収入の低い方から高い方へ5等分したグループ（第一～第五分位）について，最終消費および各財やサービスへの消費支出の比率を示したものである。最終消費支出については，第一分位と第五分位との格差が6であ

表7-5 消費支出に占める各グループの比率

(単位:%)

	最終消費支出	内訳					
		食料品への支出	うち,食料品の現物の価値	食料品以外の財への支出	アルコール飲料への支出	サービスへの支出	雇用者から無料か特別価格で与えられたサービスの価値
全家計	100.0	100.0	100.0	100.0	100.0	100.0	100.0
第一分位	7.3	11.2	14.6	4.0	6.1	7.1	3.0
第二分位	11.2	15.7	18.9	7.4	11.1	11.1	7.1
第三分位	15.5	19.5	20.8	11.9	17.0	15.7	12.8
第四分位	23.6	23.2	21.0	22.5	25.3	25.9	31.6
第五分位	42.4	30.4	24.7	54.2	40.3	40.2	45.6
第一と第五の格差	6	3	2	14	7	6	15

出所:ロシア連邦国家統計局(2009)『ロシア住民の社会状況と生活水準』246頁。

るのに対し,食料品の現物の価値では格差が2となっており,収入の低いグループが相対的に多くの現物収入を得ていること,その意味で現物での食料品が格差を縮小する役割を果たしていることが窺える。

こうして,経済格差の拡大は体制転換の勝者と敗者としての富裕層と貧困層を生み出しており,変化に対する適応力の違いが富裕層と貧困層を区分する要因と考えられる。

3 中間層の独自性

(1) ロシアの中間層の概要

中間層は社会の階層構造のなかで中間部分を占める人々であり,上下両層の対立を緩和し,社会の安定を促進する役割を果たす。市場経済への移行を遂げてきたロシアのような国にとって,中間層は市場経済の確立に不可欠な要素であり,市場経済化の進捗度を測る指標としても重視されている。中間層の増大はロシアの国家戦略にも組み込まれており,2008年2月8日のプーチン大統領による演説「2020年までのロシアの発展戦略」において2020年までに中間層の規模を60%以上,可能なら70%にしたいとの言及もなされている(http://ar

chive.kremlin.ru/appears/2008/02/08/1542_type63374type63378type82634_159528.shtml〔2011年1月10日アクセス〕)。以下では，ロシアの中間層にみられる特徴を示すとともに，経済成長に伴う中間層の変容を明らかにしよう。

　ロシアの中間層にはすでに指摘した規模の小ささという特徴に加えて，以下のような特徴があるとされる。第一に，中間層の構成が多様であり，安定的で固定した階層となっていないことである。このことは中間層を区分する主要な三つの基準（職業・専門的地位，物的・資産状況，自己認識）のそれぞれでみた場合に，中間層の不一致が大きいことに示されている。先進資本主義国ではこれら三つの基準でみた中間層該当者に概ね一致がみられるといわれているのに対し，ロシアでは経営者や教員，医者，弁護士といった専門的職業に従事する人々に加え，シャトルトレーダー（担ぎ屋）や軍関係者など，きわめて多様な階層構成が観察されている。第二に，客観的基準（物的・資産状況および職業・専門的地位）による中間層の規模に比べて主観的基準（自己認識）による規模の方が大きいことである。このことは，自身は中間層に該当すると認識しているが，所得や専門性といった客観的基準では中間層に該当しない人々が一定数存在することを示している。第三に，生活に対する満足度の高さ，耐久消費財の保有の大きさといった点で，中間層はほかの階層とは異なる特徴を有している。このことは，現代ロシアの中間層は社会における勝ち組であることを示しており，その意味で，中間層は概ね市場経済化を支持しているものと考えられる。第四に，社会における成功を導く要素として，教育水準の高さ，勤勉・勤労といった要素と並んで，あるいはそれ以上に，コネクションや人的ネットワークといった社会関係資本（社会における信頼・規範・ネットワークのことで，協調的行動を容易にすることで社会の効率を改善しうるとされる）が重視されていることである。また，中間層の行動様式のなかにヤミ経済とのかかわりの強さも含まれることも指摘されている。最後に，市場経済への支持にみる二面性である。ロシアの中間層はほかの階層以上に市場経済を支持していると考えられるが，他方で，中間層には多様な集団が含まれており，コネクションや人的ネットワークといった市場経済と必ずしも調和しない価値観も重視されている。このことは，中間層の意識のなかに市場経済への支持・不支持の両面が存在することを示唆している。こうして，ロシアの中間層には構成や価値観の点で西欧の中間層とは異なる独自の特徴を有していると考えられる。

1999年以降の経済成長に伴って，中間層にはどのような変化が生じているのだろうか。2000年および2007年に実施された大規模な調査に基づき経済成長の初期（2000年）と後期（2007年）における中間層の状況を比較してみよう（アブラアモヴァ 2003；シャスチコほか 2008参照）。2000年の調査では，社会・専門的地位，物的・資産状況，自己認識という三つの基準すべてに該当する7％の人々に加え，いずれか二つの基準に該当する人々も含めて約20％（19.1％）をロシアの中間層の規模としている。2007年の調査によると，三つすべての基準に該当する家計は5％，いずれか二つの基準に該当する15％とあわせて，中間層の規模は約20％（19.7％）と見積もられており，2000年の調査から変化していないことが分かる。経済成長による所得の伸びを反映して物的・資産状況でみた中間層の規模は増大しているが，ほかの基準による中間層の規模は増加しておらず，結果として中間層の規模はほとんど変化していないことが分かる。

　中間層の増大を示す研究成果も相当数存在しているが，筆者も中間層には格差の拡大に伴う分化が生じ，急速な増大は見込めない（あるいは規模を縮小させる可能性もある）と考えている（Hayashi 2007）。その理由として，まず，ロシアは急速な経済成長を遂げているにもかかわらず，経済格差は縮小しておらず，むしろ増加していることである。このことは中間層の間でも格差の拡大が生じていること，中間層からより低位の層へ下降移動する人々が存在する可能性を示唆している。第二に，体制転換から10年以上を経て，中間層にも再編が進んでいることがあげられる。シュカラタン・イリーン（2006）は，1994年と2002年に実施したアンケートに基づき，経営者がどの階層出身であるかを調査している。2002年に経営者であった人々のうち，1990年にも経営者であった人はわずか9.9％のみであり，高級官僚から経営者への移動も減少していることが示されている。逆に，中級官僚，高等教育を受けた専門家，学生をはじめとする多様な地位から経営者への移動が生じており，ロシアの経営者の地位が固定化・安定化されたものではないことを意味している。この点は経営者だけではなく中間層を構成する多様な職種全般に該当し，階層としての中間層の位置づけが安定的なものではないことを示唆している。以上の点から，経済成長に伴って，中間層の規模を増加させる要素とともに，縮小・不安定化させる要素も存在していることが確認される。

　そもそも階層・経済格差という視点からロシアにおける市場経済化を考える

第7章　経済格差と階層化

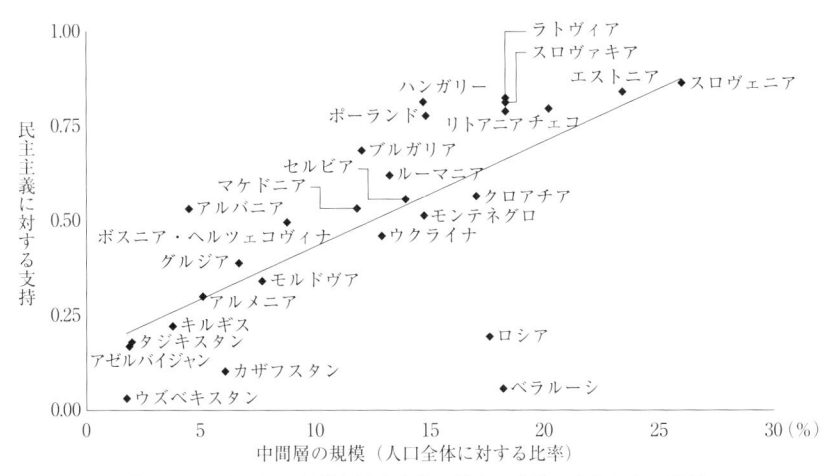

図7-1　中間層の規模と民主主義に対する支持の大きさとの関係

注：民主主義に対する支持は，29の移行国に対するFreedom House 2006年のデータを用いている。選挙のプロセスや独立のメディアといった七つの要素に基づき，民主主義に対する支持の度合いを指数化している。数字が大きいほど民主主義に対する支持が高いことを示している。
出所：EBRD 2007：59。

と，一方で，市場への自由なアクセスなどを通して市場経済化が中間層の規模を増加させる要因となっているのは確かであるが，他方で，先進国において議論されているように，市場経済化が経済格差を拡大させ，中間層を不安定化させ，その規模を縮小させる効果があることも考慮しなければならない。

(2) 中間層と民主主義

最後に，民主主義に対する支持との関係を通してロシアの中間層の特徴を示そう。一般に中間層はほかの階層と比較して市場経済や民主主義に対する支持が高いとされる。このことは，中間層の規模が拡大することによって，市場経済化とともに民主化が進行する可能性が高いことを示している。ロシアの中間層もほかの階層に比べて概して市場経済，民主主義に対する支持が高いことが確認されている。他方，既述したように，ロシアの中間層の構成はきわめて多様であり，必ずしも市場経済，民主主義を強く支持しない人々も一定数含まれていると考えられる。このことは，中間層の規模が拡大すればそれに伴ってロシア社会における民主化が進展するわけではないことを示唆している。実際，図7-1にあるように，ほかの移行国と比較して，ロシアは中間層の規模に比

147

第Ⅱ部　国民の暮らしと地域

■□コラム□■

極東ロシアにおける日本産食品の普及について

　近年極東ロシアを中心に日本産食品の普及がみられている。経済成長によって所得が向上したこと，中国産食品の残留農薬問題などにより中間層を中心に食の安全の意識が高まったこと，少子化が進んでおり子供の健康に配慮する消費者が増えていることなどを背景に，安全な日本産品への関心が高まっているといわれる。カレールーや乾麺など保存のきくものばかりでなく，リンゴなどの生鮮食品も輸入され，現地では日本の3～5倍の価格で販売されている商品も多い。

　筆者は共同研究の一環として2009年9月にハバロフスクのスーパーマーケットで一般消費者100名に対しアンケートを実施した。日本産食品は決してステータスシンボルや贅沢気分を満たすためだけのものではなく，彼らの味覚・健康志向にマッチしているが故に普及しているという意味で，実質的な意味をもっていることが明らかとなった。

　特に興味深い回答が得られたのは，安全・安心な食品を購入する場所についての質問であった。スーパーマーケットが第1位（46人）であり，ダーチャで自分で作るが2位（39人）に，農村の親戚からもらうが3位（28人）にあげられ，回答の分布は所得階層にかかわらずほぼ均等であった。ロシアの人々は，一方でお金を出してスーパーマーケットで安全な食品を購入しながら，他方では安全な作物を自ら作っているという意味で，生活が二極化（市場化および現物化）していることが確認されたといえよう。この点は，ロシアの人々の生活や消費を考えるうえで興味深い点であろう。

して，民主化の進展度が相対的に低いことが確認されている。

　この背景には，社会主義期の期間の長さ，体制転換後の政治的混乱の大きさなどの事情があり，それによってロシアでは民主主義に対する支持が高くないものと推測される。いずれにせよ，ロシアにおける民主主義に対する支持の低さは，ロシアの中間層が先進資本主義国の中間層のように市民社会の発展を支え，民主主義の強力な担い手とはなっていない可能性を示唆している。このことは中間層の規模の拡大が，ロシアの市場経済化・民主主義の進展に直接結びつくわけではないこと，さらに，中間層の性質は各国の経済・社会発展の経路に依存して多様なものとなりうることを示唆している。

以上のように，本章ではロシアにおける経済格差と階層化について，体制転換およびその後の経済成長とのかかわりを中心に検討してきた。体制転換に伴い所得水準の低下，経済格差の急速な拡大が生じたこと，1999年以降の経済成長は貨幣所得の増加によって生活水準の高度化を導いたが，同時に経済格差の拡大も伴ったこと，耐久消費財の所有度も高まっているが，消費面でも格差拡大がみられることが明らかとなった。また，経済成長に伴う生活水準の向上は必ずしも生活の質の向上につながっていない可能性が示唆された。さらに，体制転換に伴う階層分化の基準の変化を受けて，独自な階層構造が観察されている。その特徴として，富裕層と貧困層との格差の大きさおよび中間層の規模の小ささがあげられること，さらに中間層には構成や価値観といった点で独自な特徴が検出されること，経済成長にもかかわらず中間層の規模には大きな変化が生じていないことが明らかとなった。今後のロシアには経済格差の拡大および中間層の不安定化という先進国と同様の課題への対応が求められているといえよう。

● 参考文献
アブラアモヴァ，A.（2003）『ロシアにおける中間層——経済的・社会的戦略』モスクワ・カーネギーセンター（露語）。
　　2000年に実施された大規模な調査に基づき，ロシアにおける中間層の現状を多面的に分析した書物。中間層の構成にみる不一致が顕著な特徴として示され，安定した階層として中間層が確立しているわけではないことが指摘されている。
ゴルシュコフ，M.（2009）「危機下のロシアの日常生活——社会学的次元」『社会学研究』No. 12（露語）。
　　ロシア科学アカデミー社会学研究所が実施した調査に基づき，経済危機下における住民の日常生活の変化を分析した論文。消費生活，労働のあり方，社会意識など多くの側面から生活の変化が示されている。
シャスチコ，A.ほか（2008）『ロシアの中間層——経済成長の直前と絶頂期』（露語）。
　　2007年に実施された調査に基づき，2000年の調査との比較でロシアの中間層の変化を実証的に明らかにしている。経済成長にもかかわらず，中間層の規模がほとんど変化していないことが示されている。

シュカラタン，O.・イリーン，V.（2006）『ロシアと東欧の社会階層——比較分析』（露語）．
　　社会学の重鎮によるロシアと東欧の社会階層の変化を比較分析した書物．特に経済成長に伴う階層間の変動に着目して説明がなされている．
園田茂人（2008）『不平等国家中国』中公新書．
　　多くの統計データをもとに改革・開放以後の中国における不平等・格差の拡大を実証的に明らかにしている．中間層研究の最新の成果も記載されており，ロシアと中国の中間層の異同について考えるヒントを与えてくれる．
橘木俊詔（2006）『格差社会——何が問題なのか』岩波新書．
　　多様な統計データに基づき日本における格差問題の現状を詳細に検討している．長期不況と失業の増大のなかで雇用面での格差拡大，新しい貧困層の出現といった日本における格差の拡大を明らかにするとともに，今後の日本社会の行方を占っている．
林裕明（2005）「ロシアにおける体制転換と生活の再編成」上原一慶編著『躍動する中国と回復するロシア——体制転換の実像と理論を探る』高菅出版．
　　生活水準，階層分化，貧困層の動態という観点からロシアにおける生活の再編過程を示した論文．生活の二極化が進むなかで，貧困層を中心に生活の現物化が進んでおり，そのことが生活水準の低下を下支えする役割を果たしていることを示している．
林裕明（2002）「ロシアにおける体制転換と階層分化」溝端佐登史・吉井昌彦編『市場経済移行論』世界思想社．
　　ロシアにおける階層分化の特徴，中間層の動態について紹介することによって体制転換の社会的側面に接近した論文．階層分化の基準として市場経済への適応力があげられること，階層分化の基準に連続性が観察されることが指摘されている．
レーン，D.ほか（2007）『国家社会主義の興亡——体制転換の政治経済学』溝端佐登史・林裕明・小西豊著訳，明石書店．
　　現存した社会主義を国家社会主義と名づけ，その興亡を跡づけている．特に，経済主体（人間）の意識に着目し，国家社会主義がその発展の故に崩壊に至るというプロセスを明らかにしている．後半部には日本人研究者による研究論文が掲載されている．
Hayashi, H. (2007), "Uniqueness of Russian Middle Class and Its Future", *The Journal of Comparative Economic Studies*, Vol. 3.
　　これまでに実施された研究に基づき，規模，構成，価値観の点でロシアの中間層の独自性を示した論文．通常主張されるのとは異なり，経済成長に伴って中間層の規模が急速に拡大する可能性は低いことを主張している．

Milanovic, B. (2001), "Inequality During the Transition : Why Did It Increase?", in O. Havrylyshyn and S. Nsouli ed., *A decade of Transition : Achievements and Challenges*, IMF.
　1980年代後半から1990年代初期における移行国の所得格差の拡大とその原因を，多様なデータを用いて実証的に明らかにしている。移行前と比較した被雇者の減少と自営業者の増加が格差拡大の主要因であることを示している。

（林　裕明）

第8章
開発と環境

　ロシアの公害・環境問題の特徴は，計画経済機構下で発生した環境破壊・汚染（旧来型・途上国型の産業公害や冷戦時代の核開発が残したソ連型の放射能汚染など）を抱えながら，市場経済機構への転換のなかで出現した新たな公害・環境問題（新型・先進国型の自動車公害や廃棄物問題など）に直面している点にある。1980年代末に初めて一般公開され，これまで改訂を重ねてきた環境危機地図によると，産業・人口の集中する都市部では様々な公害・環境問題が同時に並存している一方で，農地開発や資源開発が重視された地方では，環境破壊・汚染の原因を特定の事象に絞りやすい単一型の公害・環境問題が深刻化している。こうした事態に対し，問題の性格に応じた環境政策はソ連時代から執られてきたが，その成果は全般的に乏しく，実効性のある政策体系の構築が求められている。

1　経済開発と環境破壊・汚染

(1)　ロシアの公害・環境問題の特徴

　政治経済学的な視点でロシアの公害・環境問題を考察すると，その最大の特徴は計画経済機構下で発生した環境破壊・汚染（深刻な産業公害や放射能汚染など）を抱えながら，市場経済機構への転換のなかで出現した新たな公害・環境問題（自動車公害や廃棄物問題など）に直面している点にある。その一方で，ソ連崩壊で独立した国々の公害・環境問題が領域的に切り離され，負の遺産の継承をロシアが免れたことも事実である。例えば，1986年に発生したチェルノブイリ原発事故の被災地はロシア，ベラルーシ，ウクライナの3カ国に及ぶが，移住が義務づけられた高レベルの放射能汚染区域の4分の3は後二者の国々に位置する（今中 2001）。また，同事故と並ぶ被害の激しい大規模な環境問題で，ソ連社会主義の下での経済開発の失敗例とみられるアラル海域の生態系破壊

(大規模な灌漑用水開発が招いたアラル海の縮小，湖底の表出・砂漠化，周辺地域の土壌劣化・破壊など）は中央アジアのカザフスタンとウズベキスタンに集中し，ロシアは間接的な影響（砂漠化した土地から飛来する黄砂）を被っているにすぎない。

　工場廃水や煤煙による産業公害の存在は1950年代には広く認知され，当時のソ連政府も事態の収拾に乗り出していた。環境破壊・汚染の進行と深化に危機感を募らせていた研究者の一部は，経済開発に伴う環境問題の拡大に懸念を表明し，各々の所属機関（ソ連科学アカデミー傘下の研究所や高等教育機関など）を通じて，環境規制の強化や工場建設計画の見直しなどを政府首脳に請願していた。次節2で述べるように，事の成否は別にして，計画経済機構下でも産業公害の解決に向けた政策的な対応が重ねられていた。産業公害の問題は決して放置されていたわけでなく，専門家の意見や世論の動向を考慮しながら実務的に対処されていたのである。しかし，その成果は芳しくなく，後にアメリカの研究者らが「環境虐殺」と呼ぶほど，ソ連の自然環境の荒廃は劇的であった（Feshbach and Friendly 1992）。

　他方，原子力開発・利用の過程で発生した放射性汚染の問題は徹底的に隠蔽された。例えば，後に「ウラルの核惨事」と呼ばれたチェリャビンスク郊外の爆発事故による放射性物質の飛散や放射性廃棄物の投棄（1950年代），資源探査を目的とした地下核爆発で発生した放射性物質の放出（1960～80年代），北洋および極東海域での放射性廃棄物の海洋投棄（1950～90年代）が公式発表されたのは1980年代末以降で，被害地の汚染調査や健康被害者の救済はソ連崩壊後に始められた（川名 2009：279-311）。チェルノブイリ原発事故の発生時も，当初は情報統制が敷かれ，その後の情報公開が紆余曲折を経たことはよく知られている。

　ロシアにおける計画経済から市場経済への転換は1980年代末に始まるが，その過程で公害・環境問題の様相は大きく変化した。経済システムの転換に伴う1990年代のロシアの構造不況は，経済活動の停滞によって環境負荷を大きく減らしただけでなく，エネルギー効率が極めて悪い生産設備の休停止をもたらした。こうした産業公害を中心とする環境破壊・汚染の改善は積極的な環境政策の成果ではなく，市場経済への転換が環境負荷の大きい汚染産業の解体を促したことで生じたのである（Tokunaga 2010）。しかし，それは一部の産業公害の

軽減であって、「環境虐殺」とまで称された旧来の公害・環境問題が全面的に解決されたわけではない。加えて、市場経済の拡大と深化に伴う消費社会の到来は、消費財の物不足が常態化していた計画経済の時代には考えられなかった公害・環境問題をもたらした。一部の大都市では、生産部面の産業公害に代わり、消費部面にかかわる自動車の大気汚染や一般廃棄物の急増が焦眉の問題となっている（コラム参照）。旧来型・途上国型の産業公害に新型・先進国型の環境問題が加わり、冷戦時代の核開発が残したソ連型の放射能汚染を抱えるという三重苦にロシアは直面しているといえる。

（2） 環境破壊・汚染の概観——環境危機地図

次に、ロシアの環境破壊・汚染の状況を概観してみたい。全国の環境破壊・汚染の状況を検証し、その内容と程度を示した環境危機地図は、1970年代半ばに当時のソ連科学アカデミー地理学研究所の手で作製された。当初、その閲覧は政府高官のみに限定され、一般公開されなかった。それがようやく許されたのは1980年代末のことである（Wolfson 1994：18-19）。ゴルバチョフ政権下のグラスノスチ（情報公開）を契機として環境危機地図が学術誌や一般紙に公開されると、国内外で大きな反響を呼んだ。最初に公開された全国規模の地図は、自然環境が危機的な状況下にある領域を網点（ドット）で表示したうえで、生態系の惨禍がみられる地域として17カ所を列挙している（図8-1）。全体で約300の地点が居住に適さないとされ、その面積はソ連全体の16％（370万km^2）に及んだ。この環境危機地図の意義を認めたロシア政府は、「環境と開発に関する国際連合会議」（1992年にブラジルのリオデジャネイロで開催された地球サミット）に提出した報告書に同図を収録した。また、自然環境が危機的な状況下にある領域を特定し、環境対策を優先的に施す方針は、1991年末に制定のロシア共和国（当時）の環境法「自然環境の保護について」で明文化された。その後、地域別並びに問題別に分類された詳細な環境危機地図が続々と作製され、現在は基本的な原データとあわせて利用することができる。

環境破壊・汚染の程度や人体への影響は自然環境（気候や地形など）に大きく左右されるため、産業構造や社会状況を直接反映しているわけではない。それでも、ロシア各地の環境破壊・汚染を総合的に比較した研究によると、有数の工業地域を抱えるウラルと中央部（モスクワの周辺地域）の状況が最も深刻であ

第8章　開発と環境

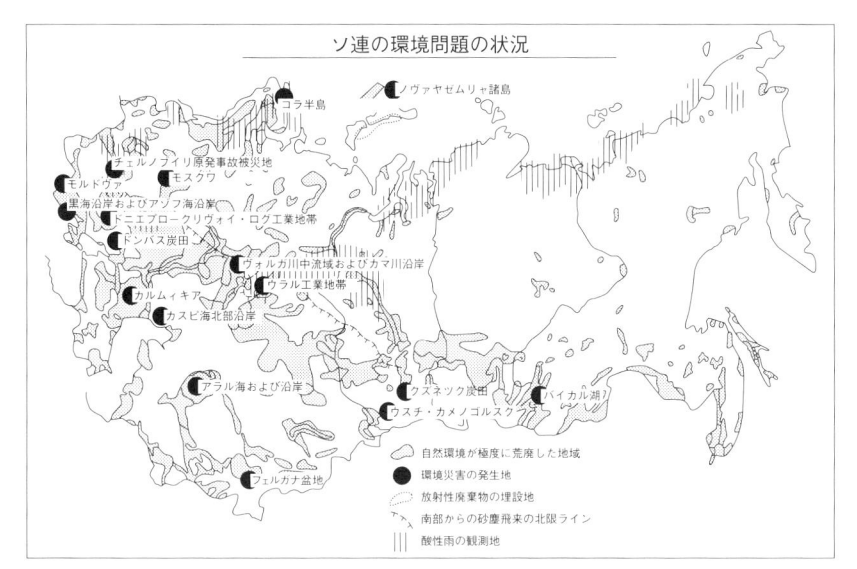

図8-1　ソ連の環境危機地図

ソ連の環境問題の状況

- コラ半島
- ノヴァヤゼムリャ諸島
- チェルノブイリ原発事故被災地
- モルドヴァ
- モスクワ
- 黒海沿岸およびアゾフ海沿岸
- ドニエプル・クリヴォイ・ログ工業地帯
- ドンバス炭田
- ヴォルガ川中流域およびカマ川沿岸
- ウラル工業地帯
- カルムィキア
- カスピ海北部沿岸
- アラル海および沿岸
- クズネック炭田
- バイカル湖
- ウスチ・カメノゴルスク
- フェルガナ盆地

- 自然環境が極度に荒廃した地域
- 環境災害の発生地
- 放射性廃棄物の埋設地
- 南部からの砂塵飛来の北限ライン
- 酸性雨の観測地

出所：『モスクワニュース』（露語）1991年11月3日。

る。とりわけ、ウラルをロシアで最悪の自然環境の地域に貶めたのは、当地に立地する核燃料再処理施設が惹き起こした「ウラルの核惨事」（前述）の厄災である。また、ロシアの全住民の4割（約6000万人）が居住するヴォルガ川流域も、産業・生活廃水による表層水汚染の進行に大気汚染や土壌破壊・汚染が重なり、複合的な公害・環境問題の様相を呈している。

　他方、農地開発や資源開発が重点的に行われてきた地方では、環境破壊・汚染の原因を特定の事象に絞りやすい単一型の公害・環境問題が発生している。その代表例が、世界最悪といわれる極北シベリアの工業都市ノリリスクの環境破壊・汚染である。レアメタル（希少金属）の生産で世界有数の非鉄金属企業ノリリスク・ニッケルの精錬工場は、1940年代初頭の操業以来、二酸化硫黄や重金属粒子を大量に排出し、深刻な産業公害を惹き起こしてきただけでなく、北極圏で観測される大気汚染物質のスモッグ（「北極ヘイズ」と呼ばれる）の主因と考えられている。また、ロシアは世界屈指の森林大国で、古くから林業が盛んな北西部（サンクトペテルブルクの周辺地域）やシベリア・極東の一部では、濫伐・違法伐採や管理体制の不備などが原因で森林破壊が社会問題となってい

155

る。さらに，大規模な農地開発が進められた南部では，過剰開墾・放牧や不適切な灌漑事業が農地の荒廃と表層水・地下水の汚染を招き，広大な砂漠化の進行が懸念されている。

(3) 資源開発と環境破壊・汚染

ロシアは自他ともに認める資源大国である。生産量（2008年実績）で世界最大の天然ガスと，サウジアラビアに次ぐ第2位の石油だけでなく，金，ダイヤモンド，プラチナ，パラジウム，ニッケルなどの主要産出国で，世界の取引市場で一定の影響力をもつ。しかし，こうした地下資源の多くは，自然環境が脆弱で開発への耐久性が弱いシベリア・極東の寒冷地に偏在している。例えば，現在の石油・天然ガスの主要産地は西シベリア平原一帯で，ロシア全体の産油量の65％と天然ガス生産量の80％を占める（2008年実績）。今後は，北極海縁海のカラ海に面したヤマル半島，中央シベリア高原南東部，サハリン沖などが，重点的な開発地域となる（本村 2010）。また，2009年末に稼働した東シベリア＝太平洋パイプラインが全面開通すれば，石油・天然ガスのパイプラインがシベリア・極東を文字通り横切ることになる。貴金属やダイヤモンド，産業向けの用途が広いレアメタルの鉱床も，シベリア・極東の北部に集中している。

シベリア・極東の資源開発が本格化したのは第二次世界大戦後で，特に石油・天然ガスの生産量は1970年代に大きく伸長した。大型の油ガス田を擁する西シベリアの産油量は1970年代を通じて10倍以上も増加し，1980年代には世界の石油・天然ガス生産の10％強を占めるまでになった。1976年にソ連がアメリカを抜いて世界最大の産油国となり，その地位をソ連崩壊まで維持できたのも，西シベリアの油田開発があってこその話である（本村 2005：4-8）。しかし，寒冷地の脆弱な自然環境は著しい悪影響を被った。

1970年代末にソ連の自然環境の荒廃を内部告発した地下出版物『自然破壊』（邦題『シベリアが死ぬ時』西野健三訳）の著者は，ソ連崩壊後に本名で出版した著書のなかで，寒冷地の石油・天然ガス開発が生態系に及ぼす影響を深く憂慮し，次のような警鐘を鳴らした。すなわち，車の轍一つで植生が大きく変化する極北の開発面積の閾値（上限）は全体の2％程度と考えられるが，すでに4％を超えているため，生態系の崩壊が加速的に拡大している（Wolfson 1994：15-36）。モスクワ大学地理学部監修の『ロシアのエコロジー地図』（2002年出版）

によると，西シベリア鉱区の資源開発で人為的な地形の崩壊が認められる地域は50カ所以上に及び，極北における生態系崩壊の出発点とされる永久凍土の融解は，西シベリア平原北部からヤマル半島にかけて，ほぼ全域で中高レベルに達している。さらに，ソ連時代の資源開発は探査・採掘を目的とした地下核爆発を伴うことがあった。通常の手法に比べて，コスト面で格段に優れていたためである。その実施回数は発表元によって若干異なるが，1960年代半ばから1980年代末にかけて100回前後とみられている。一部の事例では地表や大気への放射性物質の噴出を招き，1995年9月にロシア国内で発表された報告書は，極東のサハ共和国，カスピ海北岸のアストラハン州，ウラル山脈に近いペルミ地方で，石油・天然ガスの開発に用いた地下核爆発で放射能汚染が発生した実態を明らかにした（『朝日新聞』1995年9月2日）。その内容は，先述の『ロシアのエコロジー地図』に収録された放射能汚染源の分布図と概ね一致している。

　資源開発に伴う深刻な環境破壊・汚染は過去の話ではなく，現在も日々起きている。2009年4月に日本へのLNG（液化天然ガス）輸出を始めた「サハリン2」プロジェクトは，十分な地滑り・侵食防止対策を施さなかったパイプライン敷設工事の不備と生産施設からの規定量を超えた排水の流出を理由に開発許可が一度取り消された。この問題は，「サハリン2」プロジェクトのコスト増の後処理やロシア企業のガスプロムへの権益譲渡交渉と絡み合って進展したため，ロシア側に対する疑心暗鬼や様々な憶測を呼んだが，想定外の深刻な環境問題が発生したことは紛れもない事実である（本村 2007）。地元の環境NGO「サハリン環境ウォッチ」は，今でもパイプライン敷設に起因する環境問題は未解決で，環境法に違反する状況が続いているとして「サハリン2」プロジェクトを批判している（http://www.foejapan.org/en/aid/jbic02/sakhalin/091020.html〔2010年4月27日アクセス〕）。石油・天然ガスパイプラインに関連した問題は東シベリア＝太平洋パイプライン（前述）でも発生し，稼働後まもなく2件の原油漏洩事故を起こした。そのため，自社のパイプラインの安全性を強調していたトランスネフチ（ロシアの原油輸送を独占的に行う国有企業）に対する信頼性は大きく低下した（石油天然ガス・金属鉱物資源機構「石油・天然ガス資源情報」2010年2月23日，http://oilgas-info.jogmec.go.jp/〔2010年4月27日アクセス〕；『月刊ロシア通信』第121号，2010年5月）。

2　環境政策の展開

　公害・環境問題はロシアでまったく放置されていたわけではない。冷戦下であっても必要ならば技術者・研究者の視察団を西欧諸国に派遣し，私企業から資本設備や技術を導入することも厭わなかった。ソ連時代にまで遡ると，ロシアの環境政策の動向は五つの時期に大別される（表8-1）。計画経済機構下の環境政策と，その見直しに着手したゴルバチョフ政権のペレストロイカ以降の環境政策に分けて論を進めたい（徳永 2010）。

（1）　計画経済機構下の環境政策——直接規制の強化

　第1期は，第二次世界大戦後の工業化で顕在化した産業公害に対応した時期で，環境政策の揺籃期と呼べる。産業公害に対応した環境政策が公衆衛生行政の一環として1950年代に本格化し，環境規制の法制化は1950年代末から進められるなど，世界の工業国のなかでソ連は比較的早くから公害問題に取り組んでいた。世界で初めて飲料水の水質基準の規制値を設定・導入したのもソ連である（Wolfson 1994：93-94）。その当時に中心的役割を果たしていた政府機関はソ連保健省である。同省は傘下の医学アカデミーや教育訓練施設と協力して，汚染物質の排出基準に関する研究に従事し，関係機関と協議しながら規制値に相当する最高許容濃度を決定しただけでなく，全国に張りめぐらされた衛生・防疫機関を通じて，企業の立地先の選定，操業状況に対する監督と勧告，一時停止もしくは閉鎖の発令など，その「生き死に」に関わる権限も名目上は有していた。公衆衛生の観点でのみ汚染物質の排出規制を定めた国は，ソ連が初めてといわれる。さらに，生活環境の保全を目的とした公衆衛生行政は，ゾーニングの手法を用いた都市整備計画と結びつき，地域レベルの立地規制としても機能していた。その最大の成果がモスクワの大気汚染対策で，環境政策における社会主義の優位性に否定的な論陣の急先鋒を務めたアメリカ人研究者でさえ，ソ連の環境政策の成功例とみていた（ゴールドマン 1973：137-149）。

　第2期は環境政策の発展期で，1972年に開催された国連人間環境会議（ストックホルム）を契機に到来した。経済成長と環境保護の両立の必要性を訴えた同会議が，ソ連を含む世界の工業国に環境重視の姿勢を促し，「環境の時代」

第 8 章　開発と環境

表 8-1　ロシアの環境政策（略年表）

時　期		内　容
第1期（揺籃期）	ロシア革命後〜1920年代中葉	自然保護に関する15の法令施行，自然保護区の設置開始
	1930年代	公衆衛生行政の実施（直接規制開始）
	1938年	ソ連人民委員会議に自然保護区委員会設置
	1949年	大気汚染撲減および公衆衛生改善に関するソ連閣僚会議決議，ソ連保健省に国家衛生監督官設置（汚染物質モニタリングに従事）
	1955年	ソ連科学アカデミーに自然保護委員会設置
	1957〜68年	連邦共和国の自然保護法制定，連邦共和国の自然保護国家委員会設置
	1968〜81年	6大資源基本・保全法（土地・水・鉱物・森林・大気・動物）および保健法制定
第2期（発展期）	1972年	ソ連共産党中央委員会・閣僚会議決議「自然保護の強化と天然資源の利用の改善について」
	1976年	国民経済発展年次計画に「自然保護と天然資源の合理的利用」編を追加，環境分野の国家規格承認
	1970年代後半	公害防止目的の設備投資伸長
	1977年	ソ連憲法（改正）に環境権明記
	1978年	ソ連共産党中央委員会・閣僚会議決議「自然保護の強化と天然資源の利用の改善に関する追加的諸措置について」，ソ連水文気象・自然環境監視国家委員会の設置（環境モニタリングに従事）
	1981年	ソ連閣僚会議幹部会に自然環境保護および天然資源の合理的利用委員会設置（環境法制遵守の監督）
	1985年	ソ連最高ソヴィエト決定「自然保護と天然資源の合理的利用に関する法律の要求の遵守について」
第3期（転換期・高揚期）	1988年	ソ連共産党中央委員会・閣僚会議決議「わが国における自然保護活動の抜本的なペレストロイカについて」，ソ連自然保護国家委員会の設置（連邦レベルで初の環境省庁），汚染課徴金の導入（間接規制の本格的運用）
	1989年	ソ連自然保護国家委員会の報告書作成（初の環境白書）
	1991年	ソ連自然保護省の設置（国家委員会から昇格），ロシア共和国法「自然環境の保護について」，ロシア共和国エコロジー・天然資源省の設置
		ソ連崩壊とロシア誕生（体制転換）
	1993年	ロシア憲法に環境権明記，環境保護・天然資源省の設置（組織再編による改称）
	1993年以降	環境保護に関する連邦法および天然資源に関する法規の制定と改正
	1994年	大統領令「環境保護と持続的発展の保証のためのロシア国家戦略について」
	1994年以降	環境保護と天然資源利用に関する連邦政府の行動計画策定
	1995年	連邦法「国家環境審査について」
第4期（後退期）	1996年	大統領令「持続的発展へのロシアの移行構想」（1992年国連環境開発会議採択「アジェンダ21」への対応），環境保護・天然資源省の分割（自然環境保護国家委員会と天然資源省の併設），連邦法「省エネルギーについて」
	1999年	連邦法「公共団体について」（NGOに対する規制強化）
	2000年	自然環境保護国家委員会と連邦林野局の廃止（業務の一部は天然資源省に移管）
	2001年	連邦政府計画「ロシアのエコロジーと天然資源（2002〜2010年）」（特定連邦プログラム），「2002〜2005年および2010年までを展望した『エネルギー効率的経済』」（同上）

	2002年	連邦法「環境保護について」（1991年ロシア共和国法「自然環境の保護について」廃止），連邦政府指令「ロシア連邦の環境基本原則（ドクトリン）」
	2003年	連邦法「省エネルギーについて」改正
	2004年	天然資源省の再編（自然保護局の廃止と資源の適正利用に関する4部局の設置），気候変動枠組条約第3回締約国会議採択「京都議定書」の批准
	2006年	連邦法「ロシア連邦法令の一部改正について」（通称「ロシアNGO法」）
第5期（修正期）	2008年	エコロジー・技術・原子力監督局および水文気象・自然環境モニタリング局の編入に伴う省名変更（天然資源省から天然資源・エコロジー省へ）
	2009年	連邦法「省エネルギー，エネルギー効率性の向上，ロシア連邦の各種法令の変更について」，「ロシア連邦の気候基本原則（ドクトリン）」（連邦政府承認・大統領署名）
	2010年	非営利団体への支援に関する連邦法案の提出（大統領から下院へ）

出所：各種資料から筆者作成。

をもたらしたことはよく知られている。西欧の先進諸国と同様に，当時のソ連でも産業公害の進行に歯止めがかからず，大きな社会問題として認知されていた。そのため，環境政策の強化が政治的に重要な議題となり，それに対応した国家機構の再編も行われた。具体的には，ソ連共産党中央委員会・同閣僚会議で二度にわたり自然保護の強化と天然資源利用の改善が決議され，環境モニタリングに従事する連邦政府機関としてソ連水文気象・自然環境監視国家委員会（現在のロシア天然資源・エコロジー省水文気象・環境モニタリング局の前身）を設置した。さらに，環境分野の国家規格が登場し，経済発展の年次計画のなかに環境政策の編が追加されるなど，産業省庁と傘下企業は所定の環境対策の遂行を厳格に求められるようになった。こうした直接規制だけでなく，経済的誘因を利用した間接規制も強化された。経済改革の進捗状況をふまえて企業別に最大許容排出量を設定し，経済法的な責任強化を図る手法である。具体的には，許容量を超えて排出された汚染物質を不良の生産物ないし副産物に見立て，その分については生産計画の遂行実績を所定の比率で下方修正し，企業内に留保される資金（経済的刺激ファンド）を削減するという内容であった。罰金等の懲戒規程と比べれば生産計画の未達成に敏感な社会主義企業の行動様式に合致していたが，環境対策の促進に直接結びつく制度設計ではなく，計画経済機構の枠組みのなかで初めから射程の限られた間接規制にとどまっていた。

（2） ペレストロイカ以降の環境政策——高揚から後退へ，そして見直しへ

第3期は，1980年代後半のゴルバチョフ政権のペレストロイカを契機とする

環境政策の転換期・高揚期である。それまでは計画経済機構を前提とした厳格な環境規制が敷かれていたが，実際には環境対策の強化を求める政府方針に公然と反旗を翻す企業も少なくなかった。実際の法令遵守よりも，理想的目標の設定や啓蒙・教育の役割の方が重視されるという特有の法概念に加え（Ziegler 1990：78-81），産業省庁・企業内での環境対策の優先度の低さ（生産計画の遂行を最優先），その執行をチェックする監督機関に対する政治的圧力と実際上の権限行使の制約（産業省庁の強大な政治力），環境政策の執行機関の重複と責任の分散（単一の環境行政機関の欠如），法令違反に対する罰金中心の罰則体系（刑事罰は一罰百戒としてのみ適用），統制された環境保護運動の限界（言論や結社の自由の制限）などが，環境政策の運用能力を低水準にしていた。計画経済機構下の環境政策に対する評価は1986年のチェルノブイリ原発事故で決定的となり，社会全体の環境ガバナンスの破綻は否定しがたい事実として国内外で受け止められた。同事故は制御不能で破局的な放射能汚染を招いたという重大性ゆえに，それまでの環境政策の運用能力をめぐる議論に一石を投じただけでなく，全般的な社会変革の必要性を痛感させたことでペレストロイカへの道を開いたといわれる。

　1988年1月に告示されたソ連共産党中央委員会・同閣僚会議決議は，1970年代に発表された二度の決議と比較すると，環境政策の抜本的な見直しに着手したことが分かる。すなわち，イデオロギーの希薄化（社会主義の進取性と結びつけられていた過去の環境政策の否定），間接規制の全面的導入（天然資源使用料，汚染課徴金，エコロジー基金の導入），単独の環境行政機関の設立（ソ連自然保護国家委員会の新設と権限の集約）の3点は，上述した計画経済機構下の環境政策にみられた問題点をふまえてのことである。共産党の指導的役割や価格統制の余地を残すなど，一党支配と計画経済機構の枠組みを全面的に放棄したわけではないが，新しい政策体系の構築を目指していた。同時期にみられた環境保護運動の隆盛とあわせて，1980年代末から1990年代前半にかけてロシアの環境政策は高揚期を迎えたといわれる。ところが，こうした新制度は政治・経済改革と連動して本格的運用に移されたものの，実際の成果は芳しくなく，次に述べるように事実上10年余りで終止符が打たれた。

　第4期は1990年代中頃に始まる環境政策の後退期で，1996年に当時のロシア環境保護・天然資源省が環境行政機構と資源行政機構に分割されたことを発端

とする。1991年に環境行政機構に組み込まれた資源管理の担当部局のうち，地下資源と水資源の管理機関が1996年に離脱し，後述の天然資源省の設立母体となった。同時に，環境保護を担当する行政機構は省から国家委員会へ降格され，その自然環境保護国家委員会の長は閣議での発言権を失うなど，行政上の権限が著しく縮小した。そして，2000年5月のプーチン政権誕生後に実施された行政再編で，森林保護を含む営林事業を長らく手がけてきた連邦林野局とともに上記委員会は廃止され，業務の一部は天然資源省に移管された。さらに，それを引き継いだ同省内の自然環境保護局も，プーチン大統領2期目の大規模な行政改革に伴う機構再編（2004年5月）で廃止され，全職員が職を解かれた。以上の動きは，従来から対立関係にあった「資源派」と「環境派」のうち，前者が省内を掌握したことを示唆している。その結果，環境行政の実務の多くが地方政府に委ねられ，サマラ州やサハ共和国などは機敏に対応し，各地域の実情に応じた環境行政を再構築できたが，ヴォログダ州の一部では環境行政の実務が完全に麻痺するなど，連邦政府の行政改革の影響は甚大であった。

環境政策を遂行する組織だけでなく，間接規制を中心とする政策の内容も大幅に見直された。新しい環境政策の柱になると期待されていた汚染課徴金と，それを原資とした予算外基金（特別会計扱いの政府基金）のエコロジー基金については，2001年10月のロシア政府決議で後者が廃止されたのに伴い，前者は一般会計に組み込まれた。そのため，汚染企業から徴収した課徴金は環境政策との直接的な関係を失い，その性格が大きく変化した。しかし，こうした一連の措置が環境政策の強化を促したとする見方は少なく，2000〜05年におけるロシアの環境政策の動向を検証した経済協力開発機構（OECD）の報告書は，同時期の経済成長の恩恵が環境政策に配分されず，資金難と政策効果の悪さが引き続き残されていると述べている（OECD 2007）。

近年の環境政策の担い手は政府機関に限られず，企業，業界団体，環境NGO，マスメディア，研究・教育機関，一般市民などの関与も重視されている。ロシアの場合，この点は前記の転換期・高揚期（第3期）に一過性の高揚をみせてから，急速に冷え込んだ。その際，政府が各種NGOの国家登録制を導入・強化する一方で，官製市民団体を組織化したことが特に問題視された。NGOの国家登録制は1995年に始まり，1999年に再登録が要求され，2006年以降は毎年の登録更新と収支・活動報告書の提出が義務づけられた。2006年の法

第8章 開発と環境

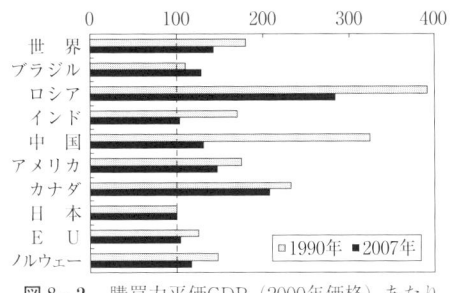

図8-2 購買力平価GDP（2000年価格）あたり最終エネルギー総消費量の国際比較

注：日本を100とした指数で表示している。購買力平価のデータは世界銀行の世界開発指標（World Development Indicators）に基づく。

出所：OECD/IEA (2009), *Energy Balances of Non-OECD Countries 2009 edition*, Paris: OECD/IEA, pp. II. 309-311, 346-348；OECD/IEA (2009), *Energy Balances of OECD Countries 2009 edition*, Paris: OECD/IEA, pp. II. 184, 198 から筆者作成。

改正はEUや米国の政府首脳が懸念を表明するなかで進められ，その施行後は人権擁護団体や環境NGOの活動に支障を来したため，国際的な批判を浴びた。例えば，アメリカの保守系シンクタンクであるヘリテージ財団は，自由と民主主義の担い手であるNGOに対する弾圧として一連の措置を厳しく非難している。他方，政府の支援を陰日向で受けながら市民代表を標榜する団体が，国の施策に反対する個人・団体への対抗手段として組織され，市民フォーラムなどの場で発言力を高めてきた。こうした事態も，とりわけプーチン政権下での環境政策の後退を強く印象づけることになった。そのため，社会科学系の環境研究者の間では，同時期のロシアの環境ガバナンスに対する評価が辛く，環境の「没落」や「脱制度化」，あるいは「全面的リスク社会」といった辛辣な表現がされている（Tokunaga 2010）。

　第5期は，2008年5月のメドヴェージェフ政権誕生を契機とした環境政策の修正期である。環境問題に対して冷淡ないし無関心という印象が強かったプーチン前政権と比べて，メドヴェージェフ現政権は「環境に優しい」と表現できる。地球温暖化問題への意欲的な取り組み，積極的な省エネルギー対策の策定，環境行政機構の再編と改称は，確かに前政権からの変化を示唆している。その意味で，前段の整理に従えば，現在のロシアの環境政策は修正期に入ったといえる。しかし，プーチン前政権に対する批判の声に応え，積み残された諸問題に取り組むことこそがメドヴェージェフ政権の課題の一つであると考えれば（中村 2008：185-188, 215-217），変化の存在自体がプーチン前政権との決別を意味するわけではない。むしろ，問われるべきはどのような内外情勢のなかで変化が生じているかである。

■□コラム□■

ロシアの自動車問題

　ソ連時代に市民がマイカーをもつためには，何年も待たなければならなかった。国産乗用車の生産が需要に追いつかず，外国車は輸入されていなかったためである。1987年時点で乗用車の普及率は6戸に1戸であった（川端香男里ほか監修〔1989〕『ロシア・ソ連を知る事典』平凡社，244頁）。そのため，日本が経験したような自動車問題（交通事故・渋滞，大気汚染，騒音，健康被害など）は存在しなかった。しかし，計画経済から市場経済への転換が進み，お金さえあれば何でも買えるようになると，輸入車を含む乗用車の保有が急増し，自動車問題が一挙に顕在化した。
　ロシアの乗用車市場（中古車を含む）は1990年代半ばに100万台程度であったが，2000年代以降に好景気で所得が伸び始めると急激に拡大し，2006年に200万台，2008年に300万台を突破した（『ロシア東欧貿易調査月報』1997年5月号，28頁；『ロシアNIS調査月報』2010年4月号，84頁）。予想を上回るハイペースでの急増に道路・駐車場の整備（と運転モラルの向上）が追いつかず，都市部では交通事情が急速に悪化した。特に首都モスクワの交通渋滞は有名で，平日朝夕は幹線道路に車列が延々と並ぶ。筆者の体験でも，世界最悪といわれるタイの首都バンコクの渋滞と変わりない。こうした状況は自動車の排ガス問題につながり，自動車から排出される大気汚染物質は1995年に1100万トンであったが，2008年には1730万トンに達した（ロシア連邦国家統計局〔2009〕『ロシア統計年鑑』〔露語〕66頁）。モスクワでは大気汚染物質の9割以上が自動車から排出されているため，その大気汚染問題は産業公害ではなく自動車公害と呼ぶべきであろう。

　省エネルギーに代表される環境負荷の軽減策を経済成長に結びつける戦略は欧州連合（EU）が主導し，他の主要国はむしろ牽制してきたが，この数年間に世界標準となりつつある。その理由は各国・地域で異なるが，ロシアの場合は，2008年夏以降の原油価格の反転と景気後退が経済の構造改革の必要性を強く認識させたためと考えられる。ロシアのエネルギー消費量は1990年代の不況期に急減し，その後に経済状況が好転してからも安定的に推移してきたが，GDP原単位でエネルギー効率性の国際比較を試みると，**図8-2**が示すように同国のエネルギー効率性の悪さは一目瞭然である。こうしたロシア経済の弱点は，その近代化を声高に唱えたメドヴェージェフ大統領の年次教書演説（2009

年11月）にも色濃く反映されている。したがって，一連の省エネルギー対策は環境政策としてだけでなく，産業政策の機能も併せもっていると理解すべきで，アメリカの「グリーン・ニューディール」や日本の「緑の経済と社会の変革」と同様に，環境投資を切り口とした国内産業の競争力強化と産業構造の多様化を目指している。

3　今後の展望

基本的に一国内の公害・環境問題で完結していたソ連時代とは異なり，今日ではロシアの国内企業といえども，国際社会や世界貿易が求める環境分野のルールに従わなければならない。その製品の少なからぬ部分が海外の消費者の元に届けられるからである。例えば，厳格な環境規制を敷く市場に参入するためには，その要求に企業は応えなければならない。これまでのロシアの環境政策の動向を振り返ると，特に1990年代以降，その原動力や推進力が国内よりも国外（特にEU）に見出されるケースが多く，こうした傾向は今後も変わりないと考えられる。

■　■　■

● 参考文献
今中哲二（2001）「チェルノブイリ原発事故とその放射能災害の概要」『ロシア研究』第33号。
　　原子力問題の専門家がチェルノブイリ原発事故の概要と影響を解説。
川名英之（2009）『世界の環境問題──第4巻　ロシアと旧ソ連邦諸国』緑風出版。
　　環境ジャーナリストによる旧ソ連地域の公害・環境問題の紹介。
ゴールドマン，M.（1973）『ソ連における環境汚染──進歩が何を与えたか』都留重人監訳，岩波書店。
　　ソ連の公害・環境問題を政治経済的に検証した名著。
德永昌弘（2010）「メドヴェージェフ政権の環境政策」『ロシアNIS調査月報』2010年4月号。
　　ロシアの環境政策の歴史的推移をふまえてメドヴェージェフ政権下の動向をレビュー。

中村逸郎（2008）『ロシアはどこに行くのか──タンデム型デモクラシーの限界』講談社。
　メドヴェージェフ政権下の政治体制を批判的に検証。
本村真澄（2005）『石油大国ロシアの復活』アジア経済研究所。
　ロシアにおける石油開発の歴史と現状をまとめた概説書。
本村真澄（2007）「ロシア──サハリン-2問題をどう見るか？」『石油・天然ガスレビュー』第41巻第1号。
　日ロビジネスのあり方や環境問題をめぐり議論が錯綜した「サハリン2」プロジェクトの問題のポイントを解説。
本村真澄（2010）「ロシアの2030年までのエネルギー戦略──その実現可能性と不確実性」『ロシアNIS調査月報』2010年4月号。
　ロシアのエネルギー開発の現状と今後の展望を解説。
Feshbach, M. and A. Jr. Friendly（1992）, *Ecocide in the USSR: Health and Nature under Siege*, New York: BasicBooks.
　ソ連の公害・環境問題の内実を描き反響の大きかったルポルタージュ。
OECD（2007）, *Mobilising Financial Resources for the Environment in Russia*, Paris：OECD.
　2000年代のロシアの環境政策を検証した報告書。
Tokunaga, M.（2010）, "Environmental Governance in Russia：The 'Closed' Pathway to Ecological Modernization", *Environment and Planning A*, volume 42.
　エコロジー近代化の枠組みでロシアの環境ガバナンスの特徴と問題点を分析。
Wolfson, Z.（1994）, *The Geography of Survival*：*Ecology in the Post-Soviet Era*, Armonk, N.Y.: M.E. Sharpe.
　かつてソ連の自然環境の荒廃を偽名で内部告発した著者がソ連崩壊後に本名で著したエッセイ。
Ziegler, C.（1990）, *Environmental Policy in the USSR*, Amherst：The University of Massachusetts Press.
　ソ連の環境政策に関する第一人者による研究書。

（徳永昌弘）

第9章
ロシア極東地域

　ロシア極東地域は，豊かな天然資源とロシア連邦総面積の36.1％を占める面積をもちながら，首都モスクワから遠く離れ，地域総生産は小さく，人口過少に悩み，産業の発展しない後進地域である。しかし，アジア諸国に隣接したこの地域は，アジア太平洋地域におけるロシアのプレゼンスを固めるうえでも重要な地域であり，近年特にロシア政府は開発に力を入れようとしている。隣接する中国東北地方や我が国日本海側自治体との交流への期待は高いものの，ロシア政府の都合によりその地方間国際経済連携は大きく左右され，中国人移民問題や丸太輸出関税引き上げなどが周辺地域との経済交流に影を落としている。本章では，ロシア極東地域経済の特徴を周辺性，人口，資源の観点から捉え，ロシア政府の極東地域開発への取り組みや中国東北地方や我が国地方都市と極東地域の地方間国際経済交流を観察し，ロシア極東地域経済と私たちの強いつながりを再認識したい。

1　失望と期待のロシア極東地域

　1891年に工事着工されたシベリア鉄道は，ヨーロッパから太平洋までを大量輸送手段によって結ぶことで，「地球という空間をみる視点に大きな転換」を呼び起こした。イギリスの制海権に阻止されることなくロシアが極東に兵士や武器を送ることができるようになることは，東アジアの国際政治バランスに大きな衝撃を与えた。こうしたロシアのシベリア鉄道による本格的な東進を，どのように日本人が捉え，日露戦争に向かう序曲となったかは，山室信一『日露戦争の世紀——連鎖視点から見る日本と世界』（岩波新書，2005年）に生き生きと描かれている。

　東シベリアの石油開発を促しアジアの石油市場を見据えた東シベリア＝太平洋パイプラインが，イルクーツク州のタイシェットからアムール州のスコヴォ

ロディノまで完成している。このパイプラインが太平洋にまで伸びるのは時間の問題である。石油パイプラインの建設が東アジアに伸びることで，ロシアにとっての極東の地政学的利益が再び大きな関心をもって取り上げられている。プーチン政権登場以降，シベリア・ロシア極東における国家の地政学的利益の再定義・確保がロシア外交の一つの特色となっている（伊藤 2007）。

これに呼応して，ロシア極東地域開発は，いま話題に事欠かない。2009年12月29日付の『日本経済新聞』では，「ロシア，極東開発加速」との見出しで，極東地域開発計画が相次ぎ始動する様とロシアのアジア接近が鮮明になったことを伝えている。ロシア極東地域の住民はこれまでにない再開発と経済発展への期待をふくらませながら，過去何度も頓挫した開発と思うように立ちゆかない経済に自嘲しながら，華やかなニュースの行方を見守っている。

ソ連崩壊とともに日本海を通じた交流の障壁となっていた鉄のカーテンが取り払われ，急速に環日本海経済圏構想に対する期待がふくらんでいた1990年代において，ロシア極東地域は衰退を経験してきた。人口減少は激しく，中国人移民の増加が地域の脅威として論じられた。輸送コストの高騰は，ロシア・ヨーロッパ部との国内経済連関を破綻させ，国境を共有する中国との経済連関だけが目立つようになった。ロシア極東南部地域は衰退地帯となり，資源をもつサハ共和国やサハリン州とは好対照となった。国際的に話題に上るのは，そうした天然資源に絡んだものばかりであり，ロシア極東地域がどのように発展できるかの青写真は結局みえないままである。

ロシア極東は，北東アジア地域において，中国や韓国，北朝鮮，そして日本のように，国家単位ではなく，地方単位として周辺諸国とかかわっている。それ故，地方として周辺諸国の地方とどのようにかかわっているかが重要である。質，量ともに，ロシア極東地域がアジア太平洋地域とつながるためには，まず地方間における実質的な交流の拡大が不可欠である。中国との地方間国際経済連携にしか展望が見出せず，それさえも積極的に取り組めないロシア極東地域の展望はいまだに暗い。ロシアがアジア地域を内包する国であり，シベリア・ロシア極東地域が経済統合の進むアジア太平洋地域に組み込まれなければ経済発展は期待できないとの認識は，いまやロシア政府の外交のみならず地域開発においても基本認識となっている。ロシア極東地域は，数多くの地域課題をどのように解決し，アジアの隣国，そしてそれら諸国の地方との経済連携を強化

できるだろうか。

本章では，最初にロシア極東地域経済の特徴，ロシア極東地域に向けて策定された連邦プログラムの変遷を整理し，ロシア極東地域住民の地域開発への失望と期待の歴史を考察する。そのうえで，ロシア極東地域が近隣諸国の地方とどのように地方間国際経済連携を実現しているか，また，ロシアの諸政策がその連携にどのような影響を与えているかを具体的に検討することで，ロシア極東地域の諸問題がわれわれに直接関わる問題であることを理解したい。

2 地域経済のジレンマ――ロシア極東地域経済の特徴

（1） 周辺としてのロシア極東地域

ロシア極東地域とは，極東連邦管区という行政区分を指している。ロシアの地方行政単位（連邦構成主体）は，モスクワ市とサンクトペテルブルク市という連邦的意義を有する市，共和国，州，地方，自治州，自治管区に分けられている。このうち共和国はロシア人以外の民族を尊重した自治単位となっていて，そのほかの州や地方にはない権限や専管事項が与えられている（中馬 2009）。極東連邦管区には，サハ共和国という共和国が一つ，沿海地方，ハバロフスク地方，カムチャツカ地方という地方が三つ，アムール州，サハリン州，マガダン州という州が三つ，ユダヤ自治州という自治州が一つ，チュコト自治管区が一つの，計9連邦主体が含まれる。そのうち，人口が最も集中しているのは，中国と国境を接する南部のアムール州，ハバロフスク地方，沿海地方の3連邦主体で，この三つだけでロシア極東人口の65.9％（2009年1月現在）を占める。

ロシア極東の総面積は約617万km^2，ロシア連邦総面積の36.1％を占める。極東連邦管区にシベリア連邦管区を合わせると，その総面積は，ロシアの国土の66.2％に及ぶ。ウラル連邦管区をそれに含め，連邦管区とは別にウラル以東をシベリア・ロシア極東地域であると考えると，76.8％もの国土がシベリア・ロシア極東地域で占められていることになる。ウラル山脈にあるエカチェリンブルクにはアジアとヨーロッパを分ける分岐点となるモニュメントが建っている。ウラル以東のシベリア・極東地域は，ロシア・アジア部である。つまり，広大なロシア領土のほとんどはアジアに属している。

36.1％もの面積を占めるロシア極東地域でありながら，その地域総生産はロ

第Ⅱ部　国民の暮らしと地域

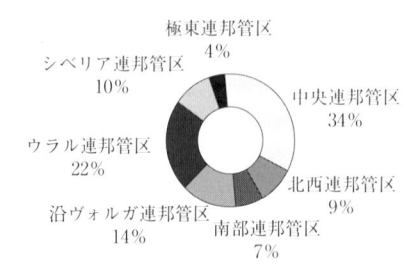

図9-1　ロシア連邦管区別地域総生産（GRP）構成比（2007年）

極東連邦管区　4%
シベリア連邦管区　10%
ウラル連邦管区　22%
沿ヴォルガ連邦管区　14%
南部連邦管区　7%
北西連邦管区　9%
中央連邦管区　34%

出所：ロシア連邦国家統計局（http://www.gks.ru/dbscripts/Cbsd/DBInet.cgi〔2010年11月25日アクセス〕）より筆者作成。

表9-1　産業部門別付加価値構造（2006年）
（単位：％）

	連邦全体	極東連邦管区
農林水産業	5.2	9.0
鉱業	11.9	15.3
製造業	18.9	7.1
電気・ガス・水道	3.8	4.8
建設	5.8	10.5
商業	22.2	13.7
ホテル・レストラン	0.9	0.9
運輸・通信	10.5	14.7
金融	1.0	0.2
不動産・賃貸	9.1	7.4
公務・防衛・義務的社会保険	3.3	6.2
教育	2.6	4.1
保険・社会サービス	3.2	4.6
その他サービス	1.6	1.5

出所：ロシア連邦国家統計局『ロシアの諸地域――社会経済情勢』2008年度版。

シア連邦全体の4％にしかすぎない（図9-1）。つまり，ロシア極東地域は，昔も今もロシア連邦にとっていまだ十分な開発も進まず，産業も豊かとはいえない周辺性をもつ低開発地域である。特に，市場経済化によりロシア極東地域において旧ソ連の計画経済の下で維持されてきた軍需を中心とする工業が衰退し，中国からの繊維・軽工業品・食品の流入に押されて，内需を支える工業も衰退した。ロシア連邦全体の産業別付加価値構造と比較すれば，その特徴が明らかである（表9-1）。水産資源や森林資源に恵まれていることによる農林水産業，豊かな天然資源をもつが故の鉱業などの一次産品産業やアジア太平洋地域の窓口としての役割を生かした運輸・通信などの産業によって地域を維持している状況である。

そもそもロシア極東地域は地域経済としての自立性を旧ソ連時代からもっていなかった。極東地域は，住民の生活を支える衣食，そして地域生産を支える資本財を域外に依存してきた。一方，極東地域の資源は，域内での利用・加工は進まず，もっぱら域外へ移出・輸出されていた。ロシア極東においては，域内の有効な生産と消費の環が分断され，自立性をさらに失っていた。旧ソ連時代は，旧ソ連国内の産業連関を前提に国民経済の生産と消費の環の一端を形成していたものの，市場経済化以降のロシア極東地域は，国民経済の生産と消費の環からも逸脱し，ま

表9-2　ロシア連邦および極東連邦管区の人口と人口減少率

1990		
ロシア連邦	147,665	
極東連邦管区	8,045	
1995		1990～95年の減少率
ロシア連邦	148,460	0.54
極東連邦管区	7,518	−6.55
2000		1995～2000年の減少率
ロシア連邦	146,890	−1.06
極東連邦管区	6,913	−8.05
2005		2000～05年の減少率
ロシア連邦	143,474	−2.33
極東連邦管区	6,593	−4.63
2009		2005～09年の減少率
ロシア連邦	141,904	−1.09
極東連邦管区	6,460	−2.02

注：各人口数は，単位千人，減少率は期間増減数／期首人口×100で，％表示。
出所：ロシア連邦国家統計局『ロシア統計年鑑』（各年版）および『ロシア人口年鑑』2009年版より筆者作成。

すますロシアを含む旧ソ連諸国との相互依存関係を脆弱化させ，近隣諸国への依存を高めていった。そうした自律性の欠如から，ロシア極東は独特のハイコスト経済という性格をもち（堀江 1997），軽工業品，食品など基礎生活にかかわる商品で中国からの輸入品に対抗できる生産力を維持しえなかった。旧ソ連内分業体制において周辺を演じ，ソ連崩壊後もまたロシアおよびアジア太平洋地域において周辺を演じることになったロシア極東地域の周辺性が，この地域の経済の特徴である。

（2）　稀少な人口と豊かな資源

ロシア極東の人口は，現在（2009年1月）646万人である。旧ソ連時代は800万人ほどもいた人口もこの20年で150万人以上減少したことになる。表9-2は最近までの5年ごとの人口とその減少を示している。これをみれば，いかにロシア極東がロシア連邦全体と比べ極端な人口減少に悩んできたかが分かる。最近では，ロシア連邦全体でもロシア極東地域でも人口減少に歯止めがかかりつつある。しかし，それでもロシア極東地域の人口減少は，この地域の最も深刻な課題であることには変わりない。

表9-3 シベリア・ロシア極東地域から

		転入地		
		中央連邦管区	北西連邦管区	南部連邦管区
転出地	中央連邦管区		-9,631	-19,295
	北西連邦管区	9,631		-3,779
	南部連邦管区	19,295	3,779	
	沿ヴォルガ連邦管区	27,453	3,456	3,243
	ウラル連邦管区	19,690	3,278	-60
	シベリア連邦管区	13,900	4,760	5,605
	極東連邦管区	11,013	3,934	4,978

出所:ロシア連邦国家統計局『ロシア人口年鑑』2009年度版より筆者作成。

　人口減少は,自然人口減少と社会人口減少による。自然人口減少は出生者数よりも死亡者数の方が高い場合に発生し,社会人口減少は地域からの人口流出が人口流入よりも多い場合に生じる。ロシアは1992年以降急速な自然人口減少を経験してきた。男性の平均寿命が50歳代にまで低下するなど,医療水準が低いのに加え,アルコール・薬物中毒,自殺,交通事故などによる死亡が死亡率を押し上げている。

　自然人口減少以上にロシア極東地域の人口減少を加速させたのは,社会人口減少であった。旧ソ連時代には,ロシア・ヨーロッパ部からシベリア・極東地域への人口移動が生じていた。それは,シベリア・極東地域の開発のための政策的な人口配置であった。優先的な財政投資,優先的な消費財供給などにより,辺境としてのシベリア・極東地域の人口増加と生活環境の維持が図られたのだ。ソ連崩壊とともに政策的誘因がなくなると西から東への人の流れは逆転し,特にロシア極東は深刻な人口減少を経験した(雲 2003)。1991年まではロシア極東も人口増加を記録していたが,ソ連崩壊とともに人口減少が著しい地域と化した。2026年に極東地域の人口は585万人にまで減少するという予測もある。

　表9-3により各地域住民がどこに転出し転入したか(国内人口移動による地域別純増減)が分かる。ロシア極東地域はすべての地域で純減となっており,すべての地域に転出者を出している。シベリア連邦管区もロシア極東地域以外からは転入者を受け取ることはない。ロシアの人口は,東より西へ,アジア部よりヨーロッパ部へと人口が移動しているのである。ロシア極東地域にとって,人口および労働力は稀少である。

流出する人口（地域間人口純移動，2009年）

(単位：人)

沿ヴォルガ連邦管区	ウラル連邦管区	シベリア連邦管区	極東連邦管区
-27,453	-9,690	-13,900	-11,013
-3,456	-3,278	-4,760	-3,934
-3,243	60	-5,605	-4,978
	1,994	-2,161	-1,988
-1,994		-3,089	-1,159
2,161	3,089		-3,138
1,988	1,159	3,138	

　一方，ロシア極東地域は豊かな天然資源をもつ。ロシア極東地域が開発の遅れた後進地域であるとはいえ，天然資源があるということが多くの投資を惹きつけるのも確かである。ロシア極東地域の外国直接投資額は，2008年現在で約86億7100万ドルであった。ロシア金融危機の前年である1997年の外国直接投資額が2億7110万ドルであったことと比較すると，ロシア極東地域への投資は目を見張るほど伸びた。ただし，2008年の外国直接投資のうち，8割強が鉱業に集中していること，ロシア極東地域全体の外国直接投資額のうちサハリン州への投資が7割強を占めていることから，ロシア極東地域への外国直接投資はほぼサハリンの石油・天然ガス開発関連投資であることが分かる。ロシア極東地域の製造業への外国直接投資は2％にも満たない（表9-4）。ただ，天然資源関連への外国直接投資が歓迎され，順調であるわけではない。天然資源が豊かであるが故の資源ナショナリズムや極東地域のような周辺性をもつが故に中央・地方政府間の利害対立，法律や制度の頻繁かつ予期せぬ変更を含む法律・税制上の制度的不確実性，汚職および経済犯罪の蔓延などが対ロシア外国直接投資の阻害要因になっているという。

　それでも，ロシア極東地域のエネルギー開発は，ロシア極東地域における国際協力の目玉である。東シベリア・ロシア極東地域における天然ガス開発，石油開発，炭田開発，電力開発が北東アジア諸国へのエネルギー供給に貢献することがロシアにおいても周辺諸国においても期待されている。

　天然ガスおよび石油開発については，サハリン大陸棚石油ガス開発，東シベリア＝太平洋パイプライン計画など大規模な開発とインフラ建設が行われてい

表9-4 ロシア極東連邦管区産業部門別外国投資受入状況（2008年）

	投資額（100万ドル）	％
農林水産業	193.6	2.2
鉱業	7,130.0	82.5
製造業	160.2	1.9
電気・ガス・水道	−	−
建設	41.0	0.5
卸売・小売，自動車・生活用品修理	7.1	0.1
ホテル・レストラン	0.5	0.0
運輸・通信	651.5	7.5
金融	0.7	0.0
不動産，賃貸，ビジネスサービス	457.6	5.3
その他サービス	0.0	0.0
総額	8,642.2	100.0

出所：『ロシアNIS調査月報』2009年8月号，52頁。

る。ロシアの原油の約7割は輸出されている。ロシアの石油生産は西シベリアのチュメニ州が65％（2008年現在）を占めており，西シベリアはロシア最大の産油地域である。多くの油田が西シベリアに密集しているが，今後東シベリアの新たな油田開発が進み，将来的にそのシェアは13％にまで伸び，ロシア第二の油田地域になると見込まれている。

　現在，東シベリア＝太平洋パイプラインは，イルクーツク州のタイシェットからアムール州のスコヴォロディノまでの2694kmにも及ぶ区間が2009年に完成し，鉄道輸送によってロシア極東地域沿海地方のコズミノ港から輸出されている。スコヴォロディノからコズミノまでのパイプラインも2014年に開通の見通しで，これが完成すればタイシェットを起点とするパイプラインの全長は約4800kmにもなり，これによって年間5000万トンの原油が輸出されるようになるとのことである。このパイプライン建設は，プーチン首相いわく「アジア太平洋市場への参入を可能にする戦略的な計画」なのだ。ロシアの石油輸出先はヨーロッパ向けの西方一辺倒であったものが，2006年から輸出されているサハリンの石油を含め，アジア太平洋地域向けの出口を獲得したことになる。そうした東シベリア＝太平洋パイプラインの建設が，アジア諸国の石油の中東依存を低下させる可能性をもち，アジアの石油市場だけでなくアジアの国際関係に与える影響は大きい。

　天然ガスについては，2009年からハバロフスク～ウラジオストク・ガスパイプラインの敷設が開始され，東シベリアにあるガス田やサハリンのガス田から

の天然ガス供給が計画されている。これにより，エネルギーに関しては石炭依存の強かったロシア極東地域のガス化が促進されるとともに，中国や韓国にもガス供給できる可能性ももつ。

ただし，こうした石油・天然ガスの開発やパイプラインの建設は，ロシア極東地域開発の華やかなニュースとなるが，サハリン州以外にはわずかにサハ共和国やチュコト自治管区などにガス田・油田がある程度で，目立った石油・天然ガスの開発地域をもたないロシア極東にとっては，雇用も関連産業もあまり生み出せないパイプライン施設だけでは人口が密集するロシア極東地域南部を潤すことはできない。それは石炭や鉄鉱石，金銀銅などの鉱物資源についても同じことがいえる。豊かな天然資源をもち，旧ソ連時代はロシア欧州部の天然資源基地であったロシア極東であるが，天然資源が全体として豊かでありながら地域の産業を豊かにできないジレンマ，天然資源がありながら地域発展にそれがつながらないジレンマがある。

3 衰退と開発の間で──極東地域開発の進展はなるか？

こうしたロシア極東地域の周辺性や後進性を克服しようと，旧ソ連時代末期からロシア極東地域開発には一連の開発プログラムが用意されてきた（表9－5）。

旧ソ連末期のゴルバチョフ書記長が1986年7月に行った「ウラジオストク演説」は，冷戦の緊張を融解させるとともに，ロシア極東とその近隣諸国との地域経済協力の機運を高める重要な演説となった。ロシア極東地域の停滞を打破し，近隣諸国との経済交流の復活を契機に輸出力を高め，高度な地域産業複合体を形成することが目指された。この「ウラジオストク演説」の翌年に旧ソ連で採択されたのが，「2000年までの極東経済地域，ブリヤート自治共和国およびチタ州の生産力総合発展国家長期プログラム」であった。ただし，ソ連崩壊前後のこのプログラムにより，ソ連の極東重視が鮮明となり，我が国を含め近隣諸国との経済交流が活発化したものの，旧ソ連にこのプログラムを実行するだけの資金もなく，計画倒れとなった。

ソ連崩壊後，新生ロシアでは急速な市場経済化のなかで，国家の役割は限定的なものとなり，地域開発の財源や権限は各連邦構成主体に譲り渡されていっ

表9-5 極東開発プログラムの予算規模と執行率

極東開発プログラム	指導者	執行率	実施期間全費用	年平均費用
「2000年までの極東経済地域、ブリヤート自治共和国およびチタ州の生産力総合発展国家長期プログラム」(1987年)	ゴルバチョフ書記長	30%	329億ドル	82億ドル
「1996～2005年極東ザバイカル地域経済社会発展連邦目的プログラム」(1996年)	エリツィン大統領	10%	619億ドル	61億ドル
「1996～2005年極東ザバイカル地域経済社会発展連邦目的プログラム」(2002年修正)	プーチン大統領	43%	147億ドル	18億ドル
「2013年までの極東ザバイカル経済社会発展連邦目的プログラム」(2007年再修正)	プーチン大統領	?	218億ドル	36億ドル

出所:高橋浩(2008)「見えてきたロシア極東開発の展望」『ロシアNIS調査月報』第53巻第1号;ミナキル,P.(2008)「ロシア極東経済と新極東発展プログラム」『ロシアNIS調査月報』第53巻第5号より抜粋。

た。市場経済化に伴う緊縮財政のなか、連邦政府に国家プロジェクトを遂行するだけの余裕はなかったが、資源をもつ地域と資源をもたない地域との地域格差は広がり、各連邦構成主体は自らの地域の利権を全面に押し出し中央政府に要求を突きつける地方ミーイズムが生まれた。エリツィン大統領時代の「1996～2005年極東ザバイカル地域経済社会発展連邦目的プログラム」は、特に1996年大統領選挙の年にあたり、地方を懐柔する選挙対策用のプログラムであったとの冷めた見方もある。実際、このプログラムの執行率は10％程度で、ロシア極東地域の連邦構成主体とその住民の失望を買った。

プーチン大統領となり、地方ミーイズムを許したエリツィン政権の中央・地方関係の改革が行われた。連邦管区が設置され、各連邦管区には大統領全権代表が置かれ、地方に対する中央の垂直的な統治能力を向上させた。こうした中央・地方関係の再構築が行われている最中、エリツィン政権の「1996～2005年における極東ザバイカル地域の経済社会発展連邦目的プログラム」を実現可能なものにするための改訂が行われた。ただし、このプログラムの実効性に冷めた態度をとっていた経済発展貿易省とロシア極東地域の対立などもあり、連邦予算による負担額は8.4％と著しく低く、大部分を民間活力にゆだねるものであった。そのため、執行率は43％と、エリツィン政権時代よりは執行されたと

はいえ，ロシア極東地域住民にしてみれば，毎度繰り返される口約束を再び反故にされたとの冷めた認識しか残らなかった。

2007年に再改訂された「2013年までの極東ザバイカル経済社会発展連邦目的プログラム」は，これまでのプログラムとは少し趣が違う。地域政策の担い手が極東地域開発に冷淡だった経済発展貿易省から2004年に創設された地域発展省に移ったこと，このプログラムの実施費用に占める連邦予算の比率が75％と，前プログラムに比べ格段に高まり，連邦政府の本気度を示したこと，2012年APECサミット開催に向けたウラジオストク開発（上記プログラムのサブプログラム「アジア太平洋地域における国際協力センターとしてのウラジオストク市の開発」）には総費用の26％があてられ，そのうち連邦予算が67％を占めるなど，連邦予算が大規模にウラジオストクに注入される予定になっていることなど，これまでにない中央政府の真剣さがプログラムにあらわれているからである。

ウラジオストクでは，ウラジオストク沖のかつての要塞ルースキー島がAPECサミットの会場となり，そこにはサミット会場の施設，ホテル，連邦大学施設の建設が計画されており，ルースキー島をつなぐ橋梁からウラジオストク市内の電力・道路・レクリエーション施設に至るまでのインフラ整備が目白押しである。

また，こうしたプログラムとは関係なく，ロシア極東地域の工業基盤再生のため，政府の肝いりでロシアの自動車メーカー「ソレルス」の工場が2009年12月にオープンした。この工場はロシア極東地域初の自動車工場で，いすゞ自動車や双竜など日本や韓国の自動車メーカーもライセンス生産でかかわる。華々しいニュースではあるが，実現しても生産車種や台数が少なく，雇用創出は限定的であり，こうしたロシア極東地域での初の自動車工場の稼働のニュースは，出口のみえないロシア極東地域の住民の不満を和らげる中央の配慮でしかないとする見方もある＊。

今度こそ連邦プログラムがロシア極東地域の住民の失望を買うことなく，実行されるかどうか，そして大規模な開発のあと，それを持続的に維持していくだけのロシア極東地域重視の姿勢を中央政府が維持できるか，課題は多い。

＊ 2011年2月，トヨタは三井物産，ソレルスとの合併で年3万台規模の組み立て生産拠点を置くと発表した。

4　陸上国境を通じた中国との地方間国際経済交流

(1)　中国東北地方の熱い視線と戸惑うロシア極東

　ロシア極東地域と中国東北地方との間には，第二次世界大戦とその後の中ソ対立のために長きにわたり停滞があった。国境貿易もこの時期消滅している。中ソ国境貿易が再開されたのは1983年になってからであるが，本格的な国境貿易拡大がみられたのは，中国側黒竜江省で国境貿易地区が指定された1988年からである。さらに，ロシアの市場経済化は，中国の対ロシア貿易を加速化させた。ロシア経済と中国経済は再結合し，中ソ経済連携から中露経済連携へとロシアの市場経済化を契機に新たな段階に入っていった。ただし，中露経済連携が現在のような活況に満ちたものとなるのは，1990年代のロシア経済の低迷を乗り越え，21世紀になってからのことである。中露間輸出入総額は1993年76億8000万ドルがピークで，そのピークを凌駕するのは，2000年（80億ドル）になってからである。2000年以降，両国間貿易は急成長し，2005年現在で291億ドルに達している。1990年代の中露貿易は，主に国境貿易にかかわる様々な政策の調整期にあったといえる。バーター貿易からハード・カレンシーによる貿易への移行，中国，特に黒竜江省の対外開放の進展，ロシア側の関税率の変更や原材料輸出に関する規制，輸出許可制・数量割当などに関する諸措置など政策調整に揺れた。また，国境税関の貨物通過許容量の限界などインフラ整備もなかなか進まなかった。それでも，中国東北地方，特に黒竜江省は，ロシアとの国境貿易を地域経済発展の突破口とし，ロシア極東にとって中国は生活基礎財を提供してくれる地域経済にとっての不可欠な貿易相手となった。

　中露経済連携が，中国の改革開放政策の一環として，1992年以降国策として本格化し始めたことは中国東北地方にとって大きな意味をもっていた。中国東北地方，特にロシアに国境を接する黒竜江省と吉林省は，中国の穀物供給地としての顔と旧態依然とした国有企業中心の重化学工業集積地としての顔をもっていた。改革・開放政策が実施されて以来，中国沿海地域は農業においては郷鎮企業を中心とする農村開発の進展，工業においては外資導入による海外市場向け工業部門が発展した。しかし，中国東北地方においては，農村開発は遅々として進まず，伝統的工業部門の国際競争力向上もまた遅れ，1980年代に地域

経済の停滞が深刻化していった。こうした東北地方の経済停滞を生み出す構造問題を「東北現象」と呼ぶ。ロシアとの国境を有する黒竜江省と吉林省にとって，中露経済連携は東北現象の克服に不可欠な開放政策の一つであった。

　こうした黒竜江省などの動きをさらに勢いづけたのは，2003年秋に発表された「東北等老工業基地振興戦略」（東北振興）であった。この東北振興の内容は，第一に，国有資産管理体制と国有企業改革を推し進めるとともに，非公有企業の発展を促進し，東北地方に新たな経済システムと経済メカニズムを定着させることにあった。第二に，比較優位産業および地域の基幹産業の発展，さらにサービス産業などの発展により産業構造を高度化させることであった。第三に，対内・対外開放を進め，周辺国との経済連携・国内他地域との経済連携をさらに深めることを目的としていた。第四に，雇用拡大と社会保障制度の整備を目的としていた（加藤 2005）。黒竜江省は，この東北振興の勢いそのままに，ロシア国境沿いの諸都市の発展を促し，対露貿易を梃子としたロシアとの経済連携，国内他地域との経済連携を深め，産業高度化を図ろうとしている。

　黒竜江省は貿易面では強く対露貿易，特に国境貿易に依存する経済となっている。中国商務年鑑によれば，2004年の黒竜江省の対外輸出総額の約6割がロシアへの輸出であり，輸入総額の約54%がロシアからの輸入である。国境貿易は，黒竜江省の対外貿易額の約4割を占める。黒竜江省は，ロシアとの経済連携，特にロシア極東との経済連携を梃子にして発展しているものの，その過度なロシア依存もまた不安要素となる特徴であるといえる。

　とはいえ，黒竜江省や吉林省のロシア国境地域の活況は，中国東北地方とロシア極東地域との間の国境を通じた経済交流が質的にも量的にも充実し，両者の関係なしには両地域経済が成り立たないほどの強い交流になっていることを印象づけている。黒竜江省のロシアとの国境地域の都市である綏芬河（スイフンガ）は，ロシア極東地域の沿海地方のグロデコヴォとの間でトラック輸送と鉄道相互乗り入れができ，ロシアからは木材などが輸入される一方で，中国からは担ぎ屋による物流が盛んで，繊維・軽工業品が輸出されている。それらの商品は，ウスリースクをはじめ，ロシア極東地域の中国人市場と呼ばれる商業施設でロシア人の需要を賄っている。また，ビザなしで相互に商業施設を訪問できる互市貿易区の整備が進められ，ホテルや商業施設がすでにできあがっている。同じく同省の東寧市にも同様の互市貿易区が設置され，商業施設ができあがった。吉

林省延辺朝鮮族自治州の琿春においても、対ロシア貿易および同じく国境を接する北朝鮮を含む近隣諸国との貿易を念頭に工業団地の整備が進み、受入体制は万全である。

ところが国境を越えてロシア側に足を踏み入れると、中国側国境地域の活況とは好対照に未整備、未開発が目立つ。すでに言及したロシアの「2013年までの極東ザバイカル地域経済社会発展プログラム」では国境地域協力が取り上げられており、ロシア極東地域が抱える様々な課題の解決に国境地域協力が効果的であることが謳われている。国境地域の整備の必要性を認識しているにもかかわらず、ロシア側の熱意はロシア側国境地域に具体化していない。そのため、綏芬河の互市貿易区にしても、ロシア側の互市貿易区は整備されず放置され、東寧に至っては互市貿易区が閉鎖され中国側投資の失敗を露呈し、琿春においては鉄道路線ができあがっているにもかかわらず利用されないまま施設が放置されている状況である。中国東北地方が国境貿易、そしてロシア極東地域との経済連携にかける熱意とは裏腹に、ロシア側の対応は冷たい。豊かになる中国側国境地域を目の当たりにし、戸惑うロシア極東地域の姿は対照的である。

（2） ロシアの懸念としての中国人移民問題

なぜこのような国境を跨いだ地域経済交流への姿勢の違いが生まれるのだろうか。

2009年9月、メドヴェージェフ大統領と胡錦濤国家主席は、2国間の国境地域の発展を目指す「2009～2018年のロシア極東地域・東シベリア地域と中国東北地方との間の協力プログラム」に調印をした。国境地域での205件の主要な共同プロジェクトを含むこのプログラムではあるが、ロシアの報道は冷ややかだった。それもそのはず、このプログラムは、ロシア極東・東シベリア地域を中国東北地方の製造・加工業のための資源供給地域として開発するための協力関係の構築だったからである。

問題は、これから10年間の露中協力関係を考えた場合に、ロシア極東地域および東シベリア地域にロシアの天然資源を利用した加工・製造の工業基盤整備は、労働力の面からして期待がもてないことにある。ロシア側にしてみれば、ロシアには技術力が中国に比べ劣っているわけではないとの自負がありながら、結局、両国国境地域での協力で製造・加工を中国側の手に渡さなければならな

い理由は，労働力にあるということになる。

　ロシア極東の森林資源は，丸太のまま中国東北地方に輸出され，中国東北地方で加工され，付加価値をつけてロシアやアジア諸国に輸出されている。後述することになるが，ロシアは自国の木材加工業育成のために丸太輸出の実質的禁輸を意味する高い輸出関税を計画している。この高関税が実施されればロシア極東地域の丸太に依存してきた中国東北地方の木材加工業は大きな打撃を受ける。中国東北地方の木材加工業者は生き残りをかけてロシア極東地域での木材加工に投資する可能性がある（封 2009）。しかし，そうした投資が実現されたとしても，それを担う労働力が不足する状態ではロシア極東地域での木材加工は中国資本と中国人労働者による操業が場所を変えて行われるにすぎないという結果になり，ますます中国人出稼ぎ労働者をロシア極東地域に呼び込まざるをえず，ロシア極東地域の人口過少・労働力不足を露呈させることになる。

　さらに，現在進行している2012年APECサミット開催に合わせたウラジオストク再開発にしても，ロシア国内および旧ソ連地域からの移住者を募ったとしても必要とする労働力の3分の1か4分の1しか補充できず，中国東北地方および北朝鮮やヴェトナムなどそのほかのアジア諸国からの労働力を利用しないことには再開発は難しいといわれている（大津・韓・横田 2010）。また，ロシアでは中央アジア諸国からの出稼ぎ労働者がロシアの労働力不足を補充する役割，特に労働市場の底辺を担う役割を担わされているが，ロシア極東地域は中央アジア諸国からの出稼ぎ労働者にとってあまりに遠く，移動コストが高く，魅力的な地域ではない。そのため，事実上，ロシア極東地域への外国からの労働力の供給源は，中国，北朝鮮，ヴェトナムといったアジア諸国ということになる。

　ロシア極東地域が労働力を外部に依存しているという特徴は，**図9-2**でも分かる。図9-2は住民雇用に占める外国人労働者の割合を示したものであるが，ロシア連邦全体と比較すれば極北のマガダン州やカムチャッカ州は別として，ロシア極東地域の外国人受入比率は高い。さらに，**図9-3**をみていただきたい。正規に労働許可をとってロシアで就労している中国人の地域分布である。ロシア極東の人口が，連邦全体の4.6%にしかすぎないにもかかわらず，中国人労働者の極東連邦管区のシェアは25%を占めている。ロシア極東地域において中国人労働者は特に目立つ存在である。例えば，沿海地方の2007年外国人労働者は，3万923人であるが，そのうち旧ソ連からの外国人労働者は

第Ⅱ部　国民の暮らしと地域

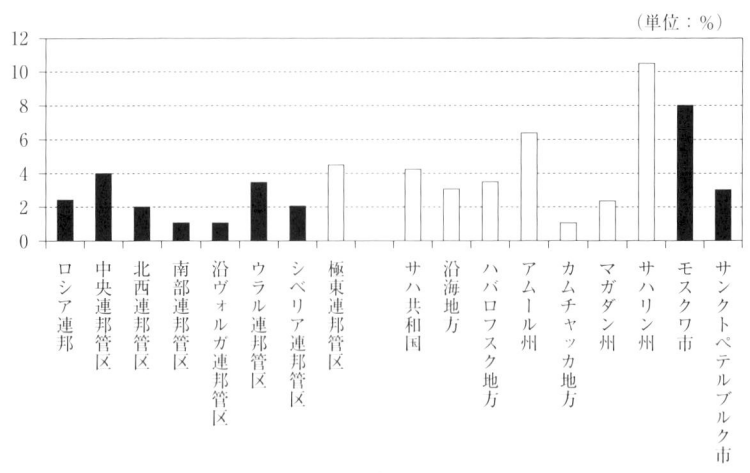

図9-2　住民雇用に占める外国人労働者数
注：白ぬきグラフは極東連邦管区とその構成主体を指している。
出所：内務省連邦移民局資料より筆者作成。

16.1％にしかすぎず，中国人だけで6割に達する。中国人に次いで多いのが北朝鮮人で約2割，そのほかウズベク人労働者が約1割，ヴェトナム人が3％程度といった構成になっている。東アジア系労働者だけで8割以上を占めるという外国人労働者の構成は，ロシア極東地域に特徴的にみられる状況である。

確かに，ロシア極東地域は，人口過少地域であるが故に，外部に労働力を依存せざるをえない。しかし，外国人労働力に対する需要があるからといって簡単に中国人労働者をロシア極東地域で活用できない難しい問題をロシア極東は抱えている。それが中国人移民問題である。

陸上国境を中国東北地方と接するロシア極東地域は，1990年代前半に大量の非正規中国人移民の存在が指摘され，中国人移民をロシア極東の民族構成の撹乱要因とし，ロシア極東地域の中国人による経済支配が進み，自治が要求され，将来的には中国がロシア極東地域を領有することになるのではないかとの脅威がメディアや地元政治家により喧伝された。ソ連崩壊後まもなくは中露国境地域に出入国管理を行う施設もなく，中国人の国境往来を監督する手段をもたなかったロシアであるが故に，ロシア極東地域には200万人もの中国人が在留しているという眉唾ものの情報まで飛び交った。1994年から中露国境のロシア側入国管理が強化され，ようやく中国人の国境往来をロシア政府も把握できるよ

うになったが，公式統計があらわす中国人移民数は「氷山の一角」であるとの見方は途絶えることがなかった。ロシアにおいて根強い「中国脅威論」もしくは「黄禍論」は，ロシア市民がもつ中国人に対するステレオタイプ（デァトロフ 2010）や整備途上のロシアの入国管理体制と一貫しない政府の移民政策とが相まって，誇張された議論となった。

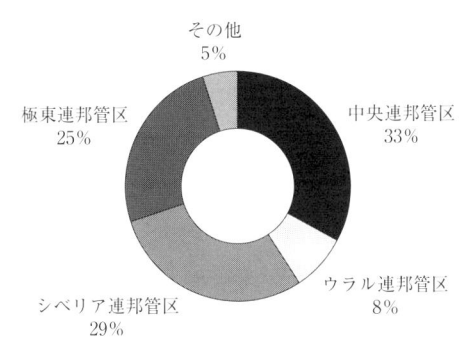

図9-3　中国人労働者地域分布（2007年）
出所：内務省連邦移民局資料より筆者作成。

　中国人移民といっても，定住を目的とした移民はほとんどなく，基本的には短期滞在者であり（大津・韓・横田 2010），出稼ぎ労働が中心である。2008年のロシアの登録外国人労働者数は，延べ約240万人であった。そのうち，CIS諸国からの外国人労働者は，全体の7割強にあたる約178万人である。ロシアの不法就労問題は，数のうえからいえば，CIS諸国からの外国人労働者がかかわる問題の方が多い。ビザを免除されロシア国内で就労機会を探すことができる多くの旧ソ連諸国の労働者のなかには，労働許可をもたずに就労したりするケースは頻繁にある。一方，中国人の場合は，ロシアで就労する場合には，入国前に労働許可を取得し，就労ビザを獲得していなければ，ロシアへ渡航すらできない。2008年時点でロシアの外国人労働者の11.6％を占め，国別ではウズベキスタン，タジキスタンに次ぐ第三の勢力である中国人は，ロシアにおいて目立った存在である。外国人労働力に依存するロシアにおいて，アジア系，特に中国人がゼノフォビアの対象になりやすい。目立つ存在であるが故に，無理をして不法就労したり不法滞在したりすることは合理的でない。そのため，内実は多様であるにしてもロシアの法制度に従った滞在を行う傾向にある。

　中国とともに働き暮らしていくことがこの地域に不可欠な要素であることを認識し，声高に「黄禍論」を唱える研究者はいまでは少ない。とはいえ，開発が進まぬ場合，ロシア極東地域の不満や怒りの矛先が中国や中国人移民に向けられることはありえるだろう。急速に発展する中国東北地方とは対称的に産業も興らず開発が遅れ，中国人労働者に依存せざるをえないというロシア極東地域の

状況は、ロシア政府にとってロシア極東地域の開発に隣国中国との協力が不可欠である一方で、中国側がロシア極東地域を資源供給基地化したり、投資や労働力供給を通じて中国のプレゼンスがロシア極東地域において高まることへの警戒感を根強く残しているという意味で、ジレンマを抱えている。

5　日本とロシア極東地域——海を隔てた地方間国際経済交流の課題

　ロシア極東地域は我が国に隣接する地域であり、最も近いロシアとして我が国の対露経済交流の「勝手口」となっている。「勝手口」と称するのは、大企業だけでなく中小企業も、国としてだけでなく地方自治体も、身近なこの地域の交流窓口を利用してきた経緯があるからである。我が国の地方自治体は、ロシア極東の沿海地方やハバロフスク地方などロシア極東地域の連邦構成主体や地方自治体との交流を行い、互いに中央を経由しないローカルとローカルのダイレクトな交流を実践してきた。北東アジアの国々が地方のイニシアチブをロシアにおいて発揮する場としてロシア極東地域は存在する。我が国のロシア極東地域との長いつきあいの挫折と希望の入り交じった歴史は、環日本海経済圏（コラム参照）への期待と挫折を如実に表している（大津・松野・堀江 2010）。

　富山県は、環日本海経済交流において新潟県とともに主導的な役割を果たしてきた県である。富山県の特徴は、ロシア、特に極東地域との経済交流がほかの自治体に比べ強いことである。それ故、ロシアの政治、経済の動きやロシア極東地域の動態に富山県は相対的に強い影響を受ける。富山県がロシア極東地域との交易において特徴をなすのは、木材やアルミインゴット、それに原油などの原料輸入と、中古車や自動車部品などの輸出である。こうした特徴は、富山県だけでなく、多くの日本海側港でみられる共通の特徴である。ここでは、その主要輸出入品から富山県の対ロシア貿易の拠点である伏木富山港の姿がどのように変わり、ロシア極東地域の動態がどのように我が国の地方に影響を与えているかを考えよう。

　2009年の日本の貿易相手国ランキングのなかで、対ロシア輸出額は約32億9000万ドルで27位、輸入は88億5000万ドルで17位である。10年前の1999年時点では対ロシア輸出は日本の貿易相手国としては約4億8000万ドルで50位、輸入は約37億6000万であったが、この10年間で輸出入とも大幅に伸び、我が国の貿

易におけるロシアの地位は格段に上がった。それでも，常に上位を占めるアメリカ，中国，韓国，台湾などとの交易と比較すると，我が国の貿易におけるロシアの地位は決して高いとはいえなかったのも事実である。一方，富山県のような日本海側自治体にとって，ロシアは交易相手として我が国の位置づけよりも格段に高い。2007年における富山県の対外貿易額シェアでロシアは1位であり，総貿易額の27.5％を占めていた。

　富山県が強みをもっていたのは，ロシア極東への中古車の輸出とロシア極東からの原木輸入であった。対ロシア向けの中古車輸出で，伏木富山港からは2007年には約15万台もの中古車が輸出され，その数は全国の33.9％を占めた。富山県は，我が国の対ロシア極東地域への中古車輸出の拠点であった。ところが，2009年1月からのロシア政府による中古車輸入の規制強化により，伏木富山港からの中古車輸出は先細りがみられている。富山県を貫く国道8号線沿いにロシア向け中古車を扱うパキスタン人業者の中古車用スペースからは中古車が消え，閑散としている。

　丸太輸入に話を進めよう。我が国の北洋材依存は，富山に限らず強まっていた。1995年から2006年までの間に，丸太の輸入先は北米材や南洋材から北洋材にその比重を移し，我が国の丸太輸入のうち，ロシアは1995年の24.7％から2006年には46.9％と大幅にそのシェアを伸ばしている。それでも，富山の北洋材依存は極端である。富山の2008年輸入実績で，総木材輸入量の94.4％が北洋材で，残りの5.6％が米材，南洋材に至っては2007年から入っていない。2006年の国産材と外材とを合わせて考えた北洋材依存率は，全国平均が10.4％であるのに対し，富山は90％，2位の京都府に比べ33.8ポイントも高いという突出した依存度を示している（表9-6）。

　富山県が中古車輸出業や北洋材を利用した木材加工業を発展させてきたのは，日本を一巡し日本各地のコンテナを集めて回るロシア極東定期コンテナ航路によるものではなく，コンテナ船就航以前から伏木富山港とロシア極東地域をダイレクトに結んでいたRO-RO船（港湾においてクレーンに頼らず車両で直接積載や揚陸ができる貨物船）や在来船が別途就航していたからである。中古車を満載するRO-RO船や丸太を運ぶ在来船などの活躍が，富山とロシア極東地域とをつなぐ地域産業を生み出したといえる。伏木富山新港の木材輸入業者は，ほとんどが富山県内企業である。これら荷受会社から日本全国各地の北洋材需要者へ

表9-6 2006年都道府県別北洋材依存率上位10都道府県

		国産材・外材合計（1,000m³）	北洋材（1,000m³）	北洋材依存率（％）
	全　国	20,342	2,115	10.4
1	富　山	914	823	90.0
2	京　都	276	155	56.2
3	新　潟	411	214	52.1
4	香　川	91	38	41.8
5	山　形	309	105	34.0
6	鳥　取	102	30	29.4
7	石　川	144	41	28.5
8	福　島	705	167	23.7
9	兵　庫	256	46	18.0
10	滋　賀	95	17	17.9

出所：農林水産省『木材需給報告書』平成18年度調査結果より作成。ただし，データは素材需要量，主要部門別，自県・他県・外材別素材入荷量，製材用に関する統計より抽出。

　木材は流れていくわけであるが，丸太は富山県内の製材工場で挽かれていた。富山県には，そうした北洋材一大輸入港としての富山県の地理的条件を反映して中小の製材工場が集積していた。こうしたクラスターは，ロシア極東地域との地方間国際経済交流が生み出したクラスターなのである。

　2007年2月5日にロシア政府が，丸太輸出関税を段階的に引き上げることを発表した。ロシアから輸出される木材のうち，針葉樹は世界の針葉樹丸太輸出量の約4割を占め，ロシアの丸太輸出関税の引き上げは当然輸入各国に影響を与えるものであった。特に2009年1月1日から予定されていた関税率は，針葉樹丸太で80％と，実質的に禁輸措置に等しい関税となっていた。この関税引き上げは，ときを同じくして生じた経済危機と，富山県と同様にロシアの原木輸入に依存するフィンランド（カレリア地方）の強い働きかけやロシア国内の木材伐採業者の苦境を考慮して，現在に至るまで延期されている。それでも，丸太輸入業者および北洋材製材業者の見通しは暗い。

　富山県の北洋材依存は，ロシア極東地域との地方間国際経済交流を通じて，ロシアの関税・産業政策が直接に地元製材工場の稼働に影響を与える構図を作り出していたのである。富山県内の製造業者が2008年頃から丸太輸入から撤退する動きが盛んに報じられるようになっている。ロシアの丸太輸出関税の引き上げをきっかけに，富山県内の製材業者は，ロシアでの現地製材化か撤退かの選択をせまられている。国産材やニュージーランド材，米材などほかの外材への切り替えなど調達先や樹種の転換は，これほどロシア極東地域に依存した富

山にとって簡単とはいえない。

　伏木富山港には，かつてありふれた風景であった丸太の山や中古車の姿がいまではなくなっている。遠くの異国のようにしばしば感じられるロシアは，日本海側の自治体にとっては身近な隣国である。その隣国の関税や産業政策によって，われわれの地方経済の盛衰もまた左右されるのである。

6　ロシア極東地域の展望

　ロシアはわれわれにとって決して身近な国であるとはいえない。しかし，その広大な領土をもつロシアは，左足をアジアに右足をヨーロッパに下ろしている。その左足のつま先にロシア極東地域があり，人口圧力が高くロシア極東地域との経済交流を地域経済発展の梃子にしようと懸命にあがく中国東北地方があり，海を隔てたロシア極東との交流に地方経済の未来を見つめる日本の地方がある。長く周辺性と後進性に甘んじてきたロシア極東地域であるが，アジア太平洋諸国との経済交流のなかに地域の未来をみようとする気持ちはロシア極東地域の住民たちとて同じことである。

　ようやくめぐってきたロシア極東地域の本格的な開発のチャンスが2012年APECサミットのウラジオストク開催を機に到来している。ロシア連邦政府も今回は真剣である。運悪く経済危機に直面する現在ではあるが，それで開発プログラムが頓挫するようであれば，ロシア極東地域は人も産業も離れ，空白地帯化していくかもしれない。ロシア極東地域に熱い視線を送る中国東北地方でさえ，開発が進まず縮小するロシア極東地域の消費市場と運命をともにできるほど余裕があるわけでもない。ロシア極東地域開発は，旧ソ連時代から続く長い開発と衰退の歴史のなかで，いま正念場を迎えている。

　ロシア極東地域が本格的な再開発を遂行し，近隣諸国および近隣諸都市との経済連携を積み重ね，東アジアにおける多国間経済連携のなかでロシアのプレゼンスを軍事や資源に依らずにどこまで強化させることができるか，本書が出版された後のAPECサミット以降にその結末はより鮮明にでてくるに違いない。ならば，本章が提供する読者への宿題は，まさにAPECサミット以降にロシア極東地域開発の帰結を観察し，本章で取り上げた課題がどれほど解決の方向性を見出しているかを検討することであろう。

第Ⅱ部　国民の暮らしと地域

■□コラム□■

環日本海経済圏

　環日本海経済圏構想は，第一に，我が国から北東アジアに向けて提唱された構想であったこと，第二に，冷戦によって制限されていた北東アジアの経済交流を本格的に活性化させようとする構想であったこと，第三に，国家間の経済交流ではなく日本海を囲む各国地方間の協力が目指され，地方の視点が重視されていたことなどを特徴とし，その構想の原点となったのは，1968年に『コリア評論』に掲載された福島正光の「日本海経済圏の提唱――平和と繁栄の第三の道」であるとされている。日本海側の対岸諸国との交流への期待感は，「裏日本」と揶揄された当時の日本の日本海沿岸地域が，太平洋を介して世界との経済連携を深めるのではなく，日本海を介して世界との経済連携を深めることで，地域開発を行い，太平洋沿岸地域にキャッチアップしようとする切望が根底にあった。環日本海経済圏構想の基礎認識は，ロシアの資源，中国・北朝鮮の労働力，日本および韓国の資本・技術の経済的相互補完関係に着目した互恵的な経済協力であり，冷戦終焉後の21世紀の巨大市場出現に対する期待であった。日本海という呼称が周辺各国で共通の呼称となっていないために北東アジアという名称が好んで使われるようになったこと，北朝鮮問題を含めこの地域の相互経済協力の進展がほかのアジア地域に比べ思うように進まないこと，環日本海地域という領域だけでなく広く東アジアといった枠組みでの経済交流を日本海沿岸の諸自治体が求めるようになっていることなどから，環日本海交流への期待から設立された環日本海学会も2007年に北東アジア学会に名称変更するなど，いまでは環日本海経済圏構想を語るものは少ない。

●参考文献

伊藤庄一（2007）「中ロエネルギー協力関係――戦略的パートナーシップと相互不信のジレンマ」木村汎・袴田茂樹編著『アジアに接近するロシア――その実態と意味』北海道大学出版会。
　この論文で華やかな中露協力に見え隠れする相互不信の理解を深めよう。
大津定美・韓福相・横田高明編著（2010）『北東アジアにおける経済連携の進展』日本評論社。

北東アジアのなかでのロシア極東地域の位置づけを考えるのに最適である。

大津定美・松野周治・堀江典生編著（2010）『中ロ経済論』ミネルヴァ書房。
　中露国境地域の地方間国際経済連携の意義をリアルに描いている。

加藤弘之（2005）「中国東北地域の開発と北東アジア」大津定美編著『北東アジアにおける国際労働移動と地域経済開発』ミネルヴァ書房。
　中国東北地域経済の課題を学ぶことができる。また，この文献のほかの章も大いにこの地域の理解を助けるだろう。

雲和広（2003）『ソ連・ロシアにおける地域開発と人口移動──経済地理学的アプローチ』大学教育出版。
　旧ソ連および現代ロシアの人口移動を洗練された手法で描いている好著である。

中馬瑞貴（2009）「ロシアの中央・地方関係をめぐる政治過程──権限分割条約の包括的な分析を例に」『スラヴ研究』第56号。
　ロシアの中央と地方の関係をより詳しく学びたい学生諸君に勧めたい。

デァトロフ，ヴィクトル（2010）「シベリア・極東地域におけるステレオタイプと移民恐怖症」堀江典生編著『現代中央アジア・ロシア移民論』ミネルヴァ書房。
　現代ロシアの市民達が外国人労働者や移民達をどのように認識し，受け入れてきたかを理解するのに役立つだろう。

封安全（2009）「ロシアの木材輸出の新展開──対中国貿易を中心に」『スラヴ研究』第56号。
　中露木材貿易に関する数少ない専門的考察である。

堀内賢志（2008）『ロシア極東地域の国際協力と地方政府──中央・地方関係からの分析』国際書院。
　ロシア極東地域の政治，経済を理解するときの必読書といえる一冊である。

堀江典生（1997）「ロシア極東経済発展再考」『世界経済評論』1月号。
　本章とこの論文を読み比べ，ロシア極東地域経済が抱える今日的課題を考察してみよう。

（堀江典生）

第Ⅲ部
貿易と対外経済関係

第10章
国際経済関係

　旧ソ連では，国際貿易は「国家独占」されており，国際金融も完全に国家の管理下にあった。市場経済化開始以後のロシアは，対外経済関係の急速な自由化によって特徴づけることができる。個々の官僚主義的問題のために，ロシアの国際経済関係には自由が不足していたのではないかとの憶測も存在するが，事実は異なる。ロシア内外の企業は自由をこれまで謳歌してきたといえる。しかし，この自由は，石油・天然ガス価格の近年における高騰という条件下で，ロシア産業構造のモノカルチャー化に帰結した。現在ロシアは，資源をもった低開発経済に特徴的な型を呈している。国際金融構造に目を転じても，サービス貿易収支や利子配当の受払いが赤字であるにもかかわらず，商品貿易収支が大きな黒字である結果，「経常収支」は黒字であるというある種の後進性がみてとれる。「経常収支」の増大が「外貨準備」の累積につながっている点も重要である。こうしたロシアの現状は，資源賦存に適した経済の型が自然とできあがった結果だとの評価も可能だが，ロシア市場経済の設計者達が果たしてこのような型を望んでいたかどうかとなるとはなはだ疑問である。

1　ソ連とロシア連邦

（1）　ソ連の継承国家ロシア

　1991年12月8日，ロシア大統領エリツィン，ウクライナ大統領クラフチュク，ベラルーシ最高会議議長シュシケーヴィッチの3共和国の首脳は，いわゆる「独立国家共同体」（英語略号「CIS」）の設立宣言を行うとともに，「国際法上の主体」としてのソ連（ソヴィエト社会主義共和国連邦）の消滅を宣言した。1922年以来存続してきたソ連は，1991年12月をもって消滅し（ソ連最高会議の消滅宣言は26日），それを構成していた15の共和国は，それぞれ一個の独立国として国

際舞台に登場したのである。

独立した共和国のうち最大・最強のものがロシア共和国（後のロシア連邦）であることは，人口や面積の観点から明白である。しかし，それだけでなく，旧ソ連の国家機関の多くをロシアが引き継いだことが重要である。また，旧ソ連の債権債務はすべてロシアが引き継ぐことになった。軍事的な側面においては，旧ソ連の核がすべてロシアに移管されたことが看過できない。このような意味でロシアはソ連の継承国家としての側面が強い。新しい独立国家として登場し，各国で大使館の敷地探しから始めねばならなかったロシア以外の共和国と，ロシアとはこの点で大きく異なる。

しかし，ロシアとソ連とはやはり別物である。本章はソ連ではなくロシアの対外経済関係を考察の対象とするのであるから，ロシアはソ連と比較してどの程度の経済規模をもつ国であるのかを確定する必要がある。

（2） ロシア連邦の経済規模

ロシア連邦は，旧ソ連体制下の「ロシア・ソヴィエト連邦社会主義共和国」（ロシア語の略称をローマ字に翻字すればRSFSR）の領域をそのまま受け継いでいる。したがって，ロシア連邦の経済規模とソ連のそれとの比較は，旧体制下で，ロシア・ソヴィエト連邦社会主義共和国がどの程度の規模をソ連で占めていたかを調べることによって可能である。

表10-1は，ソ連とロシア・ソヴィエト連邦社会主義共和国とを，若干のマクロ指標と工業生産額・農産物国家供出額に関して，比較している。必ずしも明快な一般的傾向をここから導き出すことはできないが，概していうなら，エネルギー，重工業分野の生産ではロシアは人口比（50％）以上の比重を占めていたのに対して，軽工業，農業の生産では，人口比と同等かそれ以下の比重しか占めていなかった。特にロシアにおけるエネルギー生産の圧倒的大きさは注目しておくべき事実である。

この点を**表10-2**でさらに詳しくみておこう。ロシアは，電力，石炭に関しては，人口比をやや上回る程度の生産高を記録していたにすぎないが，石油，天然ガスの生産比はソ連のなかで圧倒的であった。ロシアの石油生産は常にソ連の生産の90％以上を占めている。天然ガスに関しては，1980年以降の10年間に急速にロシアの生産比重が高まっている。

第10章　国際経済関係

表10-1 ソ連とロシア[1]：マクロ指標および工業と農業（ソ連全体の水準を100としたロシアの水準）

	1985	1988	1989	1990
生産国民所得	61	61	61	61
国民経済における年平均労働者・職員数	57	57	57	57
重要工業商品の生産				
石　油	91	91	91	90
天然ガス	72	77	77	79
石　炭	54	55	55	56
トラック	84	85	86	86
農業機械	58	57	57	60
セメント	60	60	60	60
靴	46	45	46	46
メリヤス製品	40	39	39	40
動物性油脂	47	47	47	48
農産物の国家への供出				
穀　物	54	48	53	50
亜　麻	35	40	37	29
羊　毛	45	44	44	44

注：1）ロシア・ソヴィエト連邦社会主義共和国。
出所：ロシア連邦国家統計委員会『ロシア統計年鑑』1990年版，11-12頁。

表10-2 ソ連とロシア：エネルギー・燃料生産

		電　力		石　油[1]		天然ガス		石　炭	
	単　位	10億キロワット時		百万トン		10億立方メートル		百万トン	
		ロシア	ソ連	ロシア	ソ連	ロシア	ソ連	ロシア	ソ連
1980	実績	805	1,294	547	603	254	435	391	716
	比重（％）	62.2	100	90.7	100	58.4	100	54.6	100
1985	実績	962	1,544	542	595	462	643	395	726
	比重（％）	62.3	100	91.1	100	71.9	100	54.4	100
1988	実績	1,066	1,705	569	624	590	770	425	772
	比重（％）	62.5	100	91.2	100	76.6	100	55.1	100
1989	実績	1,077	1,722	552	609	616	796	410	740
	比重（％）	62.5	100	90.6	100	77.4	100	55.4	100
1990	実績	1,082	1,726	516	571	641	815	395	703
	比重（％）	62.7	100	90.4	100	78.7	100	56.2	100

注：1）ガスコンデンセートを含む。
出所：ロシア連邦国家統計委員会『ロシア統計年鑑』1990年版，373頁；ソ連国家統計委員会『ソ連統計年鑑』1990年版，395，397頁。

ロシアにおける石油と天然ガスの圧倒的生産量，これが，ソ連崩壊後のロシア連邦の対外経済関係を規定する重要な要因となる。この観点からいうと，ソ連崩壊とは，ロシアにとっては，自らの領域から生産される石油・天然ガスを，安い国内価格でウクライナやベラルーシのような非産油地域に供給する必要がなくなったということを意味する。

旧ソ連時代は，個々のソ連構成共和国間に税関は存在せず，共和国間の物資の移動は単なる国内流通の一環にすぎなかった。この構造がソ連崩壊後，どのように変容したか，これは興味尽きない問題だが，それを実証的にフォローできるデータは少ない。特に石油やガスの旧ソ連内流通構造が，ソ連崩壊後どうなったかについては不明な点が多い。しかし，ロシア連邦の通関統計をみると，この状況を垣間みせてくれる。筆者の計算によれば，ロシア連邦の「燃料」輸出において，「CIS諸国」への輸出の占める比率は，1994年においては26.8％程度であったのが，「非CIS諸国」への燃料輸出の増大に伴って低下し，2000年には7.6％にまで低下し，輸出絶対額も1994年の54％程度に落ちたのである。資源輸出による外貨獲得という側面からみれば，独立＝ソ連崩壊はロシアにとって「うまみ」のある選択であった。もちろん，ソ連時代は，天然資源輸出による利益は「国家」のものだったが，今やそれは個々の企業のものである。「うまみ」が誰によって，どのように享受されているか，これこそソ連崩壊後のロシアにおける最も重要な問題の一つである（本節および次の第2節の叙述は拙著〔上垣 2005〕の第1章，第3章を利用した）。

2　ロシアにおける貿易と国際金融取引の自由化

（1）　ソ連体制下の国際経済

ソ連体制下では，外国貿易は「国家独占」されていた。外国貿易の「国家独占」とは，すべての外国貿易活動を国家がその統制下におくことを意味する。すなわち，ソ連企業の輸出入活動は，ソ連外国貿易省傘下の外国貿易会社（英語名はForeign Trade Organization：FTO）を通じてしか実施できず，個々の企業は外国の取引先と直接契約を結ぶことはできなかった。貿易支払にかかわる外貨の取り扱いに関しては，外国貿易銀行がすべてを統括した。ここで問題となるのは，国内価格と外国価格とを結びつける為替相場であるが，ソ連政府は，

商品ごとに独自の係数をかける実質的な複数為替相場制を採用していた。この為替相場の恣意的な設定のため、国庫には「特別貿易収入」と呼ばれる資金が入る仕組みになっていた（田畑 1999：43-48）。この貿易「国家独占」のため、ソ連の国内経済は世界市場から切断されており、ソ連の企業は、国際的な価格変動の影響を受けない代わりに、国際的な競争のなかで自己の生産を効率化させていこうとするインセンティブをもたなかった。

　そもそも、ソ連において外国貿易は国家の経済計画の従属変数であった。すなわち、経済計画遂行上どうしても必要で、国内では調達できないものが輸入され、その輸入代金を外貨で賄うために輸出が実施されるのである。なお、社会主義諸国との貿易関係は、主にコメコン（経済相互援助会議）を通じて行われていた。コメコンでは参加各国間で貿易協定が締結され、その協定に基づいて、輸出入される商品の種類、量、金額が前もって決定されていた。コメコンにおける貿易支払は、振替ルーブルという通貨で決済されたが、これはモスクワに設置されたコメコン銀行における計算上の口座残高にすぎず、国際的な交換性通貨（ドルなど）に対する交換性がなかったのはもちろんのこと、コメコン参加国どうしで、ある国に対する債権とほかの国に対する債務とを相殺することも事実上できなかった（グレゴリー・スチュアート 1987：291-317）。

　他方、国際金融の分野では、そもそも国家機関以外の自然人や法人が外貨を取り扱うことが許されていなかったうえ、銀行は、すべて国家機関であったから、国際金融活動は、完全に国家の管轄下にあった。また、ロシアは世界有数の産金国として世界の金市場に多大な影響を与えていたとはいえ、金輸出は貿易代金支払の必要のために断続的に実施されたにすぎず、これもまた、国内経済の従属変数であったといえる。1980年代に登場した国際金融上の新しい動き、すなわち証券化、デリヴァティヴ化、オフショア化にソ連が積極的に参加したようにはみえない。

　ソ連体制末期、石油輸出収入がソ連経済を支えたことは確かだが、そのことが国内経済の構造を決定づけていたわけではなかった。ソ連の崩壊、ロシア連邦の独立国家としての登場は、この状況に大きな変化をもたらした。それは、対外経済活動における国家的規制の排除、すなわち自由化によって推進された。

（2） 貿易自由化の開始――1991年11月15日の大統領令

ロシアにおける貿易の自由化は，1991年11月15日のロシア・ソヴィエト連邦社会主義共和国の大統領令（エリツィンが大統領である）によって開始された。貿易の自由化は，ロシア市場経済化の設計者の自由主義的シナリオにおいて重要な位置を占めるものである。というのも，これまで存在した種々の国家的規制を撤廃して自由な市場を作り出し，価格競争を通じて企業生産の効率化を進め，結果的に国民全体の経済厚生を高めるという彼らのシナリオにおいて，独占的企業が多いとされるロシアでは，外国商品の参入がぜひとも必要なものとなるからである。生産性向上の努力をせず，価格を高く維持しようとする独占企業の基盤は，外国企業の参入によって掘り崩されるであろうと考えられたのである。

大統領令は，冒頭，「対外経済活動を促進し，国内市場を安定化させ，外国投資を誘引するという目的のために以下を定める」と宣言する。ここで「対外経済活動の促進」は，輸入の自由化につながり，それは国内物価の安定＝国内市場の安定につながる。また，「外国投資」が流入すれば，国内企業の独占体制は崩れ，ここからも「国内市場の安定」が導かれる。この大統領令の背後には上記のような自由主義的シナリオがある。

このなかで，貿易の自由化に特に関連のある条項は，第1条である。第1条は，所有形態の如何を問わず，すべての企業が特別の登録なしに，仲介を含む対外経済活動を行うことを認めた。また，ライセンスに基づいて「外貨取引」も行われることとなった。すなわち，同大統領令第1条は，貿易の「国家独占」を無効にしたのである。第2条には，貿易ライセンス，割当，関税の軽減措置に関する言及もある。従来社会主義体制下では，貿易は完全なライセンス制の下に置かれており，価格も世界価格と国内価格とが切断されていたわけだから，そもそも関税そのほかの貿易政策の存在意義はなかった。さらに，同大統領令第6条が，自然人が外貨を保持できる自由を許した点を強調しておきたい。

ロシアでは，貿易政策においてその後複雑な展開があった。ロシア連邦における貿易の自由化政策は，輸入の分野では，自由主義的シナリオに則った過度に開放的な性格をもつものであったことが興味深い。特に重要なことは，ロシア連邦独自の初期の段階においては，政府が，消費財の輸入を率先して行った

ことである。他方輸出の分野では，むしろこれを規制する政策をあえて行った。ただし，ロシア連邦の貿易政策が輸入促進，輸出規制で一貫していたわけではない。輸入関税を引き上げようとする動きは常に存在したし，輸出税については国際機関が，これを早急に廃止するようと圧力を加え，実際一時は廃止させた。この結果，ロシアの貿易政策は，外見上複雑で紆余曲折したようにみえる。しかし，この点を捉えて，ロシアの貿易政策に自由主義が足りなかったかのように描くのはミスリーディングである。法律がどうあろうと，現場の役人がその統制権をどの程度行使できたかという観点からいうならば，1992年以降ロシアの国境には自由主義が支配していたと評価せざるをえない。資源輸出の膨大な額，「担ぎ屋」貿易（民間人が旅行者を装って外国に赴き，商品を購入して帰国し国内で売りさばく，また逆に，国内の商品を外国にもち出して売りさばく行為）の興隆がこのことを裏づけている。

（3） 国際金融・通貨システムの自由化──「外貨法」

ロシア連邦において，国際金融・通貨システムを自由化する最初の包括的な法的文書は連邦法「外貨規制と外貨コントロール」（1992年10月9日付。以下，外貨法）である。それは「外貨取引」の基本的な原則を提供するものであった。ここでいう「外貨取引」とは，以下に示す取引を意味する。

- 「外貨価値」（外貨および外貨建て証券その他）の所有権の移転
- 対外経済取引を実行するための支払いの手段としての外貨およびルーブルの使用
- ロシアへ（から）の「外貨価値」の送金と本国送金
- 為替取引

「外貨法」はこれらの取引を二つのサブカテゴリーすなわち「経常取引」と「資本取引」（正確には「資本の動きと関連した取引」）とに分ける。「経常取引」は，輸出入の支払いを実行するための通貨の送金，短期信用（180日以下）と関連した通貨の移転，短期信用の受け取りと供与，利子・配当・ほかの収入の移転を含む。さらに，「経常取引」は，賃金，年金，遺産，子供の養育費のような非貿易的性格をもった金銭の移転を含む。換言すれば「経常取引」は，国際収支

表の経常勘定の部分にあらわれる貨幣取引と短期の資本移動に関連する貨幣取引とを含む概念である。以上は，IMF協定第8条の「経常取引」の概念に対応する。

他方，「資本取引」は，直接投資，証券投資，そのほか長期信用，さらに，土地を含む資本財の移転と返還を含む。すなわち，「資本取引」は，国際収支表で，「資本・財務勘定」の部分にあらわれる取引である。

「外貨法」によれば，これらすべての取引はいわゆる認可銀行を通して実行されることになっている。認可銀行とは，「ロシア銀行（ロシア中央銀行）」から，「外貨取引」を実行する許可証を受け取った商業銀行である。「外貨法」はまた，外貨と有価証券の保持，使用，処分に関して，居住者と非居住者の権利と義務を定めている。この法律によれば，ロシアの居住者は，認可銀行を通してロシア国内市場で外貨を売買する権利をもっている。また，ロシア領域内で，非居住者法人と居住者法人との間の取引が交換性通貨で可能である。

「外貨法」の条項が示唆するのは，ロシア居住者（法人でなければならないが）は，「外貨取引」を実行するために，ルーブルを外貨に自由に交換することができる法的根拠が1992年10月の時点ですでに確立していたことである。もちろん法律には多くの制約的条項がある。しかし，法律のエッセンスは，ともかくもドアを開けてしまったのだという点である。他方，上記「大統領令」が居住者（ここでは自然人を含む）の外貨保有を認めてしまっていることも見逃すべきではない。それは，ロシアの居住者がインフレーションから自らの資産を守るため，現金か銀行預金の形で外貨，特にドルを保持しようとする行為に直接つながった。

（4） ロシア人の外貨口座

ロシア人（正確にはロシア居住者）が銀行に外貨建ての口座をもち，それを通じて自由に対外取引を行う権利を保障することは，ロシアでは自由な国際金融取引システムの第一歩となった。ロシア居住者の外貨口座については，1992年6月の大統領令とロシア銀行訓令がすでに細かくその手続きを規定していた（7月1日発効）。これらの規定によれば，すべての企業（外国資本参加企業を含む）は，自ら獲得した外貨の30％を連邦の外貨準備に，20％を国内外貨市場に，市場レートで売り，残りを外貨口座に保持することができる。この新システム

は1998年8月の通貨・金融危機のときまで有効だった。この強制販売の率が自由な交換にとって制限的でありすぎるかどうかは，議論の的となろう。また，実際には，この率は，何回か変更が加えられた。しかし，われわれは少なくとも次の点を指摘する必要がある。ロシアの企業が，強制販売を行った後に自らの手に残した外貨は，他の移行期国の例と比較すると，絶対額としては，莫大な量であったという点である。というのも，ロシアは石油・ガス，その他天然資源という強力な輸出品をもっていたからである。このシステムは，ロシア経済の「ドル化」の基礎となった。

　この大統領令および訓令の条項は，経常取引（IMF協定第8条と第30条（d）の意味で）における通貨の自由交換システムを保障するものと解釈できる。それは，結局，ルーブルの為替相場を市場メカニズムに則って変動させ，金融システム全体の自由化を促進するものである。ここで指摘しておかなくてはならない重要なことは，ロシアの銀行におけるドル口座は，ロシア市場におけるドル現金流通拡大の基礎になったという点である。非現金ドル口座をもつロシアの銀行はコルレス契約をもつ海外の銀行にドル残高を移転できる。その海外の銀行ではドル現金を簡単に引きおろすことができる。このドルは飛行機で簡単にモスクワにもち込まれるのである。ロシアにおける「ドル化」の勢いは，政府の数々の制限的方策にもかかわらず，1998年初めまで収まらなかった。

（5）　外国人のルーブル口座

　外国人（正確には非居住者）がルーブル口座をロシアの銀行にもって，それを通じて経済活動を自由に行う権利を保障することも，国際金融取引自由化のための一つの重要な要素となる。1993年7月，ロシア銀行訓令は，非居住者が認可銀行に三つのタイプのルーブル口座を開設することができることを定めた。三つとは「Tタイプ口座」，「Iタイプ口座」，および「非居住者自然人のための口座」であり，それぞれ，非居住者が輸出入取引のため，投資目的のため，そして日々の生活のために開くことのできるものである。重要なことは，これらの口座を通じて非居住者はロシアで得たルーブルを外貨に換えて外国に送金できる仕組みが作られたことである。さらに，1996年の5月16日の大統領令と1996年5月28日のロシア銀行書簡は，「Tタイプ口座」から「Iタイプ口座」へのルーブルの移転の禁止を解除した。これはIMF協定第8条の条件を受け入

れるための条件だった。また，1996年7月26日のロシア銀行訓令は，非居住者が「Ｓタイプ」という特別のルーブル口座の設置することを許可した。「Ｓタイプ口座」は，外国の資本をGKOおよびOFZという短期ルーブル建て国債の市場に導入するためだけに設置されたものである。

以上によって，非居住者が，ロシアとルーブルで商業取引を行い，また，ロシアの証券に投資し，さらに獲得された利潤，元本，利子・配当などを再び外貨に換えてもち帰るという取引行為を非現金ベースで行うことが可能になった。特に，1996年以降の動きは，非居住者のロシアへの資本投資を活性化させた。

（6）　国際金融システム——自由の不足？

2006年7月1日からロシアでは180日以上の期日をもつ長期貿易信用や外国の証券・株式などの取得にかかわる対外決済や送金に関する規制を廃止した。これをもって，ロシアは資本取引にかかわる通貨取引の自由化を完成させた。ロシアが経常取引（通常の貿易や短期貿易信用など）にかかわる通貨取引の規制を撤廃していわゆるIMF8条国となったのは，1996年6月1日であったから，そこから10年でやっと次の段階に到達したことになる。この動きの緩慢さを，ロシアの政権，特に後期エリツィン以後の政権の保守性に帰すことはあながち的外れではない。例えば，1998年から2002年までロシア中央銀行総裁だったヴィクトル・ゲラシチェンコが，IMF流の国際金融の自由化路線に反対だったことは明白な事実である（彼は旧ソ連中央銀行ゴスバンクの幹部だった）。善意の一般企業社員・民間銀行員たちは，種々の規制条項を盾にとって官僚主義を押しつけてくるロシア官庁職員に悩まされ続けたであろう。この点を捉えて，2006年までロシアの国際金融システムには自由が不足していた，保守的な政府のために資本の最適配分が妨げられていた，と批判することは不可能ではない。

しかし，システムの不備のために，ロシアでは資本の国境を越える移動が大幅に妨げられていたといえるかどうかとなると，疑問が残る。ここで留意すべきは，チャンスさえあれば法制度の弱点をついて自己の利害を貫徹させようとする人々にとって，法制度上の完全な自由など必要としないという事情である。レイヤードとパーカーはいう。

（1991年11月の大統領令の1992年以降の施行を説明したあと）こうして，輸入品を

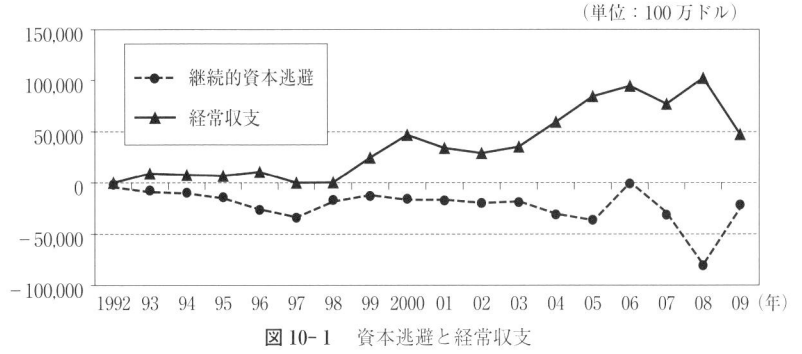

```
                                         （単位：100万ドル）
150,000
         ---○--- 継続的資本逃避
100,000  ——▲—— 経常収支
 50,000
      0
-50,000
-100,000
        1992 93 94 95 96 97 98 99 2000 01 02 03 04 05 06 07 08 09 (年)
```

図 10-1　資本逃避と経常収支

注：「資本逃避」（定義は本文を参照）はマイナスで流出額を表す。なお，2009年のデータは暫定値。
出所：ロシア中央銀行ウェブサイト。

購入する目的（「経常勘定」目的）に限り，まったく自由にルーブルをドルに換えることができるようになった。建前上，投資目的（「資本勘定」目的）でのドル購入は許されず，もちろん海外にもち出すことや海外の資産に投資することは許されていなかった。しかし，実際上はこの規則が厳しく適用されることはなかった。いくら禁止しても，輸出業者は常に輸出による利益を外貨でもつことが許されていたため，結局は同じことだった。つまりロシアでは改革の当初から（経常目的と投資目的の両方で），実際には通貨の自由交換性はほぼ完全に保証されていたのである。（中略）こうしてみると，ロシアの外国為替制度が，1991年以前のフランスやイタリア，1979年以前のイギリス以上に自由であることが分かる（レイヤード・パーカー 1997：121-122，訳を若干修正）。

　レイヤードとパーカーは，初期エリツィン政権による自由化路線を批判するのではなく，賞賛する立場に立つ（原著の出版は1996年）。その彼らが，無意識的かも知れないが，居住者の資本輸出の自由が初期から存在したこと，輸出で獲得された資金は対外資本投資に容易に利用されたことを示唆しているところがたいへん興味深い。居住者の資本輸出の「事実上の自由」，これこそ，ロシアの国際金融システムを特徴づける重要な要素であるというのが，筆者の主張である。この「自由」が最もよく表現されているのが，いわゆる「資本逃避」

の大きさである。筆者は，国際収支表中の三つの項目「ロシア連邦内で流通している外貨現金」，「輸出代金・輸入品の未受取・未払」および「誤差脱漏」の合計を「資本逃避」と定義し，その値を計算してみた（詳しくは上垣 2005：第2章を参照）。**図10-1**はそれを経常収支額とともに図示したものだが，これをみると経常収支の黒字と同程度かそれを上回る額が筆者の定義による「資本逃避」として外国に流出していることが分かる。この図では余り明瞭ではないが，4半期ごとのデータをみると，経常収支黒字が大きいときは概して「資本逃避」の額が増加する傾向がみられる（2008年第4四半期には経常収支の大幅下落にもかかわらず「資本逃避」は急増した。金融危機の影響であろう）。上記のレイヤードとパーカーの主張が，彼らの本の出版後10年を経てもなお正しいことを実証している。もちろん，この「自由」が資源の最適配分をもたらしたかどうかは定かではない。

3　独立後ロシア連邦の貿易構造と国際金融構造

(1) 貿易構造の動向

　表10-3および**表10-4**は独立後のロシア連邦の輸出入品構成を示している。まず前者をみると「鉱物品（ほとんどが石油・天然ガス，同製品である）」の比重が2000年以降極端な水準にまで高まっていることが分かる。これは新世紀，特に2003年以後の原油・天然ガス価格の高騰が影響している。もちろん，1995年の水準42.5％も決して低いものではないだろう。実は，1980年代の旧ソ連の輸出における石油・天然ガス，同製品の輸出比率も40％台で推移していた（旧ソ連のデータはコメコン統計年鑑を利用，以下同様。なお1988年，1989年は生産の低下と価格の低迷のためにこの比率は30％台に低下する）。ここで注目しておきたいのは，「鉱物品」に「金属，宝石，同製品」を加えると1995年においても69.2％になることである。というのも，旧ソ連において「燃料，鉱物性原料，金属」という輸出商品項目は1980年代には50％から60％をわずかに超える程度であったからだ。すなわち，ロシア連邦では，旧ソ連時代後期の天然資源輸出への依存体質が再現されていたが，1995年までにすでにその度合いは強まっていたのである。それが，2003年以後の石油・ガス価格の高騰のためにさらに極端な姿を呈するようになった。

表10-3　ロシア連邦の輸出品構成

(単位：％)

	1992	1993	1995	2000	2003	2004	2005	2006	2007	2008	2009
食料，農産原料（繊維原料を除く）	3.9	3.8	1.8	1.6	2.5	1.8	1.9	1.8	2.6	2.0	3.3
鉱物品（大部分，石油・天然ガス，同製品）	52.1	46.7	42.5	53.8	57.3	57.8	64.8	65.9	64.0	69.6	67.4
化学工業品，ゴム	6.1	6.0	10.0	7.2	6.9	6.6	6.0	5.6	5.9	6.5	6.2
皮革原料，毛皮，同製品	0.2	0.2	0.4	0.3	0.2	0.2	0.1	0.1	0.1	0.1	0.1
木材，セルロース・紙製品	3.7	4.2	5.6	4.3	4.2	3.9	3.4	3.2	3.5	2.5	2.8
繊維，繊維製品，履物	0.6	0.4	1.5	0.8	0.7	0.6	0.4	0.3	0.3	0.2	0.2
金属，宝石，同製品	16.4	23.2	26.7	21.7	17.8	20.2	16.8	16.3	15.9	13.3	12.9
機械，設備，輸送機器	8.8	6.5	10.2	8.8	9.0	7.8	5.6	5.8	5.6	4.9	5.9
その他	8.2	9.0	1.3	1.5	1.4	1.1	1.0	1.0	1.2	0.9	1.2

出所：1992/1993年＝Goskomstat, MVES RF, *Vneshnie ekonomicheskie sviazi Rossiiskoi Federatsii v 1993 g.*：17, 1995～2008年＝Rosstat Website, 2009年＝Rosstat, 2010：528.

表10-4　ロシア連邦の輸入品構成

(単位：％)

	1992	1993	1995	2000	2003	2004	2005	2006	2007	2008	2009
食料，農産原料（繊維原料を除く）	26.0	22.2	28.1	21.8	21.0	18.3	17.7	15.7	13.8	13.2	18.0
鉱物品（大部分，石油・天然ガス，同製品）	2.7	4.0	6.4	6.3	3.8	4.0	3.1	2.4	2.3	3.1	2.4
化学工業品，ゴム	9.3	6.2	10.9	18.0	16.8	15.8	16.5	15.8	13.8	13.2	16.7
皮革原料，毛皮，同製品	1.9	2.6	0.3	0.4	0.4	0.3	0.3	0.3	0.4	0.4	0.5
木材，セルロース・紙製品	1.2	0.5	2.4	3.8	4.2	3.8	3.3	2.9	2.7	2.4	3.0
繊維，繊維製品，履物	12.2	13.9	5.7	5.9	4.8	4.3	3.7	4.0	4.3	4.4	5.7
金属，宝石，同製品	3.3	3.5	8.5	8.3	7.3	8.0	7.7	7.7	8.2	7.2	6.7
機械，設備，輸送機器	37.7	33.8	33.6	31.4	37.4	41.2	44.0	47.7	50.9	52.7	43.4
その他	5.7	13.3	4.1	4.1	4.3	4.3	3.7	3.5	3.6	3.4	3.6

出所：1992/1993年＝Goskomstat, MVES RF, *Vneshnie ekonomicheskie sviazi Rossiiskoi Federatsii v 1993 g.*：18, 1995～2008年＝Rosstat Website, 2009年＝Rosstat, 2010：531.

　表10-3で注目すべきもう一つの事実は，「機械，設備，輸送機器」の比重の低迷である。1980年代の旧ソ連ではその比重は14％から16％に維持されていた。それが，1995年には10.2％，2000年に入ってその比重はさらに低下して2008年にはついに５％を切るまでになった。これは，東欧をはじめとする友好社会主義国との間で結成されていたコメコンの貿易網の崩壊のため，旧ソ連がもっていた機械輸出市場が消失したからである（もちろん，「鉱物品」の輸出比重があまりにも高まったため，「機械」等輸出の比重が相対的に低くなったという側面もある）。

表 10-5 ソ連／ロシアの貿易相手国構成（輸出総額および輸入総額に対する）

(単位：％)

		1980	90	92	93	94	95	96	97	98	99	2000	01	02	03	04
輸出	東欧	34.5	21.8	22.3	18.1	15.1	16.8	18.2	19.5	18.1	17.8	20.0	19.3	17.5	17.0	15.6
	先進市場経済諸国	42.2	49.5	57.9	59.7	66.6	60.6	58.1	58.6	60.0	57.8	55.6	55.0	55.6	54.4	56.7
	発展途上国	23.3	28.7	19.8	22.2	18.3	22.6	23.7	21.9	21.9	24.4	24.4	25.7	26.9	28.6	27.7
輸入	東欧	31.5	24.7	15.9	10.6	14.1	15.5	12.6	13.7	12.0	9.6	10.9	10.1	10.3	10.8	10.6
	先進市場経済諸国	46.4	52.9	62.4	60.6	70.3	69.5	67.8	68.3	68.2	68.3	69.3	67.8	65.7	64.8	57.1
	発展途上国	22.1	22.4	21.7	28.8	15.6	15.0	19.6	18.0	19.8	22.1	19.8	22.1	24.0	24.4	32.3

注：1) 1980年および1990年に関しては、旧ソ連の貿易を指す。1992年以降は、ロシア連邦の対非CIS 諸国貿易のみを指す。
2) 地域区分は年をおって複雑に変遷しているが、1996年以降、東欧とは、アルバニア、ボスニア・ヘルツェゴヴィナ、ブルガリア、クロアチア、チェコ共和国、エストニア、ハンガリー、ラトヴィア、リトアニア、ポーランド、ルーマニア、スロヴァキア、スロヴェニア、旧ユーゴスラヴィア共和国のマケドニア、ユーゴスラヴィアを指す。
3) 出所データには、明快な地域の定義はないが、先進市場経済諸国とは、2004年以前のEU加盟20カ国、アイスランド、イスラエル、ノルウェー、スイス、北米、オーストラリア、ニュージーランド、日本を含むとみられる。
4) 発展途上国とは、上記以外を指す。したがって、中国、キューバ、北朝鮮、モンゴル、ヴェトナムを含む。

出所：UNECE, *Economic Survey of Europe, 2005*, No.2, p82.

EUに急速に接近していったポーランドやハンガリーはもはやロシア製の機械を買ってくれなくなった。旧ソ連を構成していた各共和国とのロシアの商品移出入は、ソ連崩壊後、外国貿易となり、ロシア製の機械もそこにいくぶんの販路を見出していたという興味深い事実があるとはいえ、対東欧輸出の減少を対旧ソ連共和国輸出で相殺することはできなかった。

輸入に目を転じると（表10-4）、「機械、設備、輸送機器」の比重の急速な高まりが目につく。旧ソ連では1980年代に「機械、設備、輸送機器」は全輸入中33.9％（1980年）から41.4％（1987年）の水準を推移していたから、ロシアの2005年以降の動きは異常といえる。石油・天然ガスの輸出で獲得した外貨の一部は、従来なら自前で済ましていた機械を購入することに充てられたのである。

2008年、ロシア連邦経済は、輸出品の約70％が石油・天然ガス、同製品で占められ、輸入品の50％以上が機械、設備、運輸機器で占められるようなものとなった。これは資源をもった低開発経済に特徴的な型であるといえる。このような結果を招いたのは一つには、石油・天然ガスの世界市場価格が異常に高騰したからだが、他方では、1992年以来の貿易および金融システムの自由化がこ

の傾向の促進を底流で支えたといえる。その意味では，資源賦存に適した経済の型が自然とできあがったのだとの評価も可能だが，では，ロシア市場経済の設計者達（エリツィン政権の指導者達や外国人アドヴァイザー達）が果たしてこのような型を望んでいたかどうかとなるとはなはだ疑問である。この意図と結果のずれの問題を解明するには，政治権力，制度枠組み，経済政策，そしてできあがった結果の一筋縄ではいかない相互関係を解きほぐしていく必要がある。

貿易相手国別の統計もあげておこう。表10-5（CIS諸国貿易はこの表には含まれていない）によれば，対東欧貿易が急激にそのシェアを下げていることが分かる。しかし，対東欧輸入の方が対東欧輸出より落ち込みが激しい。ソ連崩壊後，ロシアと東欧との貿易は相対的にその重要度を減少したが，ロシアのエネルギー輸出先としての東欧の意義はなお残っていることがこの結果を招いたのである。対先進市場経済諸国貿易においては，ソ連崩壊後一時急激にそのシェアを高めたが，その後緩やかにシェアを下げてきている点が興味深い。これは，対発展途上国（中国を含む）貿易の増大の結果とみられる。2008年，中国はロシアの輸入相手国として第1位となった（Rosstat 2010：524）。

（2）　国際金融構造の動向

国際金融の部面では，まず，為替相場の動きを確認しておこう。ここでは，第3章の図3-3を参考に実質為替相場についてだけ考察する。図は，上方へいくほど1ルーブル当たりのドル価値が高まるように描かれていること，名目為替相場の上昇によっても，国内物価の上昇によっても，この値は上昇することに留意しておこう。1995年までの初期の上昇は，名目為替相場の下落にもかかわらず物価上昇率（ここでは消費者物価上昇率）がそれ以上に激しかったことを示している。1995年から1998年の高位置安定の時期は，コリドール（「廊下」の意）と呼ばれる一種のターゲットゾーン制の下で名目為替相場が人為的に高めに維持されていた時期である。その後の継続的な上昇は，1998年8月に金融危機が生じてコリドールが維持できなくなり，名目為替相場の崩落が生じた後，為替水準が安定的に推移し，特に2003年以降はルーブル高となる一方で，国内物価の上昇も止まらなかったことがもたらした事態である。

実質為替相場は，それが上昇すれば当該国の輸入に有利に，輸出に不利に作用するから，コリドールの時期の高位置安定は，国内の繊維産業や食品産業を

表10-6 ロシア

	1992	1993	1994	1995	1996	1997	1998	1999
経常収支 [1]	-69	9,013	7,844	6,963	10,847	-80	219	24,616
資本・財務収支 [2]	455	-8,295	-8,309	1,694	-3,595	8,860	9,142	-16,135
直接投資 [3]	-405	189	408	1,460	1,656	1,681	1,492	1,102
対 外 [4]	-1,566	-1,022	-281	-606	-923	-3,184	-1,270	-2,208
対 内 [5]	1,161	1,211	690	2,066	2,579	4,865	2,761	3,309
証券投資 [6]	298	-378	21	-2,444	4,410	45,775	8,618	-946
資 産 [7]	-9	-489	114	-1,705	-172	-156	-257	254
負 債 [8]	307	111	-93	-738	4,583	45,931	8,876	-1,199
その他投資 [9]	2,749	-4,499	-13,044	13,411	-12,040	-35,863	-5,890	-14,185
資 産 [10]	-14,201	-16,021	-20,012	-610	-28,119	-20,662	-14,919	-13,296
負 債 [11]	16,950	11,522	6,968	14,021	16,080	-15,201	9,029	-889
準備資産増減 [12]	-1,938	-3,881	1,896	-10,386	2,841	-1,936	5,305	-1,778
誤差脱漏 [13]	-386	-718	465	-8,657	-7,252	-8,780	-9,361	-8,481

注:数字の丸めの関係で若干の誤差はあるが,表は以下のような構造をなしている:
[1] + [2] + [13] = 0
[3] = [4] + [5]
[6] = [7] + [8]
[9] = [10] + [11]
ただし,[3] + [6] + [9] + [12] は [2] と等しくない。[2] には「資本移転」や「デ
出所:ロシア中央銀行ウェブサイト。

窮地に陥らせた。質の高い消費財が安値でロシアに流入したからである。1998年の為替相場の崩落はロシアの国内産業を復活させたが,その後の実質為替相場の継続的な上昇は国内産業にボディーブローのような影響を与え続けた。ロシアの通貨当局は,ルーブル高を阻止するために為替市場でルーブル売り,外貨買いの介入を行ってきたが,それは外貨準備の極端な増加をもたらした。この政策は,ルーブル相場の下落にまでは帰結しなかったが,そうでなければさらに高騰した相場をある程度押さえる効果があったとはいえるだろう (コラム参照)。

このような為替相場の動きのなかで,国境を越える資金の動きはどのようなものだったのだろうか。このことを検討するためには国際収支表をみる必要がある。**表10-6** で最も特徴的な項目は経常収支である。1992年および1997年を除いてすべての年で経常収支が黒字であり,特に金融危機の翌年の1999年以降その額は巨大になった。このような市場移行国は,ほかには中国以外に存在しない。この経常収支黒字をもたらしたのは,石油・天然ガスその他天然資源の

連邦国際収支表

(単位:100万ドル)

2000	2001	2002	2003	2004	2005	2006	2007	2008	2009
46,839	33,935	29,116	35,410	59,512	84,602	94,686	77,012	102,400	49,433
-37,549	-24,385	-23,039	-26,236	-53,637	-76,689	-104,204	-64,121	-90,491	-46,867
-463	216	-72	-1,769	1,662	118	6,550	9,158	20,256	-7,743
-3,177	-2,533	-3,533	-9,727	-13,782	-12,767	-23,151	-45,916	-52,629	-44,494
2,714	2,748	3,461	7,958	15,444	12,886	29,701	55,073	72,885	36,751
-10,334	-653	2,960	-4,509	623	-11,389	15,702	5,984	-34,692	-2,179
-411	77	-796	-2,180	-3,820	-10,666	6,248	-9,992	-7,860	-10,375
-9,923	-730	3,756	-2,329	4,443	-713	9,455	15,976	-26,832	8,195
-21,697	-6,380	-2,178	6,760	-8,964	9,030	-19,083	79,557	-120,251	-18,455
-17,525	149	1,696	6,760	-26,644	-33,328	-49,422	-59,762	-177,187	6,730
-4,172	-6,528	-3,874	22,645	17,680	42,358	30,340	139,319	56,666	-25,185
-16,010	-8,212	-11,375	-26,365	-45,235	-61,461	-107,466	-148,928	45,340	-3,377
-9,290	-9,550	-6,077	-9,174	-5,874	-7,913	9,518	-12,891	-11,909	-2,565

リヴァティヴ取引」のような項目が含まれるが,それらは本表には記入されていないからである。

輸出である。実は,ロシアでは,商品貿易収支の黒字は,経常収支の黒字よりも大きい。それは,経常収支を構成するほかの項目すなわちサービス貿易,利子配当の受払い,労賃の受払いが赤字(支払超過)だからである。サービス貿易の赤字や利子配当受払いの赤字は,ロシアの国際収支構造のある種の「後進性」をあらわしている。サービス貿易の赤字は国民経済のサービス化の遅れを,利子配当受払いの赤字は金融システムの非効率を表現しているからである。

会計学的な観点からは,経常収支の黒字はロシア居住者の対外金融資産が増加していることを意味する。すなわちロシア居住者が,株式やその他証券,預金などの形で,非居住者国に対して債権を年々増加させていることを意味する。このことは,資本・財務収支(俗に「資本収支」と呼ばれているもの。しかし,IMF国際収支マニュアルの最新第5版によれば,「資本収支」とはもっと特殊な細かい項目を指す)のマイナス値にあらわれるはずである。しかし,実際には経常収支が黒字であるにもかかわらず,資本・財務収支がマイナス値になっていない年が2年ある(1995,98年)。これらの年には大きな誤差脱漏が経常収支黒字を

いわば費消する形になっている。つまり、公式には資本はロシアに流入していてもそれを上回る額が、統計当局が把握できない形で、流失しているのである。これら2年も含めて経常収支黒字が存在するすべての年において、公式か非公式かの経路を通じて、ロシア人の対外資産の増加が起こっているのであり、その意味でロシアは体制転換後ほぼ一貫して世界経済に対する資本（「準備資産」の形をとるものも含む）の供給元であった。

　資本・財務収支の内訳に関しては、外国直接投資の動向に注目しておく必要がある。概して対内投資の方が対外投資よりも大きく、ネット値はプラスになっているが（ただし、2009年にはマイナスになった）、両者が拮抗しながら増加している。この点は、中国と大きく異なる。中国では対内直接投資が対外直接投資をはるかに上回り、その結果ネット流入額が膨大な規模になっている。両国の国際収支表に基づく筆者の計算によれば、1994年から2000年までの7年間に中国では年平均347億ドルの外国直接投資ネット流入があり、2001年から2008年には平均615億ドルのネット流入があった。これに対してロシアでは、それぞれ、11億ドル、27億ドルのネット流入しかなかった。この背景にはもちろん中国の厳しい資本取引規制（特に居住者に対する）があるのだが、それはともかく、中国には直接投資流入→国内工業生産力の向上→工業品の輸出増加というルートが確立しているのに対して、ロシアではそのようなルートはいまだ確立していない。

　準備資産の動向も興味深い。準備資産とは一般に「外貨準備」と呼ばれているものだが、フロー統計としての国際収支表にはその増減のみを記載する。その際、準備資産の増加はマイナスで、減少はプラスで記載するので注意が必要である。表をみると2000年以降準備資産すなわち外貨準備が急速に増大していることが分かる。これは、ルーブル高を恐れた中央銀行が外貨市場で外貨買い・ルーブル売り介入を実施してきたからである。もちろんその背景には莫大な経常収支黒字があった。外貨準備の急増、これも最近のロシア経済の際立った特徴である。この点は、中国も同じであって、両国でなぜこれほどまでに外貨準備が増加するのか、国内金融システムと対外取引との関連も考慮に入れつつ今後究明して行くべき問題である。なお、2008年の金融危機後、外貨準備は一時急速に減少したが、その後は微増状態に戻っている。

　誤差脱漏が資本逃避の主要なルートであることはすでに言及した。一点だけ

> ■□コラム□■
>
> ### 外貨準備
>
> 　普通「外貨準備」と呼ばれているものは，より正確には「外貨」以外の金融資産も含めた「準備資産」である。「準備資産」とは，国際収支の不均衡をファイナンスないし調整するなどの目的のために一国の通貨当局（主に中央銀行）がコントロールしている対外金融資産であり，貨幣用金，SDR，IMFリザーブポジション，外貨資産（現・預金，証券）およびその他債権からなる。一般にマスコミなどで言及されるのはそのストック額，すなわちある一時点におけるその保持量である。例えば，2009年6月末時点で中国の「外貨準備高」が2兆ドルを超えたことが日本のマスコミでも大きく報道された。ロシアの「外貨準備高」も中国，日本に次いで世界第3位であることが話題に上る。誤解されがちだが，「外貨準備高」あるいは「準備資産残高」の大きさは，必ずしも国の豊かさの指標ではない。本文で説明したように，これは当該国の通貨当局の為替政策の，あるいは為替制度の特徴そのものの結果なのである。本来完全に自由な為替市場が成立していれば各国通貨当局がそれほど大きな「準備資産」を保持している必要はない。しかし一部の国の通貨当局が「準備資産」を溜め込んでいるのは，保護主義的観点から自国通貨相場の上昇を阻止するために，厳しい通貨管理を行うか，あるいは市場で自国通貨売り，外貨買いの介入を行っているからである。それは逆に，自国通貨が危機に瀕した際には，自国通貨を買い支える資源ともなる。

奇妙なのは2006年だけ突然プラス値になっていることである。2006年7月の改革によってそれまで非合法であった資本移動が合法化され，市場参加者が正直に自らの資本取引を当局に報告するようになった（それも過剰に）結果であるとの仮説も成り立つが，翌年からはまた大きなマイナス値を記録するようになったのだから，この仮説が正しいかどうかは分からない。誤差脱漏（および資本逃避）の問題はロシアの市場参加者の行動様式という側面から新たな光が当てられるべき問題である。

第Ⅲ部　貿易と対外経済関係

4　政権の課題

　ロシアでは体制転換後，国際貿易の分野でも国際金融の分野でも急速に自由化が進んだ。もちろん種々の官僚的規制と保護主義的退行措置は存在したが，「事実上の自由」は想像以上に大きかった。初期の「担ぎ屋貿易」の横行，石油・天然ガス輸出の驚くべき額，資本逃避の大きさがそれを物語っている。この自由がもたらした帰結は，石油・天然ガス生産だけが経済成長の基盤であるような一種のモノカルチャー経済の出現である。これを，資源の賦存状態に適応した経済の型ができあがっただけだと評価することも可能であるが，このような型が今後とも持続可能とは考えられない。天然資源に基盤をおいたモノカルチャー経済では，政治と民間経済との癒着，場合によっては「レント（天然資源の独占権に基づく超過利潤）」争奪の政治闘争が生じる可能性が高いからである。しかし，そのような構造を改善するイニシアチブもまた政治の側からしか発動されえないとすれば，ロシア連邦国家の指導者達に課せられた課題は非常に複雑で困難なものといえる。

●参考文献
石郷岡建（1998）『ソ連崩壊1991』書苑新社。
　　ソ連崩壊までの1年半の日々の出来事をヴィヴィッドに描く。著者は長年ソ連に住んだ経験をもつジャーナリスト。
上垣彰（2004）「貿易と国際投資の転換」大津定美・吉井昌彦編著『ロシア・東欧経済論』ミネルヴァ書房。
　　体制転換を経験したロシア東欧諸国の国際経済関係の変化を包括的に説明する。
上垣彰（2005）『経済グローバリゼーション下のロシア』日本評論社。
　　初めてロシアの国際収支表と通関統計を全面的に利用して，体制転換後のロシアの国際経済関係の構造を詳細に分析する。
グレゴリー，P.R.・スチュアート，R.C.（1987）『ソ連経済——構造と展望（第3版）』吉田靖彦訳，教育社。
　　ソ連経済の実態に関し過不足のない有益な情報を伝えている。現在絶版だが図書

館等で閲覧してみる価値がある。
白鳥正明（1996）『ロシア連邦の銀行制度研究1992-1995年』日本経済評論社。
　　ロシアの金融関連法令を詳細に点検して書かれた銀行制度の研究。このような詳細な研究は欧米には存在しない。
田畑伸一郎（1999）「国民所得と経済成長」久保庭真彰・田畑伸一郎編著『転換期のロシア経済』青木書店。
　　ソ連崩壊・体制転換によってソ連／ロシアのマクロ経済構造がどう変化したかを簡潔に説明する。
田畑伸一郎編著（2008）『石油・天然ガスとロシア経済』北海道大学出版会。
　　ロシア経済における石油・天然ガスの重要性に注目し，各方面の専門家が両者の関係を分析する。
レイヤード，リチャード・パーカー，ジョン（1997）『ロシアは甦る――資本主義大国への道』田川憲二郎訳，三田出版会。
　　エリツィンの政策を礼賛する立場から書かれたエリツィン期ロシアの経済分析。経済学者（レイヤード）とジャーナリスト（パーカー）の共著。
ロシア中央銀行の国際経済関連ページ：http://www.cbr.ru/statistics/?Prtid=svs（2011年1月1日アクセス）。
ロシア統計局［Rosstat］の国際経済関連ページ：http://www.gks.ru/wps/portal/!ut/p/.cmd/cs/.ce/7_0_A/.s/7_0_375/_th/J_0_69/_s.7_0_A/7_0_375/_s.7_0_A/7_0_375（2011年1月1日アクセス）。
McKinnon, Ronald (1979), *Money in International Exchange: The Convertible Currency System*, New York：Oxford University Press.
Rosstat [Federal'naia sluzhba gosudarstvennoi statistiki] (2010), "*Rossiia v tsifrakh 2010, Kratkii statisticheskii sbornik*, Mosvka.
Uegaki, Akira (2010), "Balance of Payments from a Comparative Perspective: China, India, and Russia under Globalization", in Uegaki, A. and S. Tabata eds., *The Elusive Balance：Regional Powers and the Search for Sustainable Development*, Slavic Research Center, Hokkaido University.

（上垣　彰）

第11章
中央アジア・コーカサスの市場経済化

　本章では，ソ連崩壊に伴い独立した中央アジア・コーカサス諸国の市場経済化を扱う。中央アジア・コーカサス諸国は，独立後は，未曾有の経済危機に陥り，1990年代を通して経済不況に苦しむことになる。しかし2000年代には，石油・天然ガスをはじめとする天然資源輸出に牽引される形で，資源に恵まれた国々は飛躍的な経済成長の路線に乗るに至った。一方で，資源の乏しい国々の経済は，ロシアを中心とした国外への出稼ぎ労働への依存を強めており，また，各国ともに貧困や格差拡大の問題を抱えているという現状がある。本章では，前半において，中央アジア・コーカサス諸国の市場経済化の道のりを，各国における改革プロセスの相違や産業構造の変化に着目しつつ振り返る。後半では，これらの諸国の内包する課題をより明確に示すために，トピックを選択的に取り上げて検討する。一つは，貧困や格差拡大の問題，もう一つは，移民労働と海外送金の問題である。

1　中央アジア・コーカサス諸国の市場移行

(1)　旧ソ連中央アジア・コーカサスの独立国

　中央アジア・コーカサスは，古来より，アジアとヨーロッパを結ぶシルクロードの要衝として栄えてきた地域として知られる。数多くの民族の行き来する歴史に彩られたこの地は，遊牧・オアシス文化を基底に，トルコ・ペルシャ文化やイスラーム，さらにロシア・ソ連文化の影響を受けつつ，独自の文化を育んできた。1991年のソ連崩壊に伴い，この地域においては八つの旧連邦構成共和国が独立を果たす。ユーラシア大陸のほぼ中央に位置する中央アジア地域においては，ウズベキスタン，カザフスタン，クルグズスタン（キルギス*），トルクメニスタン，タジキスタンの5カ国が，カスピ海を挟んで西側に位置するコーカサス地域においては，アルメニア，アゼルバイジャン，グルジアの3

カ国が独立し，現在に至っている。8カ国合わせて面積420万km^2，人口約7800万人を擁する。各国ごとの基本情報については巻末資料を参照されたい。

近年，これらの地域は，国際社会の大きな注目を集めている。カスピ海沿岸の石油・天然ガスをはじめとする豊富な天然資源の存在，北はロシア，東は中国といった大国に，南は中東に近接するという地政学的な重要性，ヨーロッパとアジアを結ぶ貿易と輸送の経由地としての可能性，質の高い若年労働力の存在などに対して，国際社会の期待と羨望の眼差しが向けられている。一方で，各国の独立後の国家建設と経済改革の道のりは決して平坦ではなかった。市場移行へ向けた経済体制の転換は，内包する不安定な政治情勢とも相俟って，未曾有の経済危機や政治的混乱をもたらした。近年では，産油国を中心に経済成長を加速化させることに成功したが，経済構造の基盤は依然として脆弱であり，多くの課題が山積している。

* 日本のメディアなどでは「キルギス」と表記されるが，本章では，現地語表記に合わせた「クルグズスタン」を用いる。現在の公式名称である「クルグズ共和国」の「クルグズ」は名詞ではなく，「共和国」の修飾語なので，「共和国」を省略する場合は「スタン」をつけるべきである。

（2） 市場移行と経済危機

1991年の独立後，中央アジア・コーカサス諸国のGDPは大幅に縮小し，各国ともハイパー・インフレーションに見舞われるなど，経済は大きな混乱に陥った。図11-1は，中央アジア・コーカサス諸国の実質GDPの推移をあらわす。1990年代半ばまでに，ウズベキスタンを除いて，各国の実質GDPは，独立前の水準と比較して20%から60%の水準まで急激に落ち込んだ。連邦政府からの補助金の停止や，指揮命令系統の変更，旧共和国間の産業連関の断絶，ロシア人の帰国に伴う管理者・技術者不足などに起因するシステム転換のショックは，各国経済に未曾有の経済危機を引き起こしたのである。

ただし，移行初期の経済低迷は，国内の政治情勢や改革プロセスの相違など，各国それぞれに異なる要因の影響も受けていた。移行後のGDP下落が特に激しいのは，コーカサス3国とタジキスタンであるが，これらの国々においては，内戦や紛争による政治的混乱も経済的打撃に拍車をかけていた。アゼルバイジャンとアルメニア間においては，ナゴルノ・カラバフの帰属をめぐる問題が，

第Ⅲ部　貿易と対外経済関係

(実質GDP 1989=100)

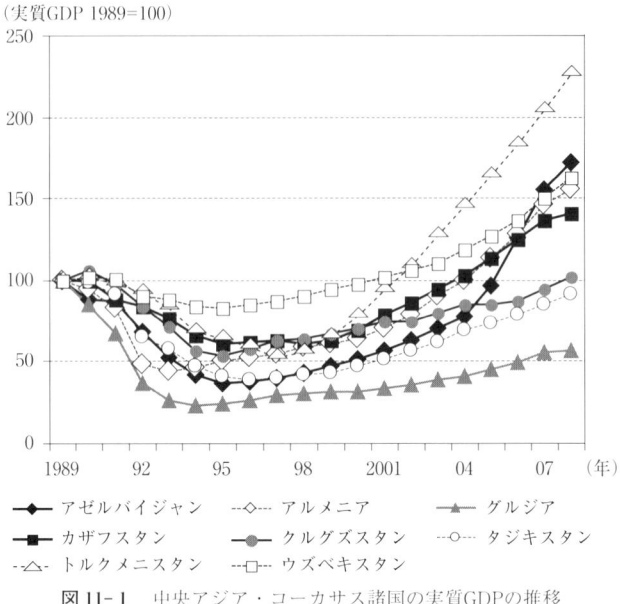

図11-1　中央アジア・コーカサス諸国の実質GDPの推移
出所：CIS統計委員会の統計資料より筆者作成。

独立後に全面的な武力紛争に発展し，多数の難民を出した。グルジアにおいても，独立後，アブハジアや南オセチアにおける分離独立運動が，ロシア軍を混じえた武力紛争へと発展した。タジキスタンにおいては，政府派と反対派の対立が地域間の派閥争いとしての内戦状態に発展し，1990年代後半まで不安定な国内情勢が続くことになった。

さらに，各国における経済制度改革の路線や改革速度の相違は，経済ショックの影響を各国の間で異なるものとした。市場経済移行へ向けた制度改革の大枠は，ほかの旧ソ連諸国と同様に，価格の自由化，国有企業の民営化，貿易や為替管理の規制緩和，金融改革，農業改革などを伴う包括的な政策パッケージによって特徴づけられる。各国の経済制度改革はそれぞれ固有の特徴を有していたが，大まかに分けると，当初からIMFと世界銀行の勧告に従い，自由化・開放政策を一挙に進めた「急進主義」の国々と，このような路線に反発し，国家統制を維持しつつ慎重に改革に臨んだ「漸進主義」の国々とに分類できる。前者には，カザフスタン，クルグズスタン，アルメニア，後者には，ウズベキ

スタン，トルクメニスタンが含まれる。アゼルバイジャンとタジキスタンについては，国内情勢の落ち着きを取り戻した1990年代後半以降に，自由化や企業改革に急ピッチで取り組むようになった。図11-1からは，漸進主義をとった2国，なかでもウズベキスタンにおける1990年代前半の経済の落ち込みが相対的に軽微であったことが読み取れる。ウズベキスタンやトルクメニスタンにおいては，特に鉱工業部門の生産減少の回避にかなりの程度成功していたが，それを支えたのは価格統制や国家発注をはじめとする政府の旧来型の管理政策であった。またこれらの国は，天然資源や綿花等の輸出品を有し，穀物も自給しやすく，外貨事情が比較的逼迫していなかったといった諸条件にも恵まれていた。

（3） 経済の回復と分極化する成長路線

1990年代半ばには，各国のGDPの下落は底をつき，以後，各国ともに経済の緩やかな回復局面に入る（図11-1）。当初，急進主義の政策をとった国も，漸進主義の国以上に順調な回復をみせ，急ピッチで進めた自由化や企業改革の効果が発揮されることが期待された。しかし，1990年代末頃から，急進主義の国々の間でも，経済成長の速度に歴然とした差が生まれるようになる。経済成長を加速化させたのは，石油・天然ガス資源に恵まれたカスピ海沿岸国であるアゼルバイジャン，カザフスタン，トルクメニスタンの各国であった。これらの国々では，資源価格の国際的な高騰の恩恵を受け，毎年10％以上という飛躍的な経済成長を記録するようになる。一方で，資源の乏しい国々の経済的苦境が目立つようになり，中央アジア・コーカサス諸国の間での経済格差は拡大の様相を深めつつ現在に至っている。

この時期に特徴的なのは，市場移行政策の進捗度や移行戦略の表層的な差異以上に，エネルギー資源の賦存度を含む各国の産業構造の相違や，個別の政策過程の影響がマクロの経済実績を大きく左右するようになったことである。例えば，クルグズスタンは，移行初期からIMFや世界銀行の助言に忠実に従うことで積極的な自由化政策を推し進め，1998年にはCIS諸国で最初にWTO（世界貿易機関）に加盟したことで知られる。しかしその後，徐々に経済不振に陥り，重債務と低成長に悩まされることになった。一方，同じく中央アジアで急進的な改革を進めてきたカザフスタンは，石油・天然ガスの輸出を拡大することで，

飛躍的な経済成長を実現する。このように，天然資源輸出に依存した経済成長が実現し，その効果が近隣国にも波及するなか，一部の国々では集権的な産業システムや権威主義的な政治体制が再強化される傾向も看取される。経済改革の途上に残された多くの課題が，加熱する天然資源ブームの影に覆い隠され，先送りされることも危惧されている。

最後に，市場移行政策の進捗度に関する欧州復興開発銀行（EBRD）の"Transition Report"の2009年度の評価をあげておく。企業の民営化やガヴァナンス改革，価格自由化，貿易や為替システムの規制緩和，競争政策，金融制度改革，インフラ整備などにかかわる9項目の進捗度合いに付された得点の平均値と評価対象となっている中東欧を含む市場移行諸国29カ国における順位は，上から順に，アルメニアが3.18点（13位），グルジアが3.11点（14位），カザフスタンが2.96点（20位），クルグズスタンが2.93点（21位），アゼルバイジャンが2.63点（25位），タジキスタンが2.41点（26位），ウズベキスタンが2.15点（27位），トルクメニスタンが1.44点（29位）となっている。中東欧諸国と比較すると，明らかに遅れていることが分かるだろう。ただし，移行政策の進捗度と経済の成長速度との相関が見出し難くなっていることもまた現状である。

2　産業構造とその変化

（1）　ソ連時代の連邦内分業体制

本節では，中央アジア・コーカサスの各国における産業構造とその変化に焦点をあて，ソ連体制の崩壊を経て現在に至るまでの各国経済の変化・発展の過程を振り返る。

旧ソ連時代，中央アジア・コーカサス諸国は，ソ連邦構成国として，連邦内の分業体制のなかに深く組み込まれていた。なかでも，農業部門は，これらの諸国においては，伝統的に，基幹的な産業として重要な位置を占めてきた。農業部門に従事する労働人口の割合は，独立直前の時期において，25％のカザフスタンを除くと，いずれの国においても35％から40％の比率に達していた。これは，同時期の旧ソ連のバルト沿岸やスラブ系諸国と比べると2～3倍は高い比率である。図11-2には，独立後から現在までの，各産業部門の生産のGDPへの貢献度の推移が各国ごとに示されている。1990年の段階においては，アル

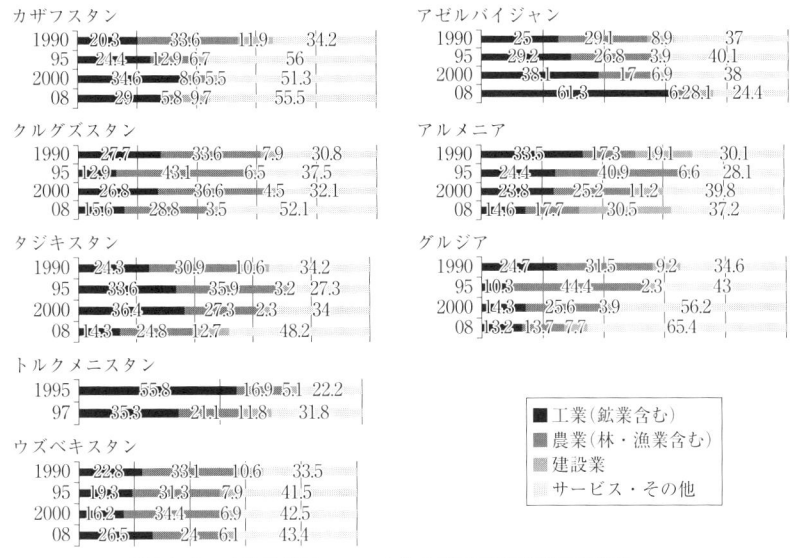

カザフスタン
1990 20.3 33.6 11.9 34.2
95 24.1 12.9 6.7 56
2000 34.6 8.6 5.5 51.3
08 29 5.8 9.7 55.5

クルグズスタン
1990 27.7 33.6 7.9 30.8
95 12.9 43.1 6.5 37.5
2000 26.8 36.6 4.5 32.1
08 15.6 28.8 3.5 52.1

タジキスタン
1990 24.3 30.9 10.6 34.2
95 33.6 35.9 3.2 27.3
2000 36.4 27.3 2.3 34
08 14.3 24.8 12.7 48.2

トルクメニスタン
1995 55.8 16.9 5.1 22.2
97 35.3 31.1 1.8 31.8

ウズベキスタン
1990 22.8 33.1 10.6 33.5
95 19.3 31.3 7.9 41.5
2000 16.2 34.4 6.9 42.5
08 26.5 24.6 5.5 43.4

アゼルバイジャン
1990 25 29.1 8.9 37
95 29.2 26.8 3.9 40.1
2000 38.1 17 6.9 38
08 61.3 6 28.4 24.4

アルメニア
1990 33.5 17.3 19.1 30.1
95 24.4 40.9 6.6 28.1
2000 23.8 25.2 11.2 39.8
08 14.6 17.7 30.5 37.2

グルジア
1990 24.7 31.5 9.2 34.6
95 10.3 44.4 2.3 43
2000 14.3 25.6 3.9 56.2
08 13.2 13.7 7.7 65.4

■ 工業（鉱業含む）
■ 農業（林・漁業含む）
▨ 建設業
□ サービス・その他

図 11-2 中央アジア・コーカサス諸国の産業構成の推移
出所：CIS統計委員会の統計資料より筆者作成。

メニアとトルクメニスタンを除く各国において，農業部門がGDPの3割以上を占めていた。ソ連時代の中央アジア諸国の農業部門は，カザフスタン北部の小麦などの穀物生産や，ウズベキスタン，トルクメニスタンを中心とした南部の綿花生産に特化していた。一方，コーカサス諸国は，柑橘類を含む果物や茶の一大産地として発展し，ワインやコニャックなどの加工品もソ連全土に供給していた。

　農業部門は，特に中央アジア地域においては，公式統計からは把握されないインフォーマル経済の主要な部分をなしていたという点でも重要である。中央アジアは，連邦内においても，インフォーマル経済の比重が際立って高い地域として知られていた。このインフォーマル経済は，都市部の重工業や技術系部門よりも，農村伝統部門において顕著であり，私的な家庭菜園での小規模生産をはじめとして，仲介者を介しての闇流通，各種生業，農業器材や飼料の窃盗，収穫量の虚偽報告，横領や贈収賄など，合法・非合法の多様な形態が存在した。旧ソ連時代，連邦による工業開発投資が，大都市などのスラブ系住民の多い地域に集中するなか，現地民族の多い農村や小都市におけるインフォーマル経済

は，スラブ系住民と現地民族系住民の経済格差を緩和する役割も果たしていた（コラム参照）。

一方，工業部門については，旧ソ連時代の共産党指導部は，中央アジアを含む辺境民族地域に対しても，積極的に工業の近代化を推し進める姿勢を打ち出してきたことで知られる。実際に，1928年に第一次5カ年計画が開始されて以降，大規模な工業投資が繰り返し実施されてきた。これらの政策によって，以前は工業が未発達で非常に後進的な地域として知られた中央アジア地域にあっても，軽工業のみならず，エネルギー産業や冶金産業などの重工業部門が発達し，工業部門の近代化が急速に進展した。ただし，鉱工業部門内の特化傾向としては，特に中央アジアにおいては，綿花栽培用の農業機械や農機具製造を除けば，非鉄金属加工，鉄鋼，非鉄金属採掘，石油採掘などの一次資源部門に偏っていたという特徴がある。ソ連時代の機械工業生産物の主要な供給地はロシア，ウクライナ，ベラルーシなどのスラブ系諸国であり，中央アジアからもち込まれた原材料は，これらの地域で機械や完成品となり，それらが再び中央アジアやその他の地域に送り出されるという基本的な構図があった。中央アジアの加工業の発展も十分とはいえず，例えば，ソ連時代に連邦全体の3分の2の綿花が生産されていたウズベキスタンにおいても，現地での加工シェアは原綿生産の一割強にとどまっていた。

（2） 産業連関の断絶と工業部門の衰退

このように連邦内分業体制に深く組み込まれた産業構造を有していた中央アジア・コーカサス諸国であるが，独立後の制度・政策転換のショックは，とりわけ工業部門の生産を大きく減退させることになった。図11-2からは，移行初期の1990年から1995年までに，多くの国において，鉱工業部門の比重が相対的に減少する一方で，農業部門の比重は増大ないし維持されたことが確認できる。1990年代前半には，鉱工業部門の生産高は，ウズベキスタンとトルクメニスタンを除く各国においては，5割以上の落ち込みをみせた。ソ連崩壊後，各国の工業部門は，ほかのソ連邦諸国との部品供給などを通じる生産連関を断絶され，為替リスクのある国際貿易に唐突にさらされるなど，きわめて厳しい環境変化を経験したのである。CIS諸国間の貿易が急減したことによる生産物需要の減少や喪失に加え，新規投資の枯渇や老朽化した技術による低生産性の問

題も顕在化し,大部分の工場において生産縮小や閉鎖が相次ぐことになった。鉱工業部門のなかでも,ソ連時代の生産技術の老朽性は,原材料部門より加工度の高い部門においてより問題となった。国際競争力に欠ける高度な工業部門は急速に減退し,結果として,産業構造の低度化,あるいは逆工業化ともいうべき現象が生じた。

1990年代前半において,鉱工業部門の生産がGDP以上に劇的に落ち込んだことで,農業部門の生産量自体には大きな変化はなくとも,GDPにおける相対的な比重は増大することになった。図11-2にあるように,クルグズスタン,アルメニア,グルジアについては,1995年のGDPにおける農業部門の比重は4割を超え,まさに農業国の様相を呈するに至っている。例外的に,カザフスタンの農業部門比率が大幅に減少しているが,もともと連邦の食料基地であったカザフスタンにおいては,需要の大幅な減少に対応した穀物の生産調整などが実施されたという事情がある。全般的には,農業部門は,移行初期の時期において,ほかの部門における生産縮小を補う役割を果たし,工業をはじめとするほかの部門の発展に必要な労働力と資金を提供してきたといえる。例えば,旧ソ連時代に綿花産業を著しく発達させ,綿花主体の経済が形成されていたウズベキスタンにおいては,1990年代前半を通しても,輸出額の5割以上を占めていたのは原綿・繊維であり,外貨獲得の主要な手段をなしていた。さらに,国家調達制度による農産物の安価な買い上げや国家介入による為替の過大評価は,農業部門から他部門への実質的な資源移転を促していたと考えられる。

(3) 経済危機と農業部門

移行不況期の農業部門は,雇用減少や人口増加による余剰労働力を吸収するなどして,移行ショックに対する緩衝材としての機能を果たしてきた。この点において,インフォーマル経済との関連で前述した,農村における家庭菜園的な小規模生産の果たした役割は大きい。これら宅地附属の土地は,カザフスタンでは私有が認められ,ウズベキスタンでは相続可能な生涯にわたる使用権が認められるなど,他の農地の国有が維持されるなかでも,例外的に優遇を受けてきた。この部門の生産が,失業者を吸収し,最低限の食糧を供給することで,農村生活を支えてきたといわれる。

農業部門においても,経済体制の移行に伴い,各国において抜本的な改革が

実施された。周知のように，ソ連体制下における農業は，コルホーズ（集団農場）とソフホーズ（国営農場）によって集団的に経営されていた。独立後の各国は，農場の民営化，土地利用権の供与，価格と市場の自由化を軸とする農業改革に取り組んできた。農業部門においても，移行初期から積極的な改革を断行したのは，アルメニア，クルグズスタン，カザフスタンなどの急進主義とされる国々である。これらの国々では，早い時期から農場の土地やその他資産の構成員への分配が進み，生産主体は家族経営，ないしは大規模農場としての農業企業と家族経営の併存の形へと移行した。一方で，ウズベキスタンやトルクメニスタンにおいては，土地・資産の分配や組織制度改革は遅れた。1990年代後半以降は，個人農場の創出も進んだが，主要作物である綿花や小麦に対しては国家調達制度が維持されるなど，旧来型システムの性格が色濃く残ることになった。

　独立後の中央アジア・コーカサス諸国の農業政策に共通する大きな方向性として，もともと小麦の生産に特化していたカザフスタンを除いて，食糧自給を目標とする食糧の輸入代替の政策がとられたという点を指摘できる。ソ連時代，綿花生産に特化していたウズベキスタンやトルクメニスタン，柑橘類などの栽培に偏っていたコーカサス諸国においては，独立後，小麦などの穀物を輸入する必要が生じた。農業改革の過程で，これらの国々においては，小麦などの穀物の増産が目指される一方で，綿花生産や柑橘類の生産は徐々に低下，ないしは低迷することになった。

　図11-2にみられる通り，1990年代半ば頃からは，他部門の生産が回復するにつれ，各国における農業部門の比重は低下の一途を辿り，現在に至っている。近年の中央アジア・コーカサス諸国の農業部門は，山積する様々な課題によってその成長を妨げられている。アラル海の縮小による中央アジアの灌漑用水不足の問題は代表的であるが，灌漑施設の老朽化や不足はコーカサスを含む各国において，深刻な問題となっている。農業機械の不足や資金調達の問題が障害となることによって，自営農家は，なかなか生産性を上昇させることができない。さらには，穀物生産重視の国家戦略そのものが，ほかの商品作物を軸とした農業発展の可能性を妨げている面もあろう。そもそも，土地条件や水利に制約の多い中央アジアにおいては，綿花や穀物よりも，野菜や高付加価値の商品作物の生産の方が大きな利益を生み出す場合も多いと考えられる。近年では，

ウズベキスタンでも，個人農場においては綿花や小麦から商品作物への転換が認められつつあるが，作付けや流通にかかわる規制は依然として強い。

（4） 天然資源依存型の経済構造

1990年代末以降の中央アジア・コーカサス諸国経済の際立った特徴は，経済構造の一次資源への依存が著しく強まったという点である。特に，石油・天然ガス輸出国に集中するFDI（外国直接投資）は，地域全体の経済の牽引力となってきた。背景には，コーカサスの政情安定化，複数の新規パイプラインの開通，新たなパイプラインのプロジェクトの立ち上げ，資源価格の国際的な高騰，1998年の通貨危機から立ち直ったロシアの経済成長などの要因がある。表11-1には，FDIのネットの流入額の推移が示されているが，特にカザフスタンとアゼルバイジャンに集中していたことが分かる。アゼルバイジャンついては，石油・天然ガスの輸出増大によって，経常収支の黒字が拡大したことで，2006年以降はFDIの流出国へと転じるに至った。こうした海外からの資金が隣国を含め還流することで，建築部門や金融・不動産を含むサービス部門も急速に成長した。カザフスタン，ウズベキスタン，アルメニアなど各国の首都においては，建築ブームが生じ，住宅価格の急激な上昇を伴った。

一方，石油・天然ガス資源をもたない国々に対するFDIの流入は伸び悩んだ。ただし，それらの国々においても，国際的な鉱物資源価格の高騰を受けて，クルグズスタンの金，タジキスタンのアルミニウム，アルメニアの非鉄金属やダイヤモンド加工など，やはり一次資源に依存する経済構造が強まったという点を指摘できる。資源の乏しい国のなかでは，グルジアが例外的に，近年，FDIの流入を目立って増大させてきた。税制改革など，ビジネス環境の整備を急ピッチで進め，国際的に高い評価を獲得してきたことが背景にあるが，2008年の南オセチアの紛争はFDIの逃避を招いた。ウズベキスタンについては，石油・天然ガス資源を有するもの，輸出ポテンシャルに対する評価は低く，FDIの流入は滞っている。同国では近年，ナヴォイに経済特区を建設するなど，FDIの呼び込みを強化しているが，集権的な産業システムや不透明なビジネス環境に対する国際的評価は低く，足枷となっている。参考までに，世界銀行の"Doing Business"の2010年版におけるビジネス環境の評価の順位では，評価対象の183カ国中，グルジアが11位，アゼルバイジャンが38位，クルグズスタ

表11-1 中央アジア・コーカサス諸国におけるFDIのネット流入額の推移

(単位:万ドル)

	2000	2001	2002	2003	2004	2005	2006	2007
アルメニア	10,419	6,987	11,074	12,087	24,786	23,938	45,317	69,881
アゼルバイジャン	12,994	22,651	139,244	328,500	355,610	167,992	-58,399	-474,888
グルジア	13,110	10,980	16,021	33,465	49,233	45,275	106,099	172,827
カザフスタン	128,252	283,500	259,022	209,203	415,721	197,122	627,817	1,018,863
クルグズスタン	-236	501	467	4,554	17,546	4,257	18,202	20,792
タジキスタン	2,354	950	3,607	3,165	27,203	5,448	33,863	35,997
トルクメニスタン	13,100	17,000	27,600	22,600	35,370	41,820	73,090	80,400
ウズベキスタン	7,470	8,280	6,530	7,040	18,740	8,770	19,450	26,200

出所:Transition Report (EBRD) (各年版) より筆者作成。

ンが41位,アルメニアが43位,カザフスタンが63位,ウズベキスタンが150位,タジキスタンが152位となっている。ちなみに,日本は15位,ロシアは120位である。

3 貧困と格差

(1) 中央アジア・コーカサス地域の生活水準

本節では,中央アジア・コーカサス地域における貧困,生活水準問題を取り上げることで,市場経済化に向けた経済改革の過程が伴った,最も深刻な問題の一つを示す。

ソ連解体による経済後退は,もともと貧しい地域であった中央アジア・コーカサス地域の生活水準をさらに低下させ,人々を深刻な貧困問題に陥れることになった。そもそも,中央アジア・コーカサス地域は,ソ連時代から連邦のなかで最も貧しい地域として知られていた。1989年時点において,一人当たり月収入75ルーブル以下の人口比率は,バルト諸国では,わずか3～6％にすぎなかったのに対し,コーカサス諸国では,13～34％,中央アジア諸国では,33～51％に達していた。ソ連崩壊後の連邦政府からの補助金の打ち切りや生産性の下落は,各国に緊縮財政を余儀なくさせ,各国の社会保障および教育分野への支出は急激に低下した。結果として,1990年代を通して,住民の生活水準は著しく悪化することになる。中央アジアにおいては,農村において貧困や失業に苦しむ若者達の不満が,イスラーム過激派や急進的左翼思想に結びつきや

すいことなど危惧されてきた。

(2) ミレニアム開発目標と貧困削減への取り組み

　中央アジア・コーカサス諸国における貧困の実態を把握するうえで，近年まで大きな障害となってきたのは信頼できる統計データの欠如である。これらの地域では，ソ連時代の1950年代から，国家統計委員会による家計調査が継続的に実施されてきたが，そのデータの信頼性の低さについては繰り返し批判されてきた。例えば，標本抽出の手法が，確率標本抽出ではなく，割当標本抽出に基づいていたことは，明らかな標本選択バイアスを生んでいた。これに対して，1990年代中頃から，旧ソ連中央アジア諸国においても，海外機関の技術・資金協力を受けることで，調査手法を刷新した新たな家計調査が試みられるようになった。そこでは，層化多段無作為抽出法によって全国レベルの代表性を有する標本が抽出され，質問票作成や調査設計においてもより精緻な手法がとられている。これにより，近年では，より厳密な貧困の定義や貧困分析が可能となりつつある。

　上記のような旧ソ連諸国における貧困分析に対する近年の取り組みの背景には，1990年代後半以降，「貧困削減」を最優先の課題と位置づけてきた国際的な開発援助の大きな潮流がある。2000年9月の国連ミレニアムサミットにおいて，ミレニアム開発目標（MDGs）が採択されたが，その第一の目標（ターゲット1）として掲げられたのは，1990年から2015年にかけて貧困者比率を半減させることであった。また，1990年代後半以降，低所得諸国において，貧困削減を中心に据えた包括的な経済・社会開発戦略の文書である「貧困削減戦略文書（PRSP）」の策定・実施が急速に進んでおり，PRSPに沿った融資供与は，国際的な開発支援の主流となりつつある。このPRSPは，被援助国政府のオーナーシップの下，援助国，国際機関，NGO，民間セクターなどの関係者が参画して作成されるが，作成までのプロセスにおいては，貧困アセスメント，開発戦略の構築，数値目標の設定，モニタリングや評価方法の設計，予算配分計画の決定などが伴う。中央アジア・コーカサス諸国も，他国に遅ればせながら，2000年代には，世界銀行，国際通貨基金（IMF），国連開発計画（UNDP），アジア開発銀行（ADB）を含む開発援助パートナーの参画の下，PRSPの策定に取り組むようになった。クルグズスタンとタジキスタンは2002年に，コーカサ

ス3国は2003年に，ウズベキスタンは2007年に，最初のPRSP（ウズベキスタンでは福祉向上戦略文書〔WISP〕と呼ぶ）を策定し実行に移している。

(3) 中央アジア・コーカサス諸国の貧困の実態

　表11-2は，中央アジア・コーカサス諸国における貧困者比率，すなわち，貧困線以下の人口比率をあらわしている。複数の貧困線が示されているが，ここで国別貧困線とは，各国において必要最低限の生活水準（最低限のエネルギー摂取量である2100kcal／日）を満たすための消費水準を意味する貧困線である。すなわち，この貧困線以下にある人々は，生存するうえで最低限の生活水準を維持できない絶対的貧困の状態にあるといえる。国際比較のために便宜上用いられる1日1ドル（購買力平価）の貧困線は，中央アジアやコーカサスの気候や生活慣習などを考慮すれば，絶対的貧困をあらわす貧困線としてはあまり適切ではない。そのため，上記のような本来の意味での貧困線を国別に算出して用いることが望ましい。こうした貧困線の算出が，近年，世界銀行などの協力によって実施されてきた。

　表11-2の国別貧困線に基づく貧困者比率の全国平均をみると，多くの国で4～5割というきわめて高い数値となっている。調査年はそれぞれ異なっており，2000年代には各国の貧困者比率は年々減少していることを考えると，各国間の厳密な比較はできないことに注意する必要はあるが，それぞれの調査時点において，コーカサス諸国では50％程度，中央アジアにおいても，クルグズスタンやタジキスタンでは40％を超える人々が絶対的貧困の状態にあったことを示している。90年代半ばの経済が最も落ち込んだ時期にあっては，これを大きく上回る人々が絶対的貧困にさらされていたのであり，移行不況が人々をいかに深刻な危機に陥れたのかを窺い知ることができるだろう。

　また，都市部と農村部の貧困者比率の比較から分かるように，特に中央アジア諸国においては，都市農村間の格差が非常に大きく，農村における貧困問題が深刻である。前述のように，2000年代に入ってマクロ経済指標を著しく改善させた中央アジア・コーカサス諸国であるが，農村における貧困問題の改善が遅れていることは，各国の貧困アセスメント報告書などからも確認できる。ウズベキスタンの例を取り上げると，2001年から2005年にかけて貧困者比率は，27.5％から25.8％とやや減少したが，農村部においては30.5％から30.0％とほ

表11-2 中央アジア・コーカサス諸国における貧困者比率

(単位:％)

	国別貧困線			1ドル／日	2ドル／日
	全国	都市	農村	(購買力平価)	
アルメニア	50.9 (2001)	51.9	48.7	10.6 (2003)	11.3
アゼルバイジャン	49.6 (2001)	49.6	55	2.0 (2005)	2.0
グルジア	54.5 (2003)	56.2	52.7	13.4 (2005)	30.4
カザフスタン	15.4 (2002)	10.2	21.7	3.1 (2003)	17.2
クルグズスタン	43.1 (2005)	29.8	50.8	21.8 (2004)	51.9
タジキスタン	44.4 (2003)	–	–	21.5 (2003)	50.8
トルクメニスタン	–	–	–	24.8 (1998)	49.6
ウズベキスタン	25.8 (2005)	18.3	30	46.3 (2003)	76.7

出所:Millennium Development Goals Indicators datebaseおよび各国のPoverty Assessment報告書に基づき筆者作成。

とんど改善はみられなかった。また,1500kcal基準の「極度の貧困線」を用いた貧困者比率についてみると,一部の州においては著しい上昇も確認された。ウズベキスタンにおいて貧困人口の実に70％(約450万)が農村地域に居住していることが示唆するように,中央アジア・コーカサス地域における貧困対策としては,何より農村地域の所得向上を導く農業振興政策が求められている。

(4) 深まる経済格差

中央アジア・コーカサス諸国における20年近くの市場経済化の過程において,不平等や格差はどれほど拡大したのだろうか。この点について時系列的に検討可能な定量的データは少ないが,ここでは参考になるデータとして,2006年にEBRDと世界銀行の実施した「移行過程の生活調査」(Life in Transition Survey)の調査結果を紹介する。この調査は,中東欧と旧ソ連の市場移行国29カ国(トルクメニスタン除く)において,各国の代表性を有する1000世帯を対象に,意見や認識などの主観的指標を中心とした質問票に基づいて実施された世帯調査である。調査年が2006年ということで,近年の急速な経済成長の影響をある程度含んだ人々の認識を窺うことができる。

図11-3は,「この国の経済状況は1989年よりも良い」ということに対して賛成か反対かを質問した結果である。2000年代に急速な経済成長を記録したアゼルバイジャンやカザフスタンにおいては,「同意」の比率が高く,国内の紛争にも悩まされ経済不振の続いたグルジアやクルグズスタンにおいては「反対」

第Ⅲ部　貿易と対外経済関係

(単位：%)

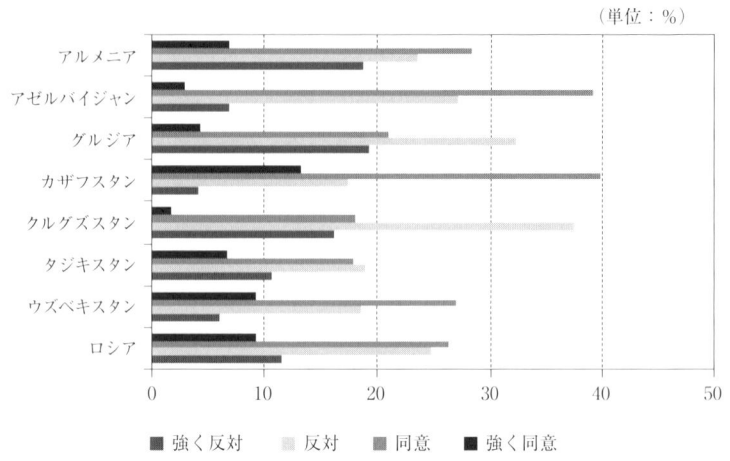

図11-3　「1989年と比較して経済状況は改善された」に対する認識（2006年）
出所：Life in Transition Survey database（EBRD）より筆者集計。

(単位：%)

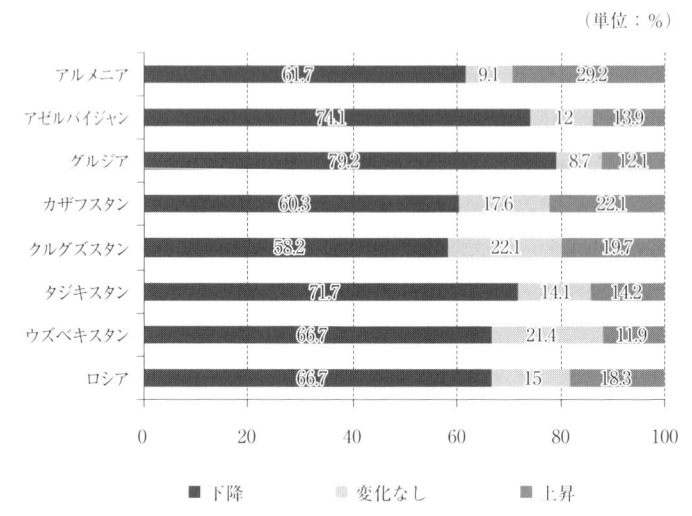

	下降	変化なし	上昇
アルメニア	61.7	9.1	29.2
アゼルバイジャン	74.1	12	13.9
グルジア	79.2	8.7	12.1
カザフスタン	60.3	17.6	22.1
クルグズスタン	58.2	22.1	19.7
タジキスタン	71.7	14.1	14.2
ウズベキスタン	66.7	21.4	11.9
ロシア	66.7	15	18.3

図11-4　1989年と比較して世帯の相対的位置はどのように変化したか（2006年）
出所：Life in Transition Survey database（EBRD）より筆者集計。

の比率が高いなど，各国のマクロ経済指標がある程度反映された回答が得られているように思われる。

　より注目すべきは**図11-4**である。これは，1989年と2006年を比較して，自

分の世帯の福祉水準の相対的位置がどのように変化したのかという問題に対する回答者の認識を表している。実際の質問は，「最も富裕」から「最も貧困」までの間を10段階に分けたうえで，1989年と現在において，それぞれ自分の世帯がどこに位置するのかを尋ねたものであるが，図11-4はその回答結果に基づき集計してある。図11-4からは，各国において，6～8割の世帯が下降の認識をもっていることが読み取れる。天然資源に恵まれ急速な経済成長を実現している国も例外ではなく，例えば，アゼルバイジャンにおいては，実に74％が下降したと認識しており，最も深刻である。この結果が強く示唆するのは，いずれの国においても，近年の経済成長の恩恵を受けている層が非常に限られているということであろう。2000年代に入って，急速な経済成長をみせ始めた中央アジア・コーカサス諸国であるが，貧富の差の拡大や鬱積する不満は，社会情勢を不安定化させ，今後の成長の足枷となることが危惧される。

4　移民労働と海外送金

（1）　中央アジア・コーカサス諸国における移民労働

　2000年以降の中央アジア・コーカサス諸国経済を支える一つの大きな因子となってきたのは，国外への労働者の出稼ぎと彼らの仕送りである。本節では，移民労働と海外送金の問題を取り上げ，この地域におけるもう一つの大きな課題を浮き彫りにする。

　CIS諸国間の移民は，1990年代からみられた現象であるが，近年の移民の主流は，経済的な移民であり，出稼ぎ労働者による母国への多大な海外送金を伴っているという特徴がある。そもそも，ソ連の解体は，CIS諸国間における多くの民族移動を誘発するものであった。ソ連末期，CIS内には自分の出身と異なる共和国に居住する人々が2800万人存在していたが，1990年代初期には，これらの人々が，ロシア人を中心に，故郷に帰還しようとした。しかし，近年の移民の増大は，こうした民族的な理由からではなく，主として経済的な理由から生じている。中央アジア・コーカサス諸国からの移民先として圧倒的に多いのはロシアであり，次いでカザフスタンである。背景として，2000年代に入って，経済が急速に成長したロシアやカザフスタンにおいては，肉体労働を中心に労働力が不足気味となっていたことや，CIS諸国はロシアと相互に査証

免除の関係を結んでおり，労働者の国境を越えた移動が容易であったことなどの事情があった。

　CIS内の移民労働者の性格や雇用状況に関する信頼できるデータは少ないが，一般に，若年層と中年層の男性労働者が大部分を占めるといわれる。40～50代のソヴィエト的教育を受けた中年層は，比較的高い教育水準を有し，ロシア語にも堪能であることが多いが，若年層については，教育水準が低く，ロシア語能力にも乏しい未熟練労働者である場合が多い。これらの移民労働者は，初めは知人を頼りにしてロシアなどの都市へ赴くことが多いが，近年では，より組織的な動員の傾向も観察される。例えば，ウズベキスタンのアンディジャン州の農村においては，出稼ぎ労働経験者が，春先に季節労働の出稼ぎ希望者を募り，集団でロシアの都市に向かうケースなどもみられた。

　CIS諸国からロシアへの移民の数については，一人の合法的移民に対して10人の非合法移民がいるといわれるように，公式統計上は大幅に低く見積もられており，正確に把握するのは難しい。最近の報告書においては，金融危機前のおおまかな推測値として，季節労働者も含んで，ウクライナから360万人，ウズベキスタンから200万人，モルドヴァから80万人，クルグズスタンとアゼルバイジャンから併せて50万人，また，タジキスタンについては60万人程度（人口の10人に1人）という数字があがっている。また，その推移については，公式統計からも，2000年代後半に目立って急増していることが確認される。特に，2007年には各国からの移民数は倍増しているが，これは，2007年にロシアが，移民受け入れを増大させる政策を打ち出したためである。しかし，2008年の金融危機発生後は，自国民の優先就労権を保護するために，数百万の外国人労働者がロシアから国外に退去させられたといわれる。

（2）　移民労働と海外送金の経済効果

　これらの移民労働の意義や経済効果については，家計レベルの生存戦略と，国家レベルの経済に与えるマクロ的な影響の，双方の観点から捉える必要がある。前節において，中央アジア・コーカサス諸国の生活水準問題，特に農村において深刻な貧困問題について言及したが，ロシアを中心とした国外への出稼ぎは，近年では農村における若年層の失業問題への唯一の効果的な対処法となっている。彼らの経済格差に対する不満を和らげることで，政治的な安定に

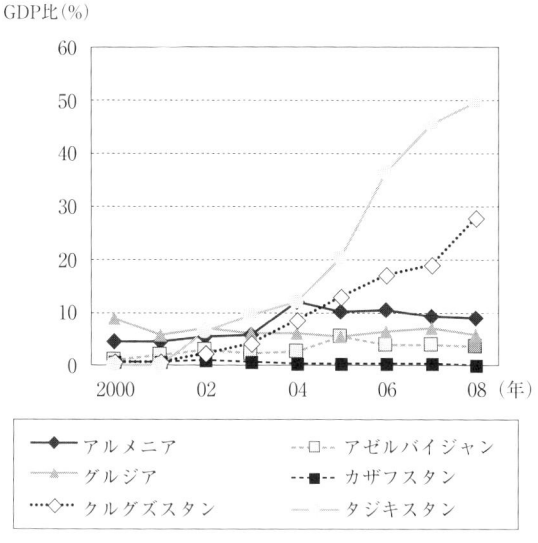

図 11-5　海外送金のネット流入額の推移

注：ウズベキスタン，トルクメニスタンについては，比較可能なデータが存在しないため除外されている。
出所：World Development Indicators 2009 database より筆者作成。

も寄与してきた。また，出稼ぎ労働者のもたらす海外送金は，農村の生活レベルを確かに下支えしている。農村の生活水準に与える影響は，地域によって大きく異なるが，例えば，筆者の訪れたウズベキスタンのヒヴァのある農村においては，近年，中古ではあるが自家用車を保有する世帯が急増したが，それは主として国外への出稼ぎ労働者による送金のおかげであるとの話であった。このように故郷の家族に経済的な恩恵をもたらす出稼ぎ労働であるが，労働者にとっては決して良いことばかりではない。実際，移民先においても，賃金不払いや不当な差別などを伴った劣悪な労働環境におかれる中央アジアやコーカサスの若者達は少なくない。出稼ぎ先の監督者に，パスポートを奪われ逃亡の自由を絶たれたうえで，奴隷的な扱いを受けていた移民労働者の実態などが，しばしば近年の報道によって明るみにされてきた。

　さらに，移民労働による海外送金（流入）の急増は，マクロ的な国家経済の観点からもすでに無視できない規模に達しているという点が重要である。とり

第Ⅲ部　貿易と対外経済関係

図11-6　各国における貿易収支，FDI，海外送金（2007年）

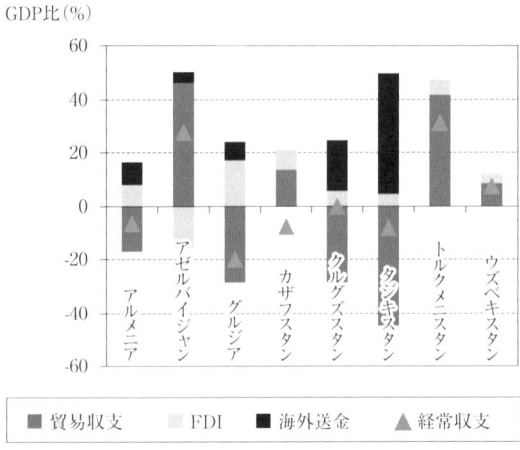

凡例：■貿易収支　□FDI　■海外送金　▲経常収支

注：ウズベキスタン，トルクメニスタンについては，比較可能な海外送金のデータは存在しないため，海外送金比率は示されていない。

出所：World Development Indicators 2009 databaseより筆者作成。

わけ，天然資源に乏しく，経済規模の小さな国においてその傾向は顕著である。**図11-5**には，近年の海外送金の受領額の推移を各国のGDP比によって示した。特にタジキスタンとクルグズスタンの近年の急増は際立っており，2008年においては，それぞれGDP比の5割弱，4割弱の比重に達している。ウズベキスタンとトルクメニスタンについては，比較可能なデータが存在しないため除外されているが，ウズベキスタンについても海外送金はGDP比の1～2割程度に達するといわれてきた。また，**図11-6**には，2007年における各国の貿易収支，経常収支，FDI，海外送金をGDP比で示した。アルメニア，グルジア，クルグズスタン，タジキスタンのような天然資源に乏しい国は，経常収支の赤字，特に大幅な貿易収支（輸出－輸入）の赤字に陥っている。図11-6からは，そうした輸入に必要な資金を補っているのが，海外送金とFDIであることが分かる。クルグズスタンやタジキスタンにとっては，海外送金は，FDIをはるかに上回る国際資本流入となっており，海外送金に大きく依存した経済構造が確立されつつあるといってよい。

■□コラム□■

ウズベキスタンの慣習経済

　中央アジア農村のインフォーマル経済は、血縁・地縁などの社会関係や現地の伝統文化、慣習と深く結びついている。例えば、ウズベキスタンには、「ギャプ」と呼ばれる慣習がある。10数人程度の固定メンバーが、月に1、2回程度、もち回りで誰かの家に集まり懇親の会を楽しむ慣習であり、地域によって呼称は異なるが、全国的に根づいている。近年のギャプの機能は多様化しており、単なる親睦の集まりを超えて、日常的に互助単位として活動したり、頼母子講としての金融の役割を担ったりするなど、ますます活性化している様相もみられる。あるいは、同国には、「ハシャル」と呼ばれる慈善的な無償労働の慣習がある。家屋の建設におけるハシャルでは、主人が資材を調達したうえで、親戚や隣人が集まって共同作業を行う。家屋の建設以外にも、チャイハネ（喫茶）、用水路、モスクなど、地域の住民全体にとって重要な施設の建設や復旧は、今でもハシャルを通して行われる。同国政府は、独立以降、イスラームの伝統をひいた地縁共同体である「マハッラ」の復興を掲げ、その行政的利用を進めている。昔ながらの親密な人々のつながりを根づかせたマハッラを公的組織として取り込むことで、慣習的な互助活動の機能は政策的にも活用されうる。今後求められるのは、中央集権的な色彩の濃い政治体制をもつ同国において、単なる管理社会の強化にならない形でこうした施策が進められることであろう。

（3）　海外送金の急増は問題か

　2000年代以降の海外送金の急増は、旧ソ連諸国に限らず、途上国において世界的にみられる現象であり、そのマクロ経済的なインパクトについても注目されるようになった。最近の国際比較による実証研究は、海外送金の流入は、金融システムが未発達な途上国においては、投資をファイナンスし、流動性制約を緩和する代替的な手段として機能することで、経済成長を押し上げる効果を有することを指摘している。しかし、旧ソ連諸国の一部の国々の経済の海外送金に対する過度の依存は、明らかに度を超えていると思われる。GDP比で海外送金受領額が4割を超えているのは、途上国全体においても唯一タジキスタンのみである。同国では、就学を終えれば、若者の大部分は海外への出稼ぎを

目指すというような状況であり，このような形での労働力の流出が続けば，国内産業は荒廃に向かうのみであろう。多大な海外送金は，自国通貨の増価を招き，国内輸出産業の育成を圧迫するという問題もある。また，海外出稼ぎに依存した経済の脆弱性は，昨今の金融危機によってもさらけだされた。世界銀行の推計によると，2009年には，タジキスタンやアルメニアでは前年比で3割程度，クルグズスタンでは2割程度の海外送金の減少が見込まれており，人々の生活や国家経済に与える打撃はきわめて大きい。ロシアから締め出され帰還した大量の失業者が，社会不安を煽ることも危惧されている。

（4） 中央アジア・コーカサス諸国の課題

本章では，中央アジア・コーカサス諸国の歩んだ市場経済化の道のりを振り返りつつ，今後の課題を浮き彫りにすることを試みた。中央アジア・コーカサス諸国は，移行ショックによる未曾有の経済危機や長引く経済不況の苦難の道を経て，2000年代以降は，石油・天然ガスをはじめとする一次資源輸出に活路を見出し，一部の国では急速な経済成長を達成するに至った。一方で，資源の乏しい国々は，移民労働者の海外送金への依存を強めてきた。こうした近年の各国経済の方向性は，連邦内分業体制に深く組み込まれ，ソ連時代の技術の老朽化や生産の非効率性に特徴づけられる工業部門しかもたなかった諸国が，独立後に突然にさらされた国際競争に太刀打ちしてゆくうえで，現実的な選択であったといえるかもしれない。しかし，国際市況に左右されやすい天然資源や，海外送金に過度に依存した経済発展が，きわめて脆弱な基盤しかもたないことは，2008年の金融危機によっても明らかになった。各国において深まる格差問題や農村の貧困問題に対処する意味でも，今後は，農業部門を含め，いかにして持続可能な国内産業を振興してゆくのかという問題が，いずれの国においても経済政策の中心的な課題となっている。

●参考文献────
岩﨑一郎（2004）『中央アジア体制移行経済の制度分析──政府・企業間関係の進化と経済成果』東京大学出版会。

中央アジア5カ国の改革プロセスを比較制度論的に分析した重厚な研究書。
岩﨑一郎ほか編（2004）『現代中央アジア論』日本評論社。
政治や経済の研究者が，それぞれの切り口から中央アジアを横断的に論じた論集。
宇山智彦編（2003）『中央アジアを知るための60章』明石書店。
中央アジアの歴史と現状にまたがる幅広いトピックを扱った概説書。
小松久男ほか編（2005）『中央ユーラシアを知る事典』平凡社。
中央ユーラシアの歴史，現状，社会，文化に関する1000に及ぶ項目の総合辞典。
清水学編（1998）『中央アジア――市場化の現段階』アジア経済研究所。
中央アジアの1990年代における市場経済化の実態，動向を扱った論集。
橋田担編（2000）『中央アジア諸国の開発戦略』勁草書房。
中央アジア5カ国の1990年代の移行戦略を詳しく扱っている。
樋渡雅人（2008）『慣習経済と市場・開発――ウズベキスタンの共同体にみる機能と構造』東京大学出版会。
ウズベキスタンの慣習経済の機能や構造を現地調査に基づき分析した研究書。慣習経済については，「コラム」参照。
堀江典生編（2010）『現代中央アジア・ロシア移民論』ミネルヴァ書房。
旧ソ連地域の移民問題を，移民の語り，管理政策，安全保障などから扱った論集。
EBRD（2009），*Transition Report*（各年版）．
各国の市場移行政策を欧州復興開発銀行（EBRD）が評価した年次報告書。

（樋渡雅人）

第12章
中・東欧の市場経済移行

　本章では，中・東欧諸国を対象として，社会主義体制の動揺・危機・崩壊，社会主義体制からの脱却を目指した脱社会主義，資本主義体制（自由市場経済体制）の再構築と続く1980～2000年代の展開過程について，これを社会主義体制の終焉期（1980年代），資本主義体制への移行期（1990年代），資本主義体制の再構築期（2000年代）という三つの時期に区分したうえで，以下の6点について明らかにする。

　6点とは，ⓐ1989年「東欧革命」に至る社会主義体制の終焉期はいかなる状況であったのか（第1節），ⓑこれが資本主義への移行過程にいかなる影響を及ぼしたのか（第2節の(1)），ⓒ中・東欧諸国は，「東欧革命」後，いかなる改革構想や変革プログラムの下に体制移行を進めたのか（第2節の(2)～(5)），ⓓその後，なにゆえ欧州連合EUへの加盟を目指し，そのなかでいかなる現実に直面したのか（第3節），ⓔEU加盟後の状況とはいかなるものであったのか（第4節の(1)），ⓕ中・東欧諸国は今後のEU拡大に対していかなる姿勢を示すのか（第4節の(2)），といった点である。

1　1980年代の東欧──社会主義体制の動揺から危機へ

(1)　1970年代末

　ソ連では，1970年代末以降，ブレジネフ政権（1964～82年）首脳の高齢化が進むなかで硬直的な社会・政治統制，形式的で非合理な計画化と経済管理が続き，社会に閉塞感が広がったため，労働意欲や活力の減退，経済生活の歪みや非効率などに起因する様々な問題（アルコール中毒や汚職の急増，闇経済の拡大など）が生じ，著しい成長鈍化に陥った。重工業部門では，国営企業間での資材・部品供給が計画通り進まない状況を逆手にとって，トルカーチ（押し屋）と呼ばれる隙間（ニッチ）ビジネスが横行し，非公式の経済活動が公式の経済

活動を支えるという逆転現象がみられた。

　一方、東欧＊においても、ポーランド、ハンガリー、ルーマニアが、1970年代末には経済政策の失敗から対西側債務の累増、財政赤字の拡大、インフレの昂進という三重苦に喘いでいた。これら3カ国は、1970年代初め以降、東西間（米ソ間、欧ソ間）での緊張緩和を背景として積極的な対外政策を展開していた。それは、西側先進諸国から資金、技術、設備・機械類を大量に導入し生産の効率化と製品の品質向上を図ったうえで、対西側輸出を増大し、それによって借入資金を返済するという経済発展戦略であった。しかし、「第一次石油危機」（1973年10月）を発端として西側先進諸国が低成長に転じたため、こうした発展戦略は継続不能となり、これら3カ国はマクロ経済の不均衡の拡大に苦しむ結果となった。ポーランドやルーマニアでは、これに政権党の人気取り策（例えば、西側諸国からの借入資金の一部を用いて高品質の西側製品を輸入し、これを国民へ廉価で販売するという施策）による財政支出増が重なり、西側諸国への純債務残高が1970年代だけで32倍（ポーランド）、29倍（ルーマニア）に激増した。また、ハンガリーでは、国民一人当たりの対西側純債務残高が東欧で最大となり、これら3カ国は1970年代末以降対外債務の返済に窮する状況に陥った。

> ＊　本章では、欧州東部地域を示す地域概念として、社会主義時代の地域概念とそれ以降の地域概念を区別し、前者を東欧、後者を中・東欧と記す。東欧とは、東ドイツ、ポーランド、ハンガリー、チェコスロヴァキア、ルーマニア、ブルガリア、旧ユーゴスラヴィア、アルバニアの8カ国を指し、中・東欧とは、ポーランド、ハンガリー、チェコ、スロヴァキアの4カ国を指す。なお、中・東欧に関する説明に際して、必要に応じて東ドイツ、ルーマニア、ブルガリアなど近隣諸国についての説明を加える場合もある。

　一方、「プラハの春」事件（1968年8月）によって軍事侵攻と改革の挫折を経験したチェコスロヴァキアでは、事件後一貫して、ソ連による東欧締めつけのための「ブレジネフ・ドクトリン」（社会主義世界全体の利益が優先されるべきであり、個々の社会主義国の利益はその限りにおいて制限されるという制限主権論。ブレジネフが1968年11月に発表）に留意しつつ、ワルシャワ条約機構やコメコンというソ連を中核とする外交・軍事・経済の国際的な枠組みを対外政策の基礎に据えながら西側先進諸国との経済関係の進展を控えるという慎重な経済政策を進めていた。このため、1970年代末になっても、マクロ経済の不均衡は上記3カ

国と比べて小幅なレベルにとどまっていた。

　さらに，東ドイツでは，ホーネッカー政権（1961～89年）が強圧的な権力支配を続ける一方で，1970年代初めの東西間での緊張緩和と経済関係の進展のなかで成長著しい隣国西ドイツとの産業・貿易関係を進展させて自国の成長を促そうとの発展戦略を実施に移した。この戦略は，一面では，東西両ドイツ間の外交・経済関係の安定化，さらにはヨーロッパでの緊張緩和の一層の促進という利点を有していたが，他面では，東西両ドイツ間の関係が進展すればするほど，社会・経済実績での優劣，つまり，資本主義の西ドイツと社会主義の東ドイツとの発展格差が一層明瞭になるというリスクを有していた。

　こうした状況にあった1970年代末，ソ連・東欧諸国の首脳の誰もが予想しなかった事態が生じた。1978年10月，ポーランド人のカロル・ヴォイティワ大司教・枢機卿がカトリック教会の最高位であるローマ教皇に選出された（教皇名――ヨハネ・パウロ2世，在位：1978年10月～2005年4月）。国民の90％以上がカトリック教徒というポーランドでは，この知らせに熱狂し，国営TVによる教皇就任式の録画放送は78％という高視聴率を記録した。翌年6月，教皇が就任後初めて里帰りした際には，20万人を超える人々がワルシャワ国際空港を取り囲んだ。教皇は各地での歓迎ミサで「強くなりなさい。強くありなさい。希望を捨ててはなりません。希望を持ち続けなさい」と繰り返し呼びかけ，国民を励ましました。こうした状況は，ポーランド人にとってのみならず，東欧各国民にとっても，世俗世界の最高権力（政権党）が聖なる世界の権威（教皇）に圧倒され，それに抗することができないという状況を彼らの脳裏に深く焼きつける結果となった。

（2）　1980年代

　1980年7月初め，ポーランド・バルト海沿岸都市グダンスクにおいて労働者の抗議行動が始まった。当初は小規模の抗議行動であったが，工場間での労働組合の連携が進むにつれて抗議行動は他工場にも波及し，連携網はやがて「連帯」と称する労働組合連合体に発展した。8月中旬には，政権党と「連帯」との協議がグダンスクとシチェチンの造船所で始まり，8月末には，これら両市において社会主義ポーランド史上初めて政権党と非公認の労働組合との間で「政労合意議定書」が調印された。これは非公認の労働組合の要求に対して社

会主義政権が示した初めての本格的な譲歩であり，まさしく「社会主義体制の壁の一枚がこの時初めて剥がれる」（「連帯」顧問ゲレメク—当時）こととなった。「連帯」は，圧倒的多数の国民による支持だけでなく，カトリック教会による物心両面の支援をも受けながら組合員数1000万人を擁する巨大組織に発展し，権力支配の根幹である一党独裁制度を大きく揺るがす存在となった（「連帯」運動の詳細については，伊東孝之〔1988〕『ポーランド現代史』山川出版社を参照）。

　政権党は，それまで政治・外交，軍事・安全保障，経済，社会，文化などほぼすべての分野の政策課題について自ら解決策を提示し，実行するという責任を全面的に担うことによって一元的な権力支配の正統性を獲得し，補強してきた。一方，「連帯」運動とその拡大は，社会主義建設の正統性，政権党による一元的な権力支配の正統性に向けられた国民的な規模での疑義の表明であり，正統性の代替根拠に関する国民的なレベルからの一つの回答であった。このため，仮に政権党が威信を賭けて危機の克服と社会の再生を目指す改革を実施するとしても，従来の政策姿勢や統治機構に基づいて進める限り，深刻さを増した経済危機は，危機のレベルにとどまるどころか，体制内部に自己否定の要素を生み出し，最終的には体制そのものの自己崩壊を引き起こしかねないと考えられた。こうした状況は，独りポーランドの政権党にとってばかりか，ソ連や他の東欧各国の政権党にとっても社会主義体制を危機に陥れる危険な出来事とみなされ，速やかに打開策が講じられるべき事態と考えられた。

　ソ連や他の東欧各国の首脳らは，ソ連を中核とする社会主義共同体の安定化を理由としてポーランドへの軍事侵攻を検討したが，ポーランドをめぐる歴史を考慮して，首脳らは「ハンガリー動乱」（1956年）や「プラハの春」事件のように武力鎮圧が可能か否か難しい判断を迫られた。一方，ポーランド・ヤルゼルスキ政権（1981〜89年）にとっても，ソ連やほかの東欧各国による軍事侵攻は，社会統治での最後の頼みの綱であるカトリック教会との関係を完全に断ち切る恐れを有していたため，軍事侵攻の受け入れは不可能であり，これに代わる選択肢として自国の軍と警察による武力鎮圧を急ぎ準備せざるえない状況に追い込まれた。

　1981年12月13日，ポーランド全土に戒厳令が布告された（「ヤルゼルスキとの戦争状態」とも呼ばれる）。「連帯」幹部の大半が逮捕・拘禁され，1年9カ月続いた「連帯」運動は一時的に社会生活の表面からは姿を消したが，国民の脳裏

に焼きついたその「記憶」まで消し去ることはできなかった。

　ソ連による「アフガニスタン侵攻」（1979年12月勃発）以来続いていた西側陣営の対東側経済制裁は，ポーランドでの戒厳令布告を機に一層強化され，巨額な債務を抱える東欧各国はさらに深刻な状況に追い込まれた。ポーランドでは，戒厳令の最中に政権党の面子を賭けて実施した1982年経済改革が国民の非協力的な姿勢によって1年足らずで失敗に終わり，経済は出口のみえない閉塞状況に陥った。巨額な対外債務，財政赤字の累増，インフレ率の急上昇という三重苦に加えて，①第1（国営）市場の不振と第2（自由）市場の活況，②自国通貨の価値低下（自国通貨への不信認）と西側主要通貨の価値上昇（闇ドル市場の拡大），③国営製造企業での経営幹部と従業員との対立による生産現場の混乱，という問題が表面化した。生産現場での対立によって原材料供給や部品生産の遅れや中断が生じたため，コメコン域内での分業体制にあったソ連やほかの東欧諸国の生産活動にまで悪影響を及ぼす結果となった。

　このように改革の前進も後退も許されないきわめて困難な状況に陥ったとき，皮肉にもモスクワから新しい指導者の登場が伝えられた。

　1985年3月，ゴルバチョフがソ連の最高指導者（共産党書記長）に選出された。これを機に，ソ連の政治は20年以上続いた老年支配からスターリン時代以降に政権党の中枢に入った人々（脱スターリン世代）を基軸として動き始めた。

　ゴルバチョフ政権は，チェルノブイリ原発事故（1986年4月）を契機として，グラスノスチ（情報公開，歴史の見直し），経済改革（成長の加速化と国営企業の自主性の拡大），新思考外交（西側陣営との緊張緩和外交）という三つの柱からなる「ペレストロイカ」路線を実行に移した。

　対東欧政策に関しては，ゴルバチョフは，1986年2月，コメコン首脳会議の席上「東欧各国の自主的な改革を支持し，ソ連は今後東欧各国の改革に口出ししない」と言明したが，東欧各国の首脳は当初ゴルバチョフの真意を量りきれず懐疑的な姿勢を示していた。しかし，危機に瀕していたポーランドでは，ゴルバチョフの発言を受けて，政権党の中核をなす行政と経済の専門家層（テクノクラート層）が中心となって「経済改革の第2段階」（1986年6月発表，同年12月開始）を実施し，経済危機の進行に歯止めをかけようとした。ところが，これもわずか半年ほどで挫折したため，1987年11月，政権党は命運を賭けて社会主義体制下での政治の民主化と経済の自由化への賛否を問う国民投票を実施し

た。この際，政権党は，西側諸国による懸念を払拭するため，秘密投票の実施，投票所や開票所への外国人監視員の配置，西側記者による自由な取材を保証し，また，国民投票での絶対的な勝利を誇示するため，賛否を問う2項目について投票総数の過半数ではなく有権者数の過半数をもって賛否を決すると定めた。しかし，結果は政権党の予想を大きく裏切るものとなり，この直後，政権党内から政権党による権力支配の限界性を強く主張する声が出てきた。その後，1988年の春と秋に行われた「連帯」主導のゼネ・ストが転機となって，政権党と「連帯」の間でカトリック教会を立会人とする円卓会議の開催が合意された。

ハンガリーでは，「ペレストロイカ」路線の実施と並行して，政権党内外で経済の自由化と市場型改革の推進，政治の民主化，歴史の見直しなどを要求する声が強まった。1988年5月，「ハンガリー動乱」以降40年以上にわたって政権党を指導してきたカーダールが引退したため，ネーメト（首相）やポジュガイ（政治局員）など党内改革派の行動に変化がみられるようになった。党内改革派は，民主化や自由化の推進と経済の閉塞状況の打開を最終目標として掲げたうえで，西ドイツ・コール政権やソ連ゴルバチョフ政権との連絡を密にして，抑圧的な統治を続けてきた東ドイツとチェコスロヴァキアの両国に対して政治的な揺さぶりをかける方策を検討し始めた。

東ドイツやチェコスロヴァキアでは，1980年代後半になってようやく環境破壊や人権侵害を告発する抗議行動が広がりをみせ，その中核に作家，音楽家，教師，牧師といった文化人，芸術家，宗教人などが名を連ねるようになった。こうした抗議行動は「（第2次）ヘルシンキ宣言」（1985年，人権尊重の再確認）への調印，「ペレストロイカ」路線の実施を背景とした東西間での緊張緩和，東西両ドイツの関係緊密化といった情勢の変化を追い風としていた。このため，両国の政権党とも，こうした抗議行動をあからさまに弾圧することもできず，抗議行動は大都市住民の間に徐々に浸透していった。

1989年2月，カトリック教会を立会人として政権党と「連帯」が対等の立場で話し合う円卓会議がポーランドで始まった（～4月）。円卓会議では，政治，経済，社会，文化など多くの問題が議論され，その一つ一つについて合意文書が作成された。この結果，社会主義体制の維持を前提としたうえで，①議会制度の変革（二院制度の復活），②総選挙の実施（上院は自由選挙，下院は制限選挙），③「連帯」など非合法組織の再合法化，④市場型経済改革の推進などが合意さ

れた。この合意に基づき，6月4日，総選挙が実施されたが，結果は，政権党と「連帯」の双方の予想を大きく上回る形で，「連帯」が圧倒的な勝利を収めた。

　選挙後，政権党と「連帯」の間で連立政権交渉が断続的に行われた結果，9月12日，社会主義史上初めて非政権党員を首班とするマゾヴィエツキ政権が成立した。新政権の最大の課題は危機に瀕していた経済の安定化と制度機構の変革であり，これを主導する蔵相・経済改革担当相として41歳の経済学者レシェク・バルツェロヴィチが任命された。彼の主導の下45日間で策定された新たな経済改革案は，議会の承認を経て1990年1月から実施に移された（「バルツェロヴィチ・プログラム」，プログラム全文の邦訳は家本 1994に掲載されている）。

　1989年5月，ハンガリーがオーストリア国境の鉄条網の自国部分を撤去し，翌月には，両国の合意に基づいて国境の鉄条網が数カ所で完全撤去された。この結果，東ドイツ国民がハンガリー経由でオーストリアへ出国するという経路が出現し，最終的に2万以上の東ドイツ国民がこの経路を通ってオーストリアへ出国した。さらに，東ドイツ国民は，夏休みに入った7月初旬以降，ハンガリーのブダペストとチェコスロヴァキアのプラハという両首都にある西ドイツ大使館へ押し寄せ，7月下旬には数千人の人々が両大使館の敷地に逗留する状況となった。こうしたなか，西ドイツ・コール政権は，9月初旬，両大使館に逗留する東ドイツ国民を難民と認定し，西ドイツに入国した人々には自動的に市民権を与えるとの決定を下した。

　東ドイツでは，9月に入ってライプチヒで月曜デモが再開され，中旬には「新フォーラム」と称する反政府組織がベルリンで結成されたが，治安警察当局による取り締まりを恐れて，表だった反政府行動はみられなかった。一方，政権党幹部の間では，ホーネッカーの病気入院によって反政府行動への対応策を決定できないまま，権力の空白が生じていた。ところが，9月下旬，執務へ復帰したホーネッカーは，突然ドイツ大使館に逗留する東ドイツ国民の西ドイツへの移送を認めるとの決定を下した。こうして，1989年夏から秋にかけて，7万人以上の東ドイツ国民がハンガリーやチェコスロヴァキアを経由して西ドイツへ出国していった（一説では11万人以上ともいわれる）。

　ハンガリーでは，1989年6月，「ハンガリー動乱」後にソ連によって処刑された元首相ナジ・イムレの国民葬が党内改革派の呼びかけによって挙行され，

20万人以上の人々が参列した。1989年8月，憲法を改正し，政権党による一元的な権力支配の法的根拠であった政権党の指導的な役割を廃したうえで，国名を社会主義時代前の国名であるハンガリー共和国へ変更した。

東ドイツでは，10月初め，建国40周年祝賀式典が開催され，ゴルバチョフらソ連・東欧各国の首脳が参列した。そのさなか，ベルリン市内での松明行列では，政権党系の青年団員が行進しながら来賓席に並ぶゴルバチョフら首脳に向けて「ゴルビー（ゴルバチョフ），われわれを助けて」と繰り返し叫ぶという事態が発生した。また，国民の間でも，民主化や自由化の要求が公然と叫ばれ，文化人，音楽家，宗教家などの呼びかけに応じて多数の人々が抗議行動に参加するようになった。こうした国民の声を恐れた政権党首脳は，10月17日，1961年以来権力の頂点にあったホーネッカーの解任を決定し，その右腕といわれていたクレンツを書記長に選出した。しかし，クレンツ指導部は，首脳間の意思統一に失敗し，11月9日夕方，突然ベルリンの壁を開放するという誰もが予想しなかった事態を招くこととなった（「ベルリンの壁の崩壊」）。

チェコスロヴァキアのプラハでは，11月17日を境として学生・市民による大規模な抗議デモが頻発し，そのなかで，作家のヴァーツラフ・ハベルを中核とした「市民フォーラム」という反政府運動の統一組織が結成された。24日には，政権党指導部全員の退陣が発表されるとともに，「プラハの春」事件後に失脚したドゥプチェク（元共産党第一書記）が，市民の歓呼のなか元気な姿をみせた。

ブルガリアでも，10月下旬，35年間権力の頂点にあったジフコフの退任，共産党による一党独裁の放棄が決定された。しかし，これは実質的にはジフコフ側近間での権力闘争（宮廷革命）にすぎず，ブルガリアにおいて民主化や自由化が本格的に実施されるまでには相当の時間が必要であった。

ルーマニアでは，12月中旬，西部の中心都市ティミショアラにおいて治安警察部隊が抗議デモに参加していた市民多数に容赦なく発砲した事件をきっかけとして，チャウシェスク独裁体制への国民の反発が強まった。こうした状況に加えて，政権党，軍，警察などの幹部の離反も重なり，チャウシェスク政権はわずか数日の内に崩壊した。12月25日，フランス国営TVを通じてチャウシェスク本人と夫人のエレナが銃殺刑に処せられた映像が放送され，チャウシャスク時代の終焉が世界中の人々の前に明らかとなった。

このように，「東欧革命」と総称するにしても，その実態は各々異なり，

ポーランドのように「下」からの変革を求める声が政権幹部を動かすことになったケースもあれば、政権首脳間での宮廷革命や幹部の離反の結果として長期政権が崩壊したというケースもある。したがって、前者は社会主義政権の自己崩壊と呼ぶことができるが、後者は、そのように呼ぶことは適当ではない。英歴史学者ガートン・アッシュは、「東欧革命」に関して「ポーランドは10年、ハンガリーは10カ月、東ドイツは10週間、チェコスロヴァキアは10日間かかったが、ルーマニアは10時間であった」と記している。

2　1990年代前半期——東欧各国での脱社会主義の現実

(1)　脱社会主義の改革構想と変革プログラム

「東欧革命」を経て、東欧諸国の一部では、社会主義体制からの速やかな脱却（脱社会主義）を実現するため、政治・外交、軍事・安全保障、経済、社会、文化などほぼすべての分野において制度、政策、倫理規範、行動様式などを抜本的に変革することが求められた。しかし、こうした国々でさえ、社会主義時代以来の制度、政策、倫理規範、行動様式などは、国民の生活や意識のなかにしっかりと根づいていたため、容易に変革できるものではなかった。

また、東ドイツは、「ドイツの統一」(1990年10月) によって西ドイツに吸収され、西ドイツ主導の大規模な統合計画の下に置かれたため、東ドイツの脱社会主義は、ほかの東欧各国とは大きく異なる様相を示した。また、「統一」直前の7月1日に実施された東西両ドイツ・マルクの等価交換によって（就労者一人当たり4000東ドイツ・マルク以下の個人貯蓄額および年金受給者一人当たり6000東ドイツ・マルク以下の個人貯蓄額に適用。実際には3：1ないしは4：1の比率で西ドイツ・マルクが強かった）、東ドイツの実物・金融資産が実際の価値よりも3〜4倍高く評価されたため、東ドイツの国営企業の民営化や国有資産の私有化に際して、西ドイツによる統合計画は当初から大きな困難に直面した。この影響は今も東西ドイツ間の格差の一因となっている。

1990年代初めにおける脱社会主義改革に関しては、その全体像や実施方法などに基づいて区分すると、東欧では、以下の三つのケース（ポーランド、ハンガリーとチェコスロヴァキア、ルーマニアとブルガリア）がみられた。

（2） ポーランドのケース

ポーランドのケースは，その後，ほかの東欧各国での変革に対してだけでなく，ロシア・エリツィン政権下での改革に対しても大きな影響を及ぼした。ポーランドでは，1980年代を通じてマクロ経済の不均衡が拡大し，国営企業の業績が悪化の一途を辿るなかで，1987年4月，「経済改革の第2段階」の一環として国内通貨と西側主要通貨（米ドル，英ポンド，西ドイツ・マルク，仏フランなど）との国立銀行での両替と外貨専門店（国内輸出企業ペヴェックス）での使用が完全自由化された。また，外国貿易専門銀行での西側主要通貨による外貨預金も開始された。それまでは外貨の入手場所と入手方法を明示しない限り，国立銀行での両替や外貨預金，外貨専門店での使用はできなかった。しかし，実際に設定された預金金利はインフレ率よりも低く，また，交換レートも第2市場のそれに比べて3分の1～4分の1程度にすぎなかったため，国立銀行での交換と外貨預金は国民から無視された。加えて，1980年代初め以降，インフレ率が年々上昇し，自国通貨の価値が低下するなかで，名目賃金の引き上げ幅はそれに及ばず，実質賃金の目減りが大幅になったため，国民の間では，入手した自国通貨を速やかに第2市場で西側主要通貨に両替し，必要なときに西側主要通貨を自国通貨に再両替して使用するという通貨間での「渡り現象」がみられるようになった。1980年代後半になって第1市場でのモノの不足と滞貨の並存（日常生活に不可欠な生活必需品などは価格が低いため直ぐに不足する一方で，人々の購入意欲を刺激しないようなモノは価格が低くても売れ残るという状態）が先鋭化すればするほど，「渡り現象」は顕著となり，その結果，国立銀行の交換レートと第2市場の交換レートとの差もさらに拡大した。

（3） 移行不況 (transition recession)

「東欧革命」時には，マクロ経済の不均衡の拡大に加えて自国通貨の不信認という非常に厳しい状況に追い込まれていたため，マゾヴィエツキ新政権は，制度変革に着手する前に，マクロ経済の不均衡と自国通貨の不信認をできるだけ早急に解消する必要があった。マゾヴィエツキ新政権は，社会主義の体制と歴史の否定，その裏返しである「欧州への回帰」という国民の強い期待を速やかに実現する一方で，危機的な経済状況を早急に改善するためには，国民に相当の負担を課さなければならないという厳しいディレンマのなかで変革に着手し

た。

　ところで「バルツェロヴィチ・プログラム」は三つの政策措置から構成されている。一つは，不均衡の解消によるマクロ経済の安定化を目指す安定化政策（S政策），二つは，社会主義時代に存在していた経済活動への規制や制約を撤廃し，経済活動の自由化を目指す自由化政策（L政策），三つは，制度の変革と新たな構築を目指す制度政策（I政策）である。このプログラムでは，安定化政策と並行して自由化政策を実施したうえで，制度の変革と新たな構築を実施する，という重層的な政策展開が想定されていたが，マクロ経済の不均衡の是正には，自国通貨の価値の安定化が不可欠であるとの認識に基づいて，改革実施直前の1989年12月末，西側主要通貨に対して自国通貨を36％切り下げたうえで，交換レートを1ドル＝9500ズウォティに固定し，これを当面維持することを表明した。これは，西側主要通貨への国民の強い信認を利用して自国通貨と西側主要通貨の固定相場の導入によって自国通貨の信認の回復を目指すという非常措置であった。また，このプログラムでは，価格形成，国内取引，国際貿易の自由化を実施し，モノ不足の状況を短期間で解消する一方で，国営企業への国庫補助金の大幅な削減を実施し，国営企業の財務体質の改善を目指した。

　しかし，「バルツェロヴィチ・プログラム」は，この時点では，国営企業の独占・寡占体制の再編という産業組織の変革までは実施していなかったため，国営企業は自らの利潤を確保するため，生産量と雇用量を削減したうえで，製品価格を大幅に引き上げるという行動をとった。この結果，生産と雇用が急減し，失業者が急増する一方で，インフレが猛威を振るう（1990年の年間インフレ率700％）という厳しい状況（「移行不況」）が生じた。一方，このプログラムでは，インフレ率の上昇を理由とする名目賃金の引き上げに対しては，わずかな引き上げ幅を容認するだけで，それを上回る引き上げ幅に対しては数百％もの重税を課すという姿勢を貫いたため，実質賃金の目減りは大きく，国民に対して多大な犠牲を強いる結果となった。このため，変革へ強い期待を抱いていた国民は深い失望感を味わうこととなった。こうした国民感情は，新政権の登場後も依然として国営企業や政府機関の幹部としてその地位を保持する旧政権幹部への厳しい批判として表面化し，やがてこうした批判は大統領に就任していた旧政権党の最高指導者であったヤルゼルスキに向けられることとなった。

（4） ハンガリーとチェコスロヴァキアのケース

　ハンガリーとチェコスロヴァキア（1993年1月からチェコとスロヴァキアに分離）の両国は，マクロ経済の不均衡がポーランドよりも小幅であったため，両国の新政権はポーランドのような急進的な改革路線ではなく，段階的に自由化を進めながらマクロ経済の諸問題を解決し，制度の変革や新たな構築を進めるという漸進的な改革路線を採用した。両国とも，価格形成，国内取引，国際貿易の段階的な自由化は実施したため，モノ不足の状況は大幅に改善したが，国営企業は，西側先進諸国からの良質な輸入製品に押されて売上高を大きく減少させたため，新政権は，国営企業の経営破綻や失業者の急増を防ぐため国庫補助金の削減を先送りした。両国とも，ポーランドのようなインフレの昂進や失業者の急増という事態を招くことはなかったが，国有企業の生産の効率化や製品の品質向上をどのように実現するのかが重要な課題となった。

　そこで，両国の新政権は，民営化政策を国有企業の生産の効率化を促す鍵として位置づけたが，その内容は両国間で大きく異なっていた。ハンガリーでは，株式会社に転換（商業化）された国有企業の株式の売却を民営化政策の柱に据えたが，チェコスロヴァキアでは，バウチャー型民営化と呼ばれる大衆民営化方式を採用し，所有権の移転を短期間に実現しようとした。全成人に一人当たり1分冊1000コルナ（35ドル相当）で民営化小切手（バウチャー）を配分したうえで，商業化された国有企業の株式の売却に際して，民営化小切手を一定比率で株式と交換することによって大衆民営化を実現しようとした。しかしながら，①そもそも国民に民営化に関する基本情報（具体的な手順，内容，方法など）が周知徹底されていたわけではなく，また，②大衆民営化に際しては，実物・金融資産の再評価に基づく株式売却時点での売り出し価格の設定が重要であるが，新政権には，こうした手法も経験もないばかりか，その基礎となる数値や資料さえ手元になかった。このため，株式売却時点での売り出し価格の設定は，民営化対象企業から提出された資料や数値に基づいて行われ，結果的に恣意性の高い売り出し価格の設定となった。イギリスの著名な資産評価企業が大衆民営化方式に基づいて民営化された大企業21社，中小企業43社（製造業，サービス業）を対象として1996〜98年にかけて資産再評価を実施した結果，売却時点での売り出し価格は本来あるべき価格を平均35％〜40％下回っていたとのことである（Lewis, C. P., *How the East was Won : The Impact of Multinational Companies in Eastern Europe and the former Soviet Union 1989-2004*, Palgrave Macmillan, 2008 : 165-186)。さらに，③大衆民営化の場合，株式売却時点での売り出し価格として低水準の価格を設定された国有企業の株式交換（所有権移転）が新たな問題を生み出した。なぜなら，売り出し価格の低い国営企業の株式に対しては，交換希望者が少ないため，政府当局が引き続き株式を所有する結果となり，効率性の改善という民営化の本来の目的が実現されなかったからである。加えて，④国民は，価格形成の自由化による物価上昇によって民営化小切手の額面価値が下がることを恐れて，できるだけ早急に現金化することを望み，旧政権や国有企業の幹部が設立した投資基金の募集に対して額面を下回る価格で進んで売却していった。結局，民営化小切手はこれら投資基金に集約される結果となり，大衆民営化の大義名分の下，旧政権や国有企業の幹部は，引き続き民営化企業の経営陣の中核を占めることとなった。そして，彼らは，短期的な利潤の極大化を目指して価格の引き上げによる利潤の増加に努めたため，民営化政策の所期の目標であった生産の効率化は先送りされてしまった。

（5） ブルガリアとルーマニアのケース

ブルガリアとルーマニアの両国は，共産党の指導的な役割こそ憲法から削除したものの，実際には，旧政権や国有企業の幹部が依然として政治や経済での意思決定主体としてその地位と役割を維持していた。このため，1990年代前半期を通じて，両国の新政権は彼らの地位と役割を否定するような改革路線を実施することはなかった。彼らは，意思決定の独占を利用して，改革という旗印の下に国有企業の民営化，国有資産の売却・リースなどで自らの経済的利益を最大限拡大することに努め（テクノクラート型民営化），皮肉にも社会主義時代以上に大きな行動と裁量の自由を手に入れることになった。

このように，東欧各国では，1990年代前半期にそれぞれの政策を実施しながらマクロ経済の安定化と制度の新たな構築を目指して試行錯誤を繰り返した。こうしたなか，ポーランドと同じように急進的な改革路線を採用したユーゴスラヴィアでは，1990年1月の改革実施直後から共和国間での対立の激化という事態を招き，スロヴェニアとクロアチアの独立をめぐって，これら両国とセルビアとの間で武力紛争が勃発し，国家の分裂が決定的となった。

3 1990年代後半期——中・東欧として新たな方向へ

（1）「ユーゴスラヴィア紛争」のインパクトとその結果

　1990年代初めの危機的な状況を経て，ポーランドでは，1992年以降GDP対前年増加率がプラスとなる回復期を迎えた。しかし，1989年のGDP水準と比べると，1990年と1991年の2年間通算で18.8％という大幅な減少を記録したため，GDPが「東欧革命」前の水準に回復するまでには1990年代後半を待たなければならなかった。

　ハンガリーでは，1990年代前半期を経ても生産の効率化，製品の品質向上が進展しないばかりか，コメコン域内貿易による対外需要を失った打撃は大きく，経済全体が移行不況の渦に巻き込まれる事態となった。また，チェコスロヴァキアでも，1991年以降に実施されたバウチャー型民営化の失敗によって企業の経営再編が進まず，依然として国家財政に依存する企業体質が温存された。失業率こそ低水準にとどまっていたが，これも企業の破綻を防ぐように国庫補助金の支給が続いていた結果であった。これら両国では，1990年代前半期には，経済の対外開放化に伴う国際競争力の向上という重要な課題にどのように対処するのかについての施策は不明確なままであった。

　ところが，1991年以降，ユーゴスラヴィア地域での武力紛争が連続的に拡大したため，ワルシャワ条約機構（1991年解散）から離れた東欧各国にとっては，自国の安全保障をどのように確保していくのかが喫緊の政治課題となった。当初は，早急にEUに加盟して「欧州への回帰」を実現し，自国の経済発展と安全保障を図るという基本姿勢を示していたが，EUがボスニア・ヘルツェゴヴィナ紛争（1992〜95年）の解決に失敗しただけでなく，最終的には国連平和維持軍の駐留によって停戦が実現するという事態に直面して，東欧各国は，政治・経済と外交・安全保障という二つの分野で別個の構想を検討せざるをえなくなった。それは，外交・安全保障の分野ではNATO（北大西洋条約機構）加盟を優先することによって，他方，政治・経済の分野ではEU加盟を優先することによって自国の経済発展と安全保障を並行して実現するという構想であった。

　1990年代後半になって，ポーランド，ハンガリー，チェコは，アメリカ・クリントン政権に接近してNATO加盟を急ぐとともに，EU加盟への道を本格的

に模索し，EU加盟に至る経路としてOECD加盟→WTO加盟→EU加盟という3段階の加盟経路を想定した。1998年3月，これら3カ国は，スロヴェニア，エストニアなどともにEU加盟を正式に申請し（東欧での第1次加盟申請，スロヴァキアは2000年に加盟を申請），正式加盟に向けての交渉を迎えることとなった。

（2） EU加盟交渉のインパクトとその結果

中・東欧各国にとってのEU加盟への道程は，加盟交渉が開始されるや否や，それまで想定していたほど容易なものではないことが直ぐに明らかとなった。30項目の加盟条件（環境，人権・少数民族，司法・警察，農業，漁業など分野別・部門別の加盟条件）すべてにおいて合意するためには，なお一層の制度変革，政策転換が必要であることが明らかとなり，中・東欧各国は，それまでの制度設計や政策体系を根本的に見直す必要に迫られた。その際，中・東欧各国は，加盟条件をすべて満たすためには，経済発展水準と国際競争力での既加盟国との格差の縮小が不可欠であるという点を改めて認識した（1998年時点では，中・東欧の一人当たりのGDP水準はEU加盟15カ国平均の3分の1程度）。このため，中・東欧各国は，巨大経済圏として出現したEUとの経済連関を深めることによって経済発展水準と国際競争力の格差の縮小を目指すという政策を構想した。これは，具体的には，EU加盟国や日米両国など先進各国の多国籍企業（製造業，建設業，商業など）を積極的に誘致し，製品の輸出増，雇用の増大，技能形成方式の習得を図りながらその経営管理を学ぶとともに，国内企業が多国籍企業へ部品や資材，食品や原料などを供給する関連企業として成長しうるように，国内企業自らが資本，技術，設備・機械類を導入して抜本的な経営再編を図る，というものであった。こうした政策は，体制移行当初の改革構想からは大きくかけ離れたものであり，しかも，多国籍企業の誘致という未知の構想を含んでいたため，1990年代末になって，中・東欧各国は，先進各国からの多国籍企業の誘致，つまり，外国直接投資FDI（特に新工場の建設を伴うグリーンフィールド型投資）の誘致に全力をあげて取り組むようになった。

ところで，こうした中・東欧各国の政策転換は，EU加盟国や日米両国など先進各国にとってもきわめてタイミングの良いものであった。それは，1990年代を通じて，先進各国は，情報通信技術の高度化，ヒトやモノの輸送手段の高速化を背景とした地球規模での経済活動の拡大（グローバリゼーション）という

新たな事態に直面していたため，自国の国際競争力を一層向上させ，経済成長を持続させるためには，良質で廉価な労働力が豊富に供給される地域に新たに生産現場を移し，生産技術の絶対的な優位性を活用して今まで以上に安価で高品質の製品を供給することを検討していたからである。このため，1990年代末以降，中・東欧各国には，自動車製造および同部品製造，家庭用電気機器製造，食品・飲料加工，衣料縫製などの多国籍製造企業が次々と進出することとなった。さらに，多国籍製造企業の進出に伴って，金融（銀行，証券），不動産，建設，大規模小売業などの多国籍企業も次々と進出するようになった。この結果，ポーランド，ハンガリー，チェコの3カ国は，多国籍企業の進出実績でほかの東欧各国を圧倒し，外国直接投資の流入額の増加が経常収支（特に貿易収支）の赤字を補填するという資金の好循環をもたらすこととなった（コラム参照）。

4　2000年代——EUの拡大と統合のなかで

(1) EU加盟前後における中・東欧
①EU加盟前

中・東欧各国では，2000年代に入って，先進各国からの外国直接投資が増加し，多国籍企業による生産が軌道に乗り始めると，先進各国への輸出増を梃子とした経済成長の図式が姿をあらわした。こうした図式は，2000年代初め以降の国際競争の激化によって一層明瞭なものとなり，外国直接投資の流入額が多いポーランド，ハンガリー，チェコはヨーロッパの生産基地としての地位を獲得した。特に，独，仏，英，伊などEU主要国の経済成長は，これら3カ国にとって最重要の成長誘因となったため，これら3カ国はEU主要国との産業・金融両面での結びつきをますます強めていった。

ところが，こうしたEU主要国との結びつきの強化は，生産現場の一層の効率化，企業経営のさらなる再編だけでなく，（道路，鉄道，港湾，空港，情報通信など）インフラの整備，行動様式のより一層の変革をも迫るものとなり，中・東欧各国では，加盟交渉の最終段階において加盟後の新たな状況に不安を抱く一部の人々（農民，漁民，石炭労働者など）が加盟に強く反対するという事態が生じた。これは，彼らが，加盟後に生じるモノ，サービス，ヒト，カネの自由移動という新たな環境のなかで厳しい国際競争を生き抜くことが難しいのでは

ないかと考えたからであった。しかし、こうした反対運動は、皮肉にも彼らが加盟直後から多くの恩恵（EU加盟国からの需要の急増、EU構造転換基金の授受など）に与るという予想外の出来事の結果、加盟直後にはほとんど姿を消した。こうした現実は、ポーランド、ハンガリー、チェコなどに続いてEU加盟を希求していた国々（スロヴァキア、ルーマニア、ブルガリア）にとっても加盟実現を急ぐことの理由の一つとして用いられることとなった。

②EU加盟後

2004年5月1日、ポーランド、ハンガリー、チェコ、スロヴァキア、スロヴェニア、エストニア、ラトヴィア、リトアニアの計8カ国は、キプロス、マルタとともにEU加盟を実現した（EUの第5次拡大）。

新規加盟の8カ国は、EU加盟後、その多くが加盟以前よりも成長率が高まるという新たな状況を迎えた。これは、EU加盟国に加えて、ロシア、中東、中国などとの産業・貿易関係の拡大がもたらした結果であったが、それ以上に、EU主要国など先進各国からの(1)要求水準の高い製品需要の増加、(2)高失業率地域での労働力需要の増加、(3)先進的な生産・加工技術の移転、(4)長期雇用を可能とする技能形成方式の移転、といった要因が一体となって強力な成長動因が生み出されたからであった。特に、ポーランド、ハンガリー、チェコは、多国籍製造企業の進出によってヨーロッパの生産基地としての地位を確立するとともに、金融、不動産、建設、商業、貿易、情報通信などの分野への多国籍企業の進出と外国間接投資（株式や債券などの購入を通じた外国からの投資）の急増によって、経常収支の赤字が補填されるばかりか、経済成長による税収増、成長期待による為替レートの上昇によって財政赤字幅の縮小や輸入コストの低減という好循環が生まれた。これに対応して、EU加盟国を本拠とする西欧系金融機関は中・東欧の金融機関を次々と買収・統合し、積極的に中・東欧各国への融資を拡大したため、これが資金の好循環という枠組みをさらに強化することとなった。

しかし、ハンガリーでは、少数与党による不安定な政権運営が続くなかで、総選挙前に人気取り策を実施して財政規律を弛緩させたため、財政赤字の拡大という事態を生み、インフレ率の上昇、輸出競争力の低下といった問題が表面化した。このため、ハンガリーは、EU加盟以降、外国（直接・間接）投資の伸び悩みという事態を招いた。さらに、こうした事態による資金不足を補うため、

個人や企業の別なく，為替レートの上昇を背景として，国内金利に比べて金利が低い西欧系金融機関からの外国通貨建ての融資（住宅購入，設備投資のための借入れ）を積極的に導入し，西欧系金融機関との結びつきをさらに強めた。しかし，こうした結びつきは，西欧地域とハンガリーの双方が成長を続けている限りは問題を引き起こすことはないが，「世界経済・金融危機」（2008年9月）が発生すると，西欧系金融機関は，返済の滞りや不良債権の発生を恐れて資金をハンガリーから一斉に引き上げたため，個人や企業の別なく，多くの経済主体が手元資金の枯渇ゆえに破綻に追い込まれた。

一方，ポーランドでは，EU加盟の実現に加えて「シェンゲン協定」（国境での出入国管理の廃止を定めた協定，現在の加盟国数はEU非加盟国を含めて25カ国）の発効が重なり，多くの労働者がEU加盟国へ就労機会を求めて出かける状況が生まれた。ポーランドでは，EU加盟直後から国内労働市場を完全開放したイギリス，アイルランド，スウェーデンに多数の労働者が流出し，その数は累積で200万人を超えた。しかし，こうした出稼ぎも，労働者の熟練度，学歴・職歴，年齢層，性によって大きく異なる傾向を示している。一般的にいえば，ポーランド国内での自らの熟練度や学歴・職歴に対応した形で就労している者は少なく，多くの者は自らの熟練度や学歴・職歴には対応しない形で，つまり，それを必要としない形で就労している。また，年齢層別，性別でいえば，25～34歳の男性が流出するケースが多く，その一部は家族を同伴したり，後に呼び寄せたりしている。ただし，ポーランド人家族の場合，イギリスやアイルランドでは，平均して7～8組に1組の割合で出稼ぎ先において離婚するケースがみられ，大半のケースで女性が子供とともに現地に残るという状況が生じている。加えて，言語会話能力の有無やその水準が求職活動の時間と就労可能な職種の範囲を大きく左右することも明らかとなっている。

一方，流入先のイギリスやアイルランドでは，2000年代初め以降労働需要が大幅に増加したにもかかわらず，比較的低水準の名目賃金でも就労を受け入れる外国人（特にポーランド人）を多数雇用することができたため，名目賃金の上昇幅が抑えられ，企業や雇用主にとっては非常に好都合の状況が生まれた。

こうした労働者の国際移動は，ポーランド国内の失業率を下げ，さらには，国内家族への送金額の急増によって国内での耐久消費財需要を大きく伸ばす，という副次的効果をもたらしたが，他方で，国内労働市場にいくつかの問題を

引き起こすことにもなった。一つは，国内で必要とされる高熟練・高技能の就業者（脳外科医，麻酔医，看護師，金融・財務・投資の専門家，航空パイロット，ゼネコンのコーディネーターなど）が次々と国外移動したため，高熟練・高技能就業者の不足が表面化し，彼らの名目賃金が大きく上昇したことである。二つは，ポーランドへ進出した多国籍企業において，一般従業員と最高幹部との間に立って言語能力を駆使し業務命令，業務上の慣行，行動目標などを一般従業員へ説明し伝達していた中間管理層が次々と国外移動したため，中間管理層の不足が生じ，彼らの名目賃金が大きく上昇したことである。三つは，季節労働者（建設労働，ホテル・レストランの従業員，農業の収穫作業など）として農民が多数近隣諸国（ドイツ，オーストリア，イタリア，フランスなど）へ出かけたため，農産物の収穫期に大幅な人手不足が生じたことである。これについては，2007年以降，6カ月という短期間ではあるが，ポーランドは，ウクライナとベラルーシから労働者を受け入れ，不足する労働力の補塡を行っている（建設業においても同様の措置が実施されている）。

（2）　中・東欧にとって今後のEU拡大はどうあるべきか

2007年1月1日，南東欧2カ国（ルーマニア，ブルガリア）がEUに加盟し，EUの加盟国数は27カ国となった。これによって，加盟国数が，「ニース条約」（2001年2月調印，2003年2月発効）の想定した上限に達したため，これ以上の拡大を実施する場合には，基本条約の改訂が必要となった。このため，EUでは，2004年10月，基本条約とEU機構の抜本改革を目指して「欧州憲法制定条約」の調印に漕ぎ着けたが，2005年5月と6月に実施されたフランスとオランダでの国民投票で否決されたため，試行錯誤の結果，2007年12月13日，新たな基本条約として「リスボン条約」が締結された（2009年12月1日発効）。

ユーロ通貨圏も拡大し，単一通貨ユーロを導入している国は現在17カ国となり，旧東欧では，スロヴェニアとスロヴァキアとエストニアがユーロ通貨を導入している。

EUは，今や人口5億人超，GDP総計はアメリカのそれを上回るという世界最大の経済圏として，その動向は世界経済に甚大な影響を及ぼす存在となっている。「世界経済・金融危機」では，表面的にはアメリカの産業と金融が大打撃を被ったといわれているが，実際には，世界の金融のハブとして重要な役割

を果たしていたヨーロッパの金融の危機が発端となって世界の経済と金融を混乱に陥れる結果となった（日本銀行金融研究所「日銀レビュー　国際金融ネットワークからみた世界的な金融危機」2009年7月）。

　現在のEU加盟候補国は、トルコ、クロアチア、マケドニア旧ユーゴスラヴィア、モンテネグロの4カ国である。クロアチアを除く南東欧の2カ国にとっては、正式加盟までの道程はそれほど容易なものではない。EUは、正式加盟への道程として、①当該国との間で「安定化・連合協定」を結び、EUとの経済関係の緊密化を通じて当該国の社会経済基盤の強化を図り、②当該国の民主主義と市場経済の機能可能性について確認したうえで、③正式な加盟申請の受理を経て、④加盟交渉に入り、加盟条件すべてにおいて合意が成立し、⑤既加盟国すべてが当該国の正式加盟に同意すれば、当該国の正式加盟が実現する、という手順が想定されている。現在、EUが「安定化・連合協定」を結んでいる国々は、セルビア、ボスニア・ヘルツェゴヴィナ、モンテネグロ、アルバニアという南東欧4カ国である。これまでの実例をふまえれば、加盟交渉は相当長期間にわたることになろう。

　ところで、中・東欧各国にとって今後のEU拡大はどのようなものであることが望ましいのか。中・東欧各国は、EU加盟国でありながら、依然として一人当たりGDPがEU15カ国平均の50％前後という発展水準の低い国々であり、今後発展水準を引き上げるためには、国際競争力の一層の向上とインフラのさらなる拡充が不可欠である。しかも、2000年代に入って、中・東欧各国とEU主要国との経済連関は、過去に例がないほど強化されてはいるものの、皮肉にもそれが主因となって中・東欧各国は激しい景気変動の渦に巻き込まれている。ましてや中・東欧各国の発展水準の引き上げは自らの熱意と創意だけでは実現不可能であることは明らかであるため、今後も当分の間EU主要国などからの資金、技術、人材養成方式の供与に大きく依存せざるをえない。そうであるならば、中・東欧各国にとって、EUの今後の拡大は、自らのこうした必要を制約するものであってはならない。つまり、今後のEUの拡大は、中・東欧各国にとってその必要を制約しない限りにおいて受け入れ可能となる。発展水準の低さからEUの資金、技術などが大量に供与される可能性が高い国々の新規加盟に対しては、中・東欧各国は否応なしに抵抗せざるをえない。加えて、中・東欧各国、なかでも、ポーランドは今もロシアへの複雑な国民感情を抱えてい

> ■□コラム□■
>
> ## 中・東欧での「名古屋弁」
>
> 　2009年は，1989年「東欧革命」から20年，欧州連合EUへの加盟から5年という節目の年であった。今や中・東欧はヨーロッパの生産基地であるばかりか，ロシア，ウクライナ，中央アジアへの後方支援基地ともなっている。中・東欧に進出した外国企業は2000社を超え，日・中・韓・台湾・印などアジア系企業も800社を超えるまでになった。色分けは，自動車，液晶TV，白物家電，精密機械，食品，衣料から金融，商社，不動産，物流まで多種多様である。進出当初こそ，労働の質の高さに比べて賃金が相当低いという評価を受けていた中・東欧も，EU加盟後での労働需給の逼迫，若年労働者や中間管理職の西欧地域への大量移動などによって賃金・給与の上昇は著しく，数年前までのような「魅力」は大きくその姿を変えている。
>
> 　1990年代末以降，中・東欧の日系企業数社を継続的にみてきた。ものづくりの基礎として大切にしてきた技能の習得や向上への弛まぬ努力，開発・調達・生産の一貫した管理を現地の労働者が支えている。社会主義時代には，「三無主義」（無気力，無関心，無責任）と揶揄された現場がこれほどまでに変貌し，KAIZEN（改善）が日常的に実行されていることに新鮮な驚きを感じた。また，こうした方法を定着させるため，膨大な時間と費用を費やしていることにも大きな驚きを感じた。
>
> 　名古屋弁の技術指導員が現地の若い労働者を一対一で指導する姿は，指導することの原点を教えてくれる。技術は現場に固有のものではあるが，指導には，教える者の熱い思いと教えられる者の真剣さという学ぶ現場の普遍性がある。

るため，ウクライナのEU加盟には積極的に支援する姿勢を示しながらも，「安定・連合協定」を結んでいる南東欧4カ国の加盟には，EUからの資金の配分が削減されることを恐れてそれほど積極的ではない（ただし，クロアチアの加盟には，カトリック教国であるという共通項から，これとは異なる姿勢を示す）。新規加盟は，既加盟国すべての合意を得て初めて実現するため，中・東欧各国，とりわけポーランドのこうした姿勢は今後のEU拡大過程で一つの鍵となりうる。中・東欧の一部に民族主義的で過去の記憶に深く根ざした国民感情が今も存在することを忘れてはならない。

● 参考文献
家本博一（1994）『ポーランド脱社会主義への道――体制内改革から体制転換へ』名古屋大学出版会。
　　ポーランドにおける社会主義体制の自己崩壊と資本主義体制への移行を分析した書。
池本修一・岩﨑一郎・杉浦史和編著（2008）『グローバリゼーションと体制移行の経済学』文眞堂。
　　ロシア・東欧での体制移行をグローバル化という世界経済動向のなかで位置づけた書。
コウォトコ，G.W.（2005）『「ショック」から「真の療法」へ――ポスト社会主義諸国の体制移行からEU加盟へ』家本博一・田口雅弘・吉井昌彦訳，三恵社。
　　バルツェロヴィチ改革を分析し，その問題点と欠陥を指摘した書。バルツェロヴィチ改革の全体像を理解するために必読の書。
セベスチェン，V.（2009）『東欧革命1989　ソ連帝国の崩壊』三浦元博・山崎博康訳，白水社。
　　「東欧革命」の現実について，関係各国首脳の政治的な思惑を絡めて分析した書。中・東欧での社会主義体制の崩壊過程の表裏について知ることのできる貴重な書。
田中宏（2007）『EU加盟と移行の経済学』ミネルヴァ書房。
　　体制移行過程の現実をグローバル化の動向からだけでなく，比較経済体制の視点から分析した書。
田口雅弘（2005）『ポーランド体制転換論――システム崩壊と生成の政治経済学』御茶ノ水書房。
　　ポーランドの現代経済史のなかで社会主義体制の変容と崩壊を分析した書。
羽場久美子・小森田秋夫編（2006）『ヨーロッパの東方拡大』岩波書店。
　　EUの東方拡大の現実とその可能性について論じた書。
バルツェロヴィチ，L.（2000）『社会主義・資本主義・体制転換』家本博一・田口雅弘訳，多賀出版。
　　旧ソ連・東欧での経済改革の基礎プログラムとなった「バルツェロヴィチ・プログラム」の内容と性格を改革推進者自らが記した書。
マイヤー，M.（2010）『1989　世界を変えた年』早良哲夫訳，作品社。
　　「東欧革命」の年として画される1989年の旧ソ連・東欧首脳の発言・行動を基軸と

して，それに各国民の抵抗運動や反体制運動の展開を重ねて説明する読み応えのある書。

盛田常夫（2010）『ポスト社会主義の政治経済学　体制転換20年のハンガリー――旧体制の変化と継続』日本評論社。

中・東欧，特にハンガリーでの社会主義体制の崩壊過程を分析したうえで，その過程の基本性格と問題点を明らかにし，その後の体制転換過程の抱える基本的な歪みのあり方を示した書。

（家本博一）

終　章
ロシア経済の行方

　形成された経済制度をその基盤となる構造に基づいてその国の経済を等身大で描き出し，経済システムとしてのその個性を析出する接近がエリアスタディとして一国を考察するときに重要となる。ロシアに限らずどの国にも独自性が宿っているが，ロシアの歴史的・地理的条件はグローバル化，世界標準の浸透にもかかわらず，強いインパクトを経済制度構築にもたらしている。経路依存的な経済発展を伴う経済システムを学ぶ際に，表面的な事象の変化に惑わされない深い洞察力が必要となる。本章では，ロシア市場像を，ロシアでポピュラーな社会科学系書物と世界的な格付けのなかで相対的に捉えてみよう。

1　なぜロシアはアメリカではないのか

　1992年以降市場経済化でロシアが大きくその姿を変えたことは間違いない。もはやロシアは1983年にレーガン米大統領が自由と民主主義を抑圧する「悪の帝国」とソ連を非難したときのイメージとは異なる。それにもかかわらず，ロシアには相変わらず「居心地の悪さ」を感ずる人も多いだろう。それは，陰鬱と雲が垂れ込める極寒の冬空のイメージ，あるいは日本との領土問題を含めた歴史的な関係に左右されているのかもしれない。しかし，ロシアは体制転換のサンプルとしても，ヨーロッパとアジアの狭間の大国としても，そして何よりもその成立期から保持している国家体制の帝国としても世界的に注目される地域である。本書は，等身大のロシア社会を経済面から描くことに最大の関心を払っている。

　そこで，ありのままに描く一つの方法として，書物から社会を捉えてみたい。選書の基準に筆者の主観が入ることをお許しいただいて，1998年金融危機以後

の経済関係についてのロシアでのベストセラー本あるいは社会的に注目された書物，言い換えればロシア人の琴線に触れる書物を材料にして，ロシア社会を描き出してみよう。

　1999年に反響を引き起こした書物パルシェフ，A. P.『なぜロシアはアメリカではないのか』（Krymsky most-9D, 1999）から始めよう。一見ばかげたタイトルの書物は反論を経済学者（ハーニン，G.I.）から「1991年以後のロシアの経済システムについて極めて低次元の見解」（EKO 2001, No.4：145）とまで酷評されたものであるが，「ロシアにとどまる人のための本」の副題がつけられている。主張点は次のようになる。

　第一に，世界経済に占めるロシアの競争力の弱さから，ロシア経済の行方を展望する。ロシアの製造業コストが自然・地理的条件（ロシアの年間平均気温は－5.5℃と先進国に類例がない）から先進国に比して高くつき，世界市場からロシアは見捨てられている。もっとも，ロシアの歴史を辿ってみると，世界市場から孤立したときにこそロシアは成功しており，それ故貿易の国家独占，資本輸出の停止，ルーブルの交換停止といった保護主義的措置が生き残り戦略になる。世界経済からの孤立性と強健さが貧しさを回避させる。

　第二に，世界経済から孤立したスターリンのソ連時代の経済力を高く評価し，スターリン以後にカタストロフィーが生じたのであり，ゴルバチョフのペレストロイカこそが宿命的誤りであった。第三に，1991年以後のソ連の計画経済の崩壊と市場経済移行は否定的に捉えられている。ソ連崩壊後ロシアに形成されたものは，資本主義ではなく，「新ロシア人」がロシア国内のあらゆる資本を変じようとする過渡的な機構にほかならない。

　本書は論証の欠如などをあげて簡単に批判することはできようが，多くのロシア人の共感を受けたことも事実であり，プーチン政権下で強権性が強まり，WTO加盟交渉も停滞した時期に急成長を遂げたことも支持を受けた理由となる。特に，二つの問題に密接に結びついている。一つはロシアには「シベリアの呪い」（Hill, Fiona and Clifford G. Gaddy〔2003〕, *The Siberian Curse: How communist planners left Russia out in the cold*, Brooking Inst）が競争力の負担になり，近代化が叫ばれ続けているという事態，そしてロシアが資源とお金で世界経済に深く結びついていながら国際的な経済秩序に加わっていない事情である。もう一つは，「バーチャル経済」と形容されるロシア経済の歪さであり，ロシ

終　章　ロシア経済の行方

表終-1　エリートの変化概観

	エリツィンエリート（1993年707人）	プーチンエリート（2002年797人）	プーチンエリート（2008年825人）	メドヴェージェフエリート（予測）
平均年齢（歳）	51.3	51.5	53.5	45
女性比率（％）	2.9	1.7	5.4	8
農村出身比率（％）	23.1	31.0	24.8	12
ビジネス経験者比率（％）	1.6	11.3	39.8	45
ソビエトノメンクラトゥーラ比率（％）	48.9	38.1	34.2	20
シラヴィキ（強権機関）出身比率（％）	11.2	25.1	42.3	30

出所：O.クルィシュタノフスカヤ『ヴェドモスチ』2008年4月23日。

アには市場の要素とそれから遠く離れた非市場要素の混合形態への進化が認められ（Gaddy, Clifford G. and Barry W. Ickes〔2002〕, *Russia's Virtual Economy*, Brooking Inst），それがロシア資本主義に異質性を付け加えていることである。以上の点は等身大のロシアのマクロ経済を描く際に避けられない目線だろう。

　経済成長に伴い，社会構造に対する関心も高まる。クルィシュタノフスカヤ，O.『ロシアのエリート解剖』（Zakharov 2005）はソ連期からロシアにかけてのエリート層の変化を社会学から解明している。巨大な金融力と経済資源によって政治に著しく影響する大企業のトップがすでにソ連時代に輩出されたこと，プーチンの登用・国家のコントロール機能の強まり・ソヴィエトの権力機関の再興を指す「アンドロポフ計画」が実施され，戦略的エリートの構成に変化が生じたこと，を実証している。ソ連からのエリートの連続性，国家権力の根強い影響力，そしてビジネスエリートの台頭が明らかになる（**表終-1**）。

　階層の分化に焦点をあてた書物として，ロシア社会学界の泰斗ザスラフスカヤ，T.『現代のロシア社会』（Delo, 2004）がある。ロシアには明確に目的地を示唆する移行ではなく「自生的な転換」が生じており，エリート階層だけでなく，社会の大衆，特に中間層が転換過程の推進力になる。1998～2000年のデータから，支配エリート，上層（サブエリートで5～7％），中間層（雇用の15％），基礎層（人口の半分以上），下層，社会的底辺という分布を描き出す。中間層の薄さこそが市場経済の不安定性をもたらす。

　ロシアがソ連から受け継いでいる最大の遺産は，何よりも政治が経済をリードする点であろう。ちょうどソ連共産党書記長の変動がソ連を特徴づけたように，国家指導者の動態がロシアを特徴づけている。これは経済が政治をリード

する日本と対照的なものかもしれない。体制転換後のロシアは，1992〜99年エリツィン大統領，2000〜08年プーチン大統領，2008〜12年メドヴェージェフ大統領に指揮された。このうち，プーチンの出現はロシアの市場化に大きな変化をもたらした。表面的に西側にすり寄り自由化一辺倒にみえる路線を国家主導に転じ，民主主義の「減少」が生じたように映るからだ。この指導者の出現を記者の個人史と結びつけて描きだした書物が，トレグボヴァ，E.『クレムリンの穴掘り人（記者の例え）の小話』（Ad Marginem, 2003）である。およそ宇宙人にもなぞらえるクレムリンの住民を自己の経験から描写し，メディアの自由を手放すことに合意してしまった企業家・ジャーナリストの存在を指摘する。自由と民主主義の減少は大統領個人の独裁だけでは説明できない。

　2000年代半ばからのロシア経済成長期には資源・企業家を扱った書物が増えるが，ロシア企業の異質性を最も色濃く表現したベストセラーは，アスタホフ，P.『レイダー―Raider』（Eksmo, 2008）だろう。日本では「ハゲタカ」が国内資本を餌食にする海外からの乗っ取り屋としてのイメージを定着させたが，レイダーとはまさにハゲタカのロシア版である。採算性のある企業を乗っ取るために，犯罪も辞さない。まさに，目だし帽をかぶって力で企業を乗っ取ってしまうことさえ行う。これが，正常化するロシア市場の裏側なのだ。グローバル化問題研究所デリャギン，M.は2006年報告書「乗っ取り――ロシアのブラックビジネス」のなかで，乗っ取りを「特殊に引き起こされた企業紛争を利用したビジネスの敵対的で違法な吸収」と定義し，実力行使以外にも法的手続きを踏んだものもあるという。2000年代に入って調停裁判所での紛争件数は増加している。レイダーの攻撃に大統領から裁判所，オリガルヒまで誰もが巻き込まれているが，著名な弁護士が小説のなかで乗っ取りの真実を語る。後発国ではどこでも同じことなのかもしれないが，少なくともロシア市場は先進国のような正常なルールと倫理のなかで作動しているわけではなかったのである。

　ロシア経済の成長牽引力は統計的にみると投資と消費になる。実際，『フォーブス』誌の金持ちランキングはロシアの成長と危機を明確に表している。これを反映するように，金持ちを夢見，儲かるライフスタイルを追求したノウハウ本もまた書店に増えだした。シェフツォヴァ，S.G.・ゴルバ，M.I.の『金持ちになる10の方法――家計』（Peter press, 2007）もその一冊である。家計簿を綿密に精査して，消費者金融のコマーシャルではないが，家計の収支均衡

をとり借り過ぎない，家計の計画化が必要である，個人・家族の人的資本形成にお金をつぎ込むなどを提起する。賃金と節約だけでは不十分で，インフレ下では貨幣は減価するだけとみなし，市場で儲ける術として所得の10～30％分を株などに投資することを勧めている。

　それでも，ロシアの成長源泉に関して，石油ガスの存在に異論を唱えるものはいないだろう。バーチャル経済も石油ガスなしには成り立たない。そのうえ，石油ガスは世界市場における戦略的な財である以上，その存在がロシアの対外関係・外交政策を規定する。ロシアの有力ビジネス新聞『コメルサント』のエネルギー政策を担当する解説者グリフ，N.のベストセラー『ガス皇帝』(Kommersant, 2009) は，2009年のウクライナなど旧ソ連パイプライン通過国とロシアとのガス紛争，ウクライナだけでなく，ベラルーシ，ヨーロッパ，アメリカ，アジア諸国に対するロシアのエネルギー資源戦略を描いている。ガスこそが強力な外交ツールになり，そしてプーチン首相こそがまさに「ガス皇帝」として君臨するという構図を示す。「ガスとは多くのヨーロッパ・アジア諸国の国際的地位に，少なくともロシアとの関係面で影響を及ぼす現実の道具であり」(7頁)，ドルがアメリカを帝国の座に押し上げたのと同じように，ガスがロシアを帝国に押し上げるとみる。「ソ連ガス工業省の管理下で創設されたパイプラインをガスプロム社の手に回復することにより隣国への影響力を保持しようとするロシアの思惑は，ガス輸送体系の復興のためウクライナに融資保証するアメリカの意図よりも明白なことなのだ」(13頁)。日本への石油ガス輸出が急増している以上，ここでの話は他人事ではないかもしれない。

　2008年9月リーマンショックは世界の本屋を一変させた。ロシアも例外ではない。危機を表題にした本が翻訳も含めてぎっしりと書棚に並ぶ。もともとロシア政府は危機に鈍感であり，楽観論が政治家だけでなく経済学者からも発言されていた。むしろその前に北京オリンピックの最中に起こったグルジア侵攻が世界にショックを与えるもので，世界経済危機についてはアメリカのサブプライムローンとの距離から，あるいは金融システムの未成熟さから，ロシアは無縁あるいは安全地帯とさえ表現された。しかし，リーマンショックは雰囲気を一変させ，2009年にはロシアはGDPマイナス7.9％の経済低迷を記録している。

　危機に関する書物は多種多様にあり，その政治的スタンスもバラバラである。

事例をあげれば，ドロフェイエフ，V.『コメルサントの反危機の本』(Kommersant, 2009)，ドロフェイエフ，V.・バシュキロヴァ，V.『危機は危機——危機からの脱出経路についてのロシア経済と世界経済のリーダーたち』(Kommersant, 2009)，ガイダル，E.編『現代ロシアの危機経済』(Prospekt, 2010)などがある。第一の書物は『コメルサント』紙に依拠して，危機に経済主体がいかに反応したのかを描き出している。誰が悪いのかという問いに対してレポ市場（現金を担保に債券を貸し借りする市場）の肥大化を指摘した点（34-35頁）は，ロシアの経済成長が投機とバブルを基盤にしたとも受け取れよう。第二の書物は危機打開に対して内外の主要経営者にその意見を問うものである。例えば，投機的な事業で著名なバゼルは危機で大打撃を被ったが，経営者は政府と共通する課題が生産の保持であり，政府が助けてくれることを前提に，「危機前の水準に落ち込んだ生産量を回復するのはずっと簡単」といい切る。もう一人，ロシアの国産自動車メーカーAvtoVAZの経営者は，危機と認識しながら，国家支援を背景にして，同社は最良企業の一つだと揺るぎない自信を覗かせる。ビジネスと政府の関係の深さは容易に知ることができよう。第三の書物はロシアのマクロ経済，制度，産業部門に生じた変化を体系的に捉えている。経済危機は先例のない規模で，世界経済の構造的な特質を帯びている。本書はできる限り保護主義政策を避けることを提案しているのだが。

　この10年間ほどの間で，筆者が注目する書物の一部を駆け足で鳥瞰した。ロシアを安易に新興市場と位置づけても何も説明したことにならない。ロシアはアメリカではなく，異質性をもったロシアなのである。その異質性の描写こそが等身大のロシアの輪郭になろう。

2　ロシアは何処へ行くのか

　ロシアは世界的にどのように評価されるのだろうか。ベストセラーにみる国内の見方との間にずれはあるのだろうか。World Economic Forum, The Global Competitiveness Reportは世界各国の国際競争力を多角的に分析し，12の柱に分けられた指標についてランク付けする。この12の柱にはそれぞれについてサブ項目があり，都合110項目扱われる（**表終-2**）。

　ロシアはどのような点で強く，どのような点で弱いのだろうか。相対的に強

終　章　ロシア経済の行方

表終-2　ロシアの国際競争力ランキング（順位）

国際競争力指数	2009〜2010 トータル	1.制度	2.インフラストラクチュア	3.マクロ経済安定化	4.保健・初等教育	5.高等教育・訓練
ランク（133カ国）	63	114	71	36	51	51

6.財市場効率性	7.労働市場効率性	8.金融市場洗練度	9.技術の利用度	10.市場規模	11.ビジネス洗練度	12.イノベーション
108	43	119	74	7	95	51

出所：World Economic Forum（2009），*The Global Competitiveness Report 2009-2010*.

　い項目は，マクロ安定化（政府の準備金と財政），内外市場規模，労働面での従業員を首にする容易さ，女性労働参加率，初等教育水準は目を引く。しかし，対照的に深刻なレベルにあるのは，制度（所有権保護，司法の独立性，監査水準，政府規制の負担，政府の決定の透明性など），道路の質に代表的なインフラ，財市場の効率性（貿易障壁，関税障壁，関税手続き，FDIへの規則の影響など），金融市場の洗練度，企業の技術吸収力や技術移転，現地サプライヤーの質・量な

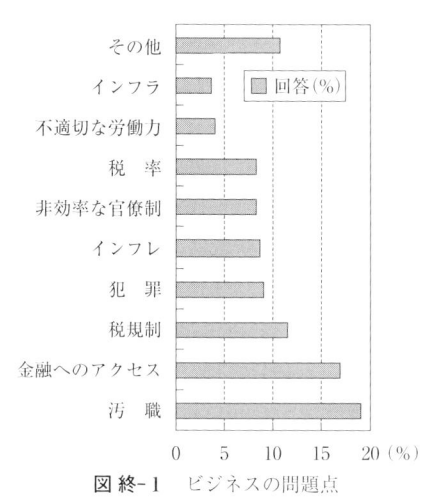

図終-1　ビジネスの問題点
出所：表終-2と同じ。

どが世界的にみて著しく劣っており，特に制度と銀行は途上国以下の水準とも酷評できよう。こうした国際競争力事情は，ロシアでビジネスを行うものが感ずる問題点にも反映する（**図終-1**）。問題点の上位に汚職，犯罪，金融問題，政府の失敗（税制）があり，信頼関係の希薄さと金融システムの脆弱さがロシア経済の足かせになっていることが分かる。こうした問題点は，前節のベストセラーにみたロシア人の感性とも十分に重ね合わせることができるだろう。

　G8メンバーであるロシアに関する世界的に注目される評価をもう一つ取り上げておこう。Transparency International（http://www.transparency.org〔2010年5月11日アクセス〕）の汚職認知指数2009である。これによると，ロシアは世界180カ国ランキングで第146位となり，政治と金で首相が頻繁に交代する日本（第17位），2010年サッカーワールドカップで犯罪大国として一躍悪名高くなっ

265

```
                      基盤構造
        ┌─────────────────────────────┐
        │           石油ガス            │
対外経済関係と →│         (エネルギー           │← 国家主導の政治経済
パラレル経済   │           の呪い)            │  システム
        │                              │
ロシア型企業  →│                              │← 細分化されたアブ
システム      │  広大な国土      ソ連・       │  ノーマル市場・汚職
        │  (シベリア    社会主義     │
労働者・ステーク→│   の呪い)    (歴史の呪い)│← 経済格差と
ホルダーの利害  │                              │  行動・価値観
        └─────────────┬───────────────┘
                      ↓
              輸入された経済制度と不協和音
```

図終-2　ロシア経済をとらえる目

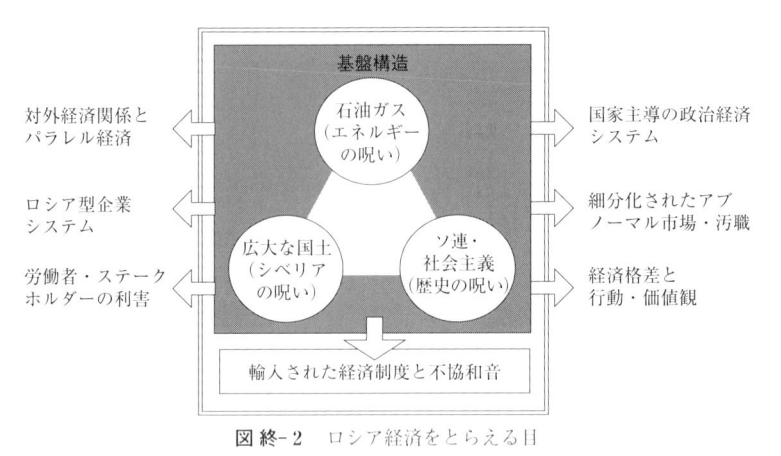

出所：筆者作成．

た南アフリカ（第55位）を大きく引き離し，ケニア，シエラレオネといったアフリカ諸国と同じ順位にある．つまり，世界有数のGDPの国，新興市場としてトヨタすら注目するロシアは，アフリカ並みの経済ルール感覚をもっているのである．力任せの乗っ取りと汚職は誇張ではないのである．

　それでは，極端かつ強烈な個性をもつロシア経済をどのようにみればいいのだろうか．本書を終えるにあたり，改めてその構図を指し示したい（**図終-2**）。

　ロシア経済は，ほか（特に先進諸国）にみられない独自の基盤構造をもっている．それは中東の産油国のそれでも，ヨーロッパ・アメリカのそれでも，アジアのそれでもない，文字通り異質のものであり，それがロシアの個性を象る．基盤構造はロシアにもって生まれた特質というべきものであり，それは強さであり弱さである．豊富な資源（石油ガス，さらに希少資源）はロシアの豊かさの象徴であると同時にモノカルチャー化とオランダ病の源泉ともいうべきもので，多角化する産業構造と技術に立脚した経済（近代化）の足かせにもなっている．関連して，ペトロステート（石油立国）化と民主主義成熟のトレードオフ関係も指摘できるかもしれない．広大な国土もロシアの強さのあらわれであると同時に統治（ガバナンス）の脆弱さ，貧弱なインフラと高くつくコストという負担をおわせる．総じて寒いという気候条件も，コストを高め，豊富な資源がそれをカバーするが，豊富なだけに「もったいない」精神はとても育まれているようにはみえない．そのうえに，ロシアには独自の歴史があり，社会主義の実

験場の経験がある。ソ連の姿を何と名づけるのかがここでは問題ではない。帝国の歴史もソ連の歴史も自らが選択した歴史のひとこまであり，そのなかにあった価値観・行動に時代を超えた連続性（経路依存性）がみられるのは当然のことである。われわれ日本経済のあり方もそうであるように。こうした基盤構造は歴史のなかで進化的にロシアの経済制度を形成しており，このことは輸入した経済制度・価値観が簡単にロシアに根づかないことを指し示している。自由市場の経済制度・慣習も1992年を前後して相次いで輸入・模倣・学習されたが，その定着は簡単ではなかった。ロシアの法制度におけるエンフォースメントに問題があるとたえず指摘されるが，確立した西側の影響を受けた法制度もまた絵に描いた餅となりかねないのであり，ここにロシアの法制度と汚職に対する内外の不満を垣間みることができる。ロシアの汚職や市場経済の「異常性」は時間（後進性）の問題ではなく，価値観と慣習といった制度問題と考えたほうが納得しやすいのではないだろうか。基盤構造にかけられた呪いは根深いのである。

　基盤構造はロシアに独自の制度を構築し，マクロ・ミクロ経済面において独自の結果をもたす。基盤構造に立脚した経済システムの構成要素として，国家主導・介入型政治経済システム，パラレル対外経済関係，細分化された市場経済，ロシア型企業社会，利害関係者の独自性，経済格差と行動の独自性などがあげられよう。この個性をみずに，統計数値をどれだけながめてもロシアを析出することはできない。

（溝端佐登史）

資 料

資料1　ロシア・

	面積 (万km²)	人口 (万人)	首都	民族	宗教	元首 (就任)
ロシア連邦	1,707	14,190 (2010)	モスクワ	ロシア人 (79.8%)、タタール人 (3.8%)、ウクライナ人 (2.0%)、バシキル人 (1.2%)、チュバシ人 (1.1%)	ロシア正教、イスラム教、仏教、ユダヤ教等	ドミトリー・メドヴェージェフ大統領 (2008.5)
アゼルバイジャン共和国	8.66	880 (2009)	バクー	アゼルバイジャン人 (90.6%)、ダゲスタン人 (2.2%)、ロシア人 (1.8%)、アルメニア人 (1.5%)、その他 (3.9%)	イスラム教シーア派	イルハム・アリエフ大統領 (2003.10)
アルメニア共和国	2.98	310 (2009)	エレバン	アルメニア人 (97.9%)、クルド人 (1.3%)、ロシア人 (0.5%)、その他 (0.9%)	キリスト教 (東方諸教会系のアルメニア教会)	セルジ・サルグシャン大統領 (2008.2)
ウクライナ	60.37	4,580	キエフ	ウクライナ人 (77.8%)、ロシア人 (17.3%)、ベラルーシ人 (0.6%)、モルドバ人、クリミア・タタール等	ウクライナ正教及びウクライナ・カトリック教	ヴィクトル・ヤヌコーヴィチ大統領 (2010.2)
ウズベキスタン共和国	44.74	2,750 (2009)	タシケント	ウズベク人 (80%)、ロシア人 (5.5%)、タジク人 (5.0%)、カザフ人 (3.0%)	イスラム教スンニ派	イスラム・カリモフ大統領 (1990.3)
カザフスタン共和国	272.49	1,560 (2008)	アスタナ	カザフ人 (53.4%)、ロシア人 (30%)、ウクライナ人 (3.7%)、ウズベク人 (2.5%)、ウイグル系 (1.4%)、タタール系 (1.7%)、ドイツ人 (2.4%)	イスラム教スンニ派 (47%)、ロシア正教 (44%)	ヌルスルタン・ナザルバエフ大統領 (1990.4)
キルギス共和国	19.85	550 (2009)	ビシュケク	キルギス人 (64.9%)、ウズベク人 (13.8%)、ロシア人 (12.5%)、ダゲスタン人 (1.1%)、ウクライナ人 (1.0%)	イスラム教スンニ派 (75%)、ロシア正教 (20%)	ローザ・イサコヴナ・オトゥンバエヴァ大統領 (2010.7)
グルジア	6.97	430 (2009)	トビリシ	グルジア人 (83.8%)、アゼルバイジャン人 (6.5%)、アルメニア人 (5.7%)、ロシア人 (1.5%)、その他 (2.5%)	グルジア正教	ミヘイル・サーカシヴィリ大統領 (2004.1)
タジキスタン共和国	14.31	700 (2009)	ドゥシャンベ	タジク人 (79.9%)、ウズベク人 (15.3%)、ロシア人 (1.1%)、キルギス人 (1.1%)、他 (2.6%)	イスラム教スンニ派	エマムアリ・ラフモン大統領 (1994.11)
トルクメニスタン	48.80	510 (2009)	アシガバット	トルクメン人 (85%)、ウズベク人 (5%)、ロシア人 (4%)、その他 (6%)	イスラム教スンニ派	グルバングルィ・ベルディムハメドフ大統領 (2007.2)
ベラルーシ共和国	20.76	968 (2008)	ミンスク	ベラルーシ人 (81.2%)、ロシア人 (11.4%)、ポーランド人 (3.9%)、ウクライナ人 (2.4%)	ロシア正教	アレクサンドル・ルカシェンコ大統領 (1994.7)
モルドバ共和国	3.38	360	キシニョフ	モルドバ (ルーマニア系) 人 (78.4%)、ウクライナ人 (8.4%)、ロシア人 (5.8%)、ガガウス (トルコ系) 人 (4.4%)	キリスト教 (正教)	不在 (ルプ議長が代行)

注：GDP、一人当たりGDPは経常価格表示。
　　IMF加盟の8条国は為替制限を撤廃、14条国は為替制限が可能。
　　WTO加盟の○は加盟国、△はオブザーバー。
　　いずれも2010年8月現在。
出所：外務省ウェブサイト、IMFウェブサイト、ロシア連邦国家統計局『ロシア統計年鑑　2009』、CIA

資　料

関連諸国基本統計

1次・2次・3次産業 GDP比率 (2009年) 主要産業	GDP (億ドル, 2009)	一人当たりGDP (ドル, 2009)	通貨 (対ドル, 2010.4~9)	IMF 加盟	WTO	私有化率	移行指数								
							大規模企業私有化	小規模企業私有化	企業統治・リストラ	価格自由化	貿易・為替自由化	競争政策	銀行改革・利子率自由化	証券市場・ノンバンク
4.7-34.8-60.5 穀物、てんさい、ひまわり 採掘産業(石油、ガス、石炭)、機械産業など全般	12,292	8,694	ルーブル (30.87)	8条国	△	65%	3	4	2+	4	3+	2+	3-	3
5.6-61.4-33 綿花、穀物、米 石油、ガス、石油製品	431	4,807	マナト (0.8)	8条国	△	75%	2	4-	2	4	4	2	2+	2-
22.5-43.5-34.1 果物、野菜、家畜 ダイヤモンド加工、金属切断機械、食品加工機器	87	2,668	ドラム (368.74)	8条国	○	75%	4-	4	2+	4+	4+	2+	3-	2+
9.8-30.7-59.5 穀物、てんさい、ひまわり 石炭、電力、金属、機械	116	2,542	フリブニャ (7.9)	8条国	○	60%	3	4	2	4	4	2+	3	3-
26.7-39.7-33.5 綿花、野菜、果物 衣料、食品加工、機械	328	1,176	スム (1592.25)	8条国	△	45%	3-	3+	2-	3-	2-	2-	2-	2
6-42.8-51.2 穀物、綿花、家畜 石油、石炭、鉄鉱石など、農業機械、モーター、建築資材	1,093	7,019	テンゲ (147.35)	8条国	△	65%	3	4	2	4	4-	2	3-	2
26.9-18.4-54.7 タバコ、綿花、ジャガイモ 小型機械、繊維、食品加工	46	851	ソム (46.30)	8条国	○	75%	4-	4	2	4+	4+	2	2+	2
12.2-26-61.8 かんきつ類、ブドウ、茶、航空機、機器、電気製品	107	2,448	ラリ (1.84)	8条国	○	75%	4	4	2+	4+	4+	2	3-	2-
20.1-22.2-57.7 綿花、穀物、果物 アルミ、スズなど、農業、セメント	50	767	ソモニ (4.38)	8条国	△	55%	2+	4	2	4	3+	2	2+	2
10.1-30.5-59.4 綿花、穀物、家畜 ガス、石油、石油製品	269 (2007)	3,242	マナト (2.85)	14条国	×	25%	1	2+	1	3-	2	1	1	1
9.2-41.8-49 穀物、ジャガイモ、野菜 金属切断機械、トラクター、トラック	49	5,166	ベラルーシ・ルーブル (2,983)	8条国	△	30%	2-	2+	2-	3+	2+	2	2+	2
16-19.9-64.1 野菜、果物、ブドウ 砂糖、食物加工、農業機械	54	1,514	レイ (12.49)	8条国	○	65%	3	4	2	4	4+	2+	3	2

"World Fact Book", EBRD『移行報告書　2010』より作成。

資料2　ロシア関連年表

年	ロシアの出来事	年	日本・世界の出来事
900			
980年頃	ウラジーミル・キエフ大公即位	962	神聖ローマ帝国が建国される
988年頃	ウラジーミル大公，ギリシア正教を国教とする		
1000			
		1096	第1次十字軍が編成される
1100			
		1192	源頼朝，征夷大将軍に就任
1200			
1237	モンゴル軍の襲来（タタールのくびき），モスクワが占領される	1206	チンギス・ハン，モンゴルを統一
		1215	イングランドでマグナ＝カルタが制定される
		1240	ハンザ同盟が結ばれる
		1271	元朝成立
		1299	オスマン帝国成立
1400			
1462	イワン3世がモスクワ大公に即位。以後，モスクワ国公は周辺国を併合	1453	東ローマ（ビザンツ）帝国滅亡
1500			
1533	イワン4世（雷帝）即位	1558	エリザベスⅠ世が即位
1547	イワン4世，ツァーリの称号を使用（1月）	1581	オランダが独立
1600			
1610	ポーランド軍，モスクワを占領	1603	江戸開府
1613	ロマノフ朝の成立（2月）	1610	ルイ13世即位（5月）
1655	北方戦争勃発（～61年）	1642	ピューリタン革命（1月）
1670	ステンカ・ラージンの乱（～71年）	1643	清朝，中国を支配（3月）
1682	ピョートル1世（大帝）即位（4月）	1648	30年戦争終結，ウエストファリア条約が締結される
1689	清とネルチンスク条約締結（8月）	1688	イングランドで名誉革命（11月）
1700			
1700	北方戦争の開始（～21年）	1700	スペイン継承戦争勃発（～13年）
1713	ペテルブルクへ遷都	1707	グレートブリテン王国成立
1762	エカテリーナ2世即位（6月）	1733	ポーランド継承戦争勃発（～35年）
1768	露土戦争（～74年）	1776	アメリカ独立宣言（7月）
1773	プガチョフの乱（9月）	1791	フランス革命（8月）
		1792	ラクスマン，根室に来航
1800			
1812	ナポレオン軍，ロシア侵攻（「祖国戦争」）（9月）	1804	レザノフ，長崎に来航（9月）
		1811	ゴローニン事件（6月）
1814	ロシア軍，パリ入城（3月）	1815	ウィーン会議最終議定書調印（5月）
1821	アラスカを領有（67年，米に売却）	1838	イギリスでチャーチスト運動（5月）
1828	露土戦争勃発（6月）	1840	アヘン戦争勃発（11月）（～42年8月）
1853	クリミア戦争勃発（10月）（～1856年3	1853	ペリー来航（7月）

資料

年	ロシア・ソ連	年	日本
	月）		プチャーチン，長崎に来航（8月）
1861	農奴解放令の公布（2月）	1858	日露修好通商友好条約調印（8月）
1874	ナロードニキ運動が盛んになる	1868	明治維新（1月）
1877	露土戦争勃発（4月）	1875	千島樺太交換条約締結（5月）
1891	シベリア鉄道建設開始（5月）	1889	大日本国憲法発布（2月）
1894	露仏同盟成立（1月）	1894	日清戦争
	ニコライ2世即位（10月）	1895	露独仏，日本に遼東半島の返還を要求（三国干渉）（4月）
1897	ウィッテの改革，金本位制の導入（1月）	1897	日本，金本位制導入（3月）
1899	ニコライ2世の提唱でハーグ陸戦協定が締結される（5月）		
1900			
1905	「血の日曜日」事件（1月），第1次ロシア革命，「十月詔書」発布	1902	日英同盟調印（1月）
		1904	日露戦争勃発（2月）
1906	第一国会開会（4月）	1905	日露講和（ポーツマス）条約調印（9月）
1907	英露協商（英露仏三国協商）の成立（8月）		
1910			
1910	ストルイピン土地改革法（6月）	1910	日韓併合（8月）
1917	二月革命，ロマノフ朝崩壊	1911	辛亥革命（10〜11月）
	十月革命，史上初の社会主義革命	1914	第1次世界大戦勃発（〜18年11月）
		1918	シベリア出兵（〜22年末）
		1919	ヴェルサイユ条約締結（6月）
1920			
1921	新経済政策（ネップ）の開始（3月）	1921	ワシントン会議開催（11月），日英同盟は破棄
1922	スターリンが共産党書記長に就任（4月）	1925	日ソ基本条約調印（日ソ国交樹立）
	ソビエト連邦の成立（12月）	1929	世界大恐慌が起きる（10月）
1924	レーニン死去（1月）		
1928	第1次五カ年計画の開始（10月）		
1930			
1934	国際連盟に加盟（9月）	1931	満州事変
	大テロルが始まる（12月）	1933	ヒトラーが政権を掌握
1936	スターリン憲法採択（12月）	1939	ノモンハン事件（5〜9月）
1939	独ソ不可侵条約締結（8月）		第2次世界大戦勃発（9月）
1940			
1941	独ソ戦（「大祖国戦争」）の勃発（6月）	1941	日ソ中立条約締結（4月）
1945	ヤルタ会談（2月）		太平洋戦争勃発（12月）
	ソ連，対日参戦（8月）	1945	日本の敗戦により第2次世界大戦が終結（9月）
1947	コミンフォルム結成（10月）	1947	トルーマン・ドクトリンの発表（3月）
1949	経済相互援助会議（コメコン）創設（1月）		マーシャル・プランの発表（6月）
		1949	東西ドイツ分裂（9〜10月）
			中華人民共和国成立（10月）
1950			
1953	スターリン死去，フルシチョフが党第	1950	朝鮮戦争勃発（6月）

273

年	ソ連・ロシア	年	世界
1955	1書記に就任	1951	サンフランシスコ平和条約（9月）
	ワルシャワ条約機構創設（5月）	1956	ポズナン暴動（6月）
1956	第20回党大会でフルシチョフ，スターリンを批判（2月）		日ソ共同宣言（10月）
			ハンガリー動乱（10〜11月）
1957	人工衛星スプートニク1号打ち上げ（10月）		
1960			
1964	フルシチョフ失脚，ブレジネフが党第1書記になる（10月）	1965	ベトナム戦争勃発（2月）（〜75年4月）
1965	経済改革（9月）	1968	ワルシャワ条約機構軍，チェコスロヴァキア侵攻（プラハの春）（8月）
1970			
1977	ブレジネフ憲法採択（10月）	1971	ニクソン・ショック（8月）
1979	ソ連軍アフガニスタン侵攻（12月）	1973	第4次中東戦争勃発（10月），石油ショックが起きる
		1979	イラン革命（2月）
1980			
1982	ブレジネフ死去，アンドロポフが後任となる（11月）	1980	イラン・イラク戦争勃発（9月）（〜88年8月）
1984	チェルネンコ書記長に就任（2月）	1987	単一欧州議定書が発効（7月）
1985	ゴルバチョフ書記長に就任（3月）	1989	天安門事件（6月）
1986	チェルノブイリ原発事故（4月）		東欧革命，ベルリンの壁の崩壊（11月）
1988	ペレストロイカ路線への転換（6月）		
	アフガニスタン撤兵開始（5月，89年2月完了）		
1989	人民代議員選挙（3月）		
1990			
1990	ゴルバチョフ，ソ連大統領に就任（3月）	1990	東西ドイツ統一（10月）
	ロシア共和国が主権宣言（6月）	1991	湾岸戦争勃発（1月）
1991	エリツィン，ロシア共和国大統領に当選（6月）		ユーゴスラビア解体（6月）
	コメコン解散（6月）		ソ連，バルト三国の独立を承認（9月）
	ワルシャワ条約機構解体（7月）8月政変（保守派によるクーデタの失敗）	1992	マーストリヒト条約調印（2月）
			ボスニア・ヘルツェゴビナ紛争勃発（4月）
	独立国家共同体（CIS）の創設とソ連消滅（12月）		アブハジア紛争勃発（7月）
1992	価格・貿易の自由化開始（1月），バウチャー民営化の開始（10月）	1993	イスラエルとパレスチナ解放機構（PLO）の間でオスロ合意が調印（8月）
1993	最高会議ビル砲撃（10月）		欧州連合（EU）発足（11月）
1994	第1次チェチェン戦争	1994	NATO，ボスニア紛争に介入（4月）
1995	ルーブル暴落（暗黒の火曜日，10月）	1995	世界貿易機関（WTO）発足（1月）
	為替目標相場制（コリドール制）導入（7月）	1996	コソボ紛争勃発（4月）
		1997	アジア通貨危機（7月）
1996	パリクラブ債務で包括リスケに合意（4月）	1999	NATO，ユーゴスラビア空爆（3〜6月）
			アムステルダム条約発効（5月）

1997	エリツィンが大統領に再選（7月）		
	ロシア・NATO基本文書調印（5月）		
1998	ロシア通貨金融危機（8月）		
1999	第2次チェチェン紛争（9月），エリツィン辞任，プーチンを臨時代行に任命（12月）		
2000			
2000	プーチンが大統領に当選（3月）	2001	アメリカで同時多発テロ（9月）
2002	モスクワで劇場占拠事件発生（10月）		アメリカ，アフガニスタンに侵攻（10月）
2004	プーチン，大統領再選（3月）	2003	イラク戦争開始（3月）
	ベスラン学校占拠事件発生（9月）	2007	EU首脳，リスボン条約に調印（12月）
2008	メドヴェージェフが大統領に当選（3月）	2008	リーマンショック（世界金融危機，9月）
	プーチンが首相に就任（5月）	2009	オバマ，アメリカ大統領に就任（1月）
	グルジア紛争勃発（8月）		
2010			
2010	モスクワ地下鉄爆破テロ（3月）	2010	キルギスタン（4月）
			アメリカ，イラクから撤兵完了（8月）
			ギリシア経済危機（10月）

出所：伏田寛範（日本国際問題研究所）作成。

あ と が き

　地域経済研究（エリアスタディ）のひとこまとしてロシアをみる。あるいは，経済システムの国際比較の観点からロシアをその教材に含めることができる。ロシア経済論としての本書の最大の課題はここにあり，その狙いをくみ取っていただきたい。しかし，ロシアを経済制度面から再考したときに，経済学に共有する課題が浮かび上がってくるだろう。

　何よりもロシアの日々の現実それ自体が，経済制度の構築・進化・転換・崩壊を考える生きた教材になる。「経済的な豊かさの源泉は，自然資源を十分に保有しているか否かではなく，その国がいかなる人的な資源を育て上げ，いかなる制度を整えたかによる」（猪木武徳〔2009〕『戦後世界経済史──自由と平等の視点から』中公新書：365〕）。一方で，ロシアは私的所有権の確立・法の支配・市民社会の成熟に不安定性があるが，それは強い国家・ネットワーク型の社会・非公式部門での交渉の経済関係に制度上補完されている。ロシアビジネスで成功する秘訣として，現地での人的関係重視が主張される所以である。

　他方で，経済制度はリベラルな制度を公式に輸入したにもかかわらず，そのような制度選択が社会的に合意を得たわけではなく，収斂と分散の両方の力が働き，総じて歴史的経路依存性がきわめて強く制度構築に影響している。グローバルな制度は強い浸透力をもっているが，その制度への適合化がそのまま制度の誤用・乱用を引き起こす。体制転換前に熱く語られた500日計画などは人間の存在を無視した制度構築論と非難されてもしようがないだろう。それ故，ロシアは，市場の高質化と経済制度の発展，市場インフラの設計の効果などによって，市場の質理論の発展にも貢献する余地をもっている。闇雲に自由化・安定化・民営化しても市場の質は高まらない。信頼を醸成し，市場インフラを創出することが市場の質を高める王道である。これがロシアの教訓といえそうだ。

　さらに，ロシアを粗野な資本主義，一都資本主義，国家資本主義など，どのような形容詞を資本主義の前につけて表現したとしても，ロシアが資本主義の基盤的特質をもっていることに何らかわりはない。私的所有・市場経済・競争

が基軸となる作動原理となっているのである。問題は形容詞の選択ではなく，資本主義の間での違いの認識なのである。それ故，ロシアの個性を析出することは資本主義多様性論に接近する契機になろう。

　自由市場経済と調整市場経済が対比され，前者では競争的な市場，株主主権，弾力的な労働者の移動，後者では情報を共有し相互関係の反復に基づく長期関係による調整，ステークホルダーの利害，会社特殊的な能力などが特徴となる。ロシアの経験には，そのどちらにもない特質をみることができる。資本主義多様性論や比較制度分析のキーワードになる経済制度間の相互補完性が「多様性」を規定しているとすれば，ロシアの制度における諸要素の混合度とそれをもたらす歴史的な経路は重要な研究素材になっている。

　最後に，2008年世界経済危機とその影響もまたロシアを必要とする。影響を受けなかったところは世界中どこにもなかったのかもしれないが，少なくともロシアは歴史上初めて資本主義の景気循環のなかにその身をおいていることを実証した。皮肉ないい方であるが，世界経済危機の波のなかに入りかつ波を形成したという意味で，ロシアの市場経済移行(market transition)は完了したのかもしれない。ロシアは十分に世界経済危機を分析し，その政策を考える貴重な素材になった。世界的な資金移転の一翼を担い，経済政策は保護主義・選択的な産業政策を採用している。世界経済危機が構造上の問題で，大量の資金移動の一つの経路を形成する以上，ロシアは「経済学」共通の研究対象となったのである。

　ロシア経済論は地域研究，比較経済システム研究，国際経済研究，そして経済システムの歴史研究としてだけでなく，経済理論の実証・理論研究にとり研究対象として重要な位置を占めている。そして，ロシア経済への考察から，経済学・社会科学一般そのものへの関心，日本経済・社会をみる視座がさらに深まればなお幸いである。

　本書は共同研究に基づいた形で，等身大のロシア経済を描くように仕立て上げている。2009年10月に行った研究会では，各章の細目にわたり相互に注文をつけ，できる限り各執筆者にはそのコメントを活かしていただくようにお願いした。快くご対応いただいたすべての執筆者にお礼を申し上げたい。

編　者

人名索引

ア 行

アスタホフ, P. 262
アッシュ, G. 244
アブラモヴィッチ, R. 103, 143
アレクサンドル2世 29
アンドロポフ, Y. 34, 261
イラリオーノフ, A. 80
ウェーバー, M. 92, 94
ウスマノフ, A. 103
エカチュリーナ2世 12
エリツィン, B. 40, 42, 44, 176, 193, 198, 202, 203, 207, 245, 262
エンゲルス, F. 13
オスルンド, A. 40

カ 行

カー, E. H. 29, 31
ガガーリン, Yu. 3
ガーシェンクロン, A. 33
カーダール, J 241
ガイダル, E. 181, 264
ギンペリソン, V. 124
クドリン, A. 75
クラフチュク, L. 193
グリフ, N. 263
クリントン, W. 249
クルイシュタノフスカヤ, O. 40, 261
クレンツ, E 243
ケインズ, J. M. 36, 75
ゲラシチェンコ, V. 202
ゲレメク, B. 239
コール, H. 243
コスイギン, A. 12
コルナイ, J. 14, 20, 91

サ 行

ゴルバ, M. 262
ゴルバチョフ, M. 12, 15, 34, 39, 40, 68, 158, 160, 175, 240, 243, 260

サ 行

サクワ, R. 42
ザスラフスカヤ, T. 261
シェフツォヴァ, S. 262
ジフコフ, T 243
シュガーノフ, G. 42
シュシケーヴィッチ, S. 193
シュムペーター, J. 39
ジリノフスキー, V. 42
スターリン, J. 12, 34, 260

タ 行

デリパスカ, O. 143
デリャギン, M 262
チェルネンコ, K. 34
チャウシェスク, N. 243
チャウシェスク, E. 243
トレグボウア, E. 262
ドロフェイエフ, V. 264
ドゥブチェク, A 243

ナ 行

ナジ, I. 242
ネーメト, M 241

ハ 行

パーカー, J. 202-204
パシュキロヴァ, V. 264
ハーニン, G. 260
ハベル, V 243
パルシェフ, A. 260

279

バルツェロヴィチ, L. 242, 246
ピョートル1世 12, 29, 112
プーチン, V. 4, 13, 23, 25, 41-45, 68, 89, 104, 106, 132, 144, 162, 163, 168, 174, 176, 261-263
フルシチョフ, N. 34
ブレジネフ, L. 34, 236, 237
ホーネッカー, E. 238, 242, 243
ホドルコフスキー, M. 93, 106
ポジュガイ, I. 241

マ 行

マゾヴィエツキ, T. 245
マルクス, K. 13, 50, 92, 94

メドヴェージェフ, D. 41, 44, 68, 89, 163, 164, 180, 262

ヤ 行

ヤブリンスキー, G. 42
ヤルゼルスキ, W. 239, 246
ヨハネ・パウロ2世 238

ラ 行

ルシコフ, Y. 43
レイヤード, R. 202-204
レーガン, R. 259
レーニン, V. 12, 34
レベジェフ, P. 106

事項索引

あ行

IMF 8 条国　200, 202
ILO基準　118
Iタイプ口座　201
アフガニスタン侵攻　12, 240
ALROSA　101
AvtoVAZ（ヴォルガ自動車工場）　69, 93, 100, 108, 264
アラル海　152, 222
アルファ　102, 103
安定化基金　58, 68, 74, 75, 80, 81, 108
安定化・連合協定　255
アンドロポフ計画　261
EU加盟　25, 249-252, 254-256
EUの拡大と統合　251
EUの第5次拡大　236, 252
EU（欧州連合）　164
移行経済論　5
移行指数　23-25, 218
移行不況　21, 110, 117, 118, 122, 221, 226, 245
移民労働者　229
インサイダー　11, 16, 94, 98
インタロス　103
インテリゲンツィア　38
インフォーマル化　133
インフォーマル（非公式）経済　105, 122, 219, 221
Wimm-Bill-Dann　101
ウニクレディトバンク　85
ヴネシュエコノムバンク（対外経済銀行）　85, 89, 108
ヴネシュトルグバンク（外国貿易銀行）　84, 89, 196
ウラジオストク演説　175

ウラジオストク開発　177
ウラルの核惨事　153, 155
ウラル採鉱会社　103
APECサミット　177, 181, 187
ARKO（金融機関再生庁）　85
Sタイプ口座　202
NGO　113, 162, 163, 225
エネルギー戦略　66, 67
FDI→外国直接投資
エフラス　101, 103
エリート　261
LNG　67
円卓会議　241
エンフォースメント　267
黄禍論　183
欧州憲法制定条約　254
欧州への回帰　245, 249
OECD加盟　250
ONEKSIM（オネクシム）　103
オフショア　100-103, 197
オランダ病　49, 54, 60, 62, 70, 83, 266
オリガルヒ　3, 11, 22, 25, 91, 95, 103, 106, 111, 143, 262
オリンプストロイ　108

か行

外延的成長　33, 37
海外送金　229, 231, 233
外貨準備　210
外貨取引　198
外貨法　199, 200
会計検査院　77
外国直接投資　61, 62, 69, 101, 173, 210, 223, 232, 250, 252, 265
外国貿易の国家独占　196

解雇費用　124, 126
外資系銀行　84
開発銀行　89
下院（国家会議）　41
価格差補給金　76
価格自由化　73, 81, 216, 218
隠れた賃金　126
家計調査　225
過剰雇用　118
過剰流動性　20, 73, 82
過剰労働力　118
ガスプロム　63, 89, 93, 101-103, 106-108, 112, 157
ガスプロムネフチ　103, 107
ガスプロムバンク　103
「担ぎ屋」貿易　53, 145, 199, 212
環境危機地図　154
環境虐殺　153, 154
間接税　76
環日本海経済圏（構想）　168, 184, 188
環日本海経済交流　184
企業グループ　84
企業の社会的責任（CSR）　111-113
企業利潤税　73
急進主義　216, 217
急進的な改革路線　18, 247
極東地域開発　175
「近代化」政策　89
金融監督局　86
金融危機　75, 85, 107, 208, 234, 253, 254, 263
金融市場局　86
金融仲介機能　87
クズネッツ曲線　140
グラスノスチ　154, 240
グリーンフィールド型投資　250
クリミア戦争　29
経済改革の第2段階　245
経済格差　75, 135, 136, 139, 144, 146, 148, 220
経済構造改革　17
経済システム改革　15

経済システムの真空状態　18
経済的後進性　32, 33
経常収支　58, 60, 208, 210
経常取引　199-202
経路依存（性）　5, 28, 91, 267
現金流通　82
交易条件　56, 57
公開株式会社　96
工業化（近代化）　29, 35, 76
公共財　73
鉱物資源採掘税　51
高齢化　131
コーペラチフ　92, 93, 104
コーポレート・ガバナンス　91, 98, 99
国民経済費　73
国民福祉基金　81
黒竜江省　178, 179
誤差脱漏　210, 211
互市貿易区　179, 180
ゴスバンク（国立銀行）　17, 20, 82, 84, 202, 245
国家銀行評議会　84
国家コーポレーション　23, 85, 89, 96, 103, 107, 108
国家資本主義　46, 107, 269
国家短期証券（GKO）　22, 80, 86, 202
国家調達制度　221, 222
国家捕獲　106
国境貿易　178
国庫（制度）　76, 77
コムソモール　93
コメコン（経済相互援助会議）　197, 204, 205, 237, 240
コリドール（制）　21, 83, 207
コルホーズ　117, 222
琿春　180

さ　行

財政プロセス　77
財政法典　76

事項索引

歳入　20, 73, 78
サハリン大陸棚石油ガス開発　4, 173
サハリン2　107, 157, 166
産業革命　30
シェールガス　67
シェレメチェボ　109
シェンゲン協定　253
仕送り　229
資源依存経済　23, 49, 223
資源大国　49, 156
資源の呪い　70
資源配分（機能）　73, 80
資産税　78
市場の失敗　73
システマ　103
シダンコ　95
時短労働　122
失業手当　130
実質為替相場　207
自動車公害　152, 164
ジニ係数　140
シブネフチ　103, 106
シブール　103
シベリア鉄道　11, 32, 167
資本・財務収支　209
資本逃避　58, 102, 203, 204
資本取引　199, 200, 202
市民社会　44
市民フォーラム　243
社会主義企業　160
社会主義体制　13, 236
社会的特典　132
社会保障制度　75
住宅改革促進基金　108
住宅・公益事業費　73
十分位数比　139
周辺性　171
住民雇用法　129
自由民主党　41, 42
主権民主主義　45

準備資産　210
上院（連邦会議）　41
商業化　247
商業銀行業務　17, 82
商業銀行法　84
証券市場　82
消費財部門　76
ショック療法　18, 19
所得格差　75, 135
所得再分配　75
指令信用　83
シロヴィキ　44
人口減少　75, 171, 172
新思考外交　240
新年金3法　130
人民企業　96
新労働法典　127
綏芬河　179, 180
ステークホルダー　98, 111
ストライキ　125
ストロイバンク（建設銀行）　82
スビャジインベスト　96
ズベルバンク　84, 85, 89
スラブ主義　45
スルグトネフチェガス　95
税源配分　77
政治システム　41, 45
政府系銀行　84
政労合意議定書　238
セヴェルスタリ　101, 103
世界金融危機　25, 68, 253, 254, 263
世襲的権威　39
絶対的貧困　226
漸進主義　18, 216
漸進的な改革路線　247
相殺　80
租税法典　76
ソフホーズ　222
ソ連外国貿易省　196
ソレルス　177

283

ソ連型社会主義経済システム　2, 13, 35
ソ連社会主義　34, 39
ソ連社会主義経済　34
ソ連の経済システム　35
ソ連の経済成長　36, 39
ソ連の政治システム　39

た　行

第一次石油危機　237
対外債務　81
大衆民営化　94, 247, 248
大量失業　118
多国籍企業　101, 102
脱社会主義　236, 244
タトネフチ　103
WTO加盟　217, 250, 260
担保民営化　22, 94, 95
チェルノブイリ原発事故　152, 153, 161, 165, 240
地方自治　43
地方自治体　43
中央と地方の関係　42
中間層　135, 142, 144-146, 149
中国脅威論　183
中国人移民問題　182
中国人労働者　181
中古車　185
中・東欧　16, 17, 236, 237, 249, 250, 254-256
チュメニ　68, 174
徴税庁　77
調整の真空状態　19
直間比率　78
直接税　76
貯蓄投資差額　58
賃金支払遅延　125, 128
賃金未払い　125
追加的仕事　126
通貨・金融危機　22, 55, 56, 68, 201
通貨政策　81
積立方式　75, 130, 131

帝政ロシア　33
Tタイプ口座　201
TNK-BP　103
出稼ぎ　229
出稼ぎ労働者　229, 230
テクノクラート型民営化　248
テクノクラート層　240
デフォルト　80
天然資源　29, 74
天然資源利用料　78
ドイツの統一　244
統一　42
統一社会税　77, 78, 81, 130, 131
統一ロシア　42, 44
東欧革命　236, 244, 245
投資銀行　85
投資率　57
東寧　179
東北現象　179
東北振興　179
登録失業者　119
独占企業　198
独立国家共同体（CIS）　6, 102, 193
都市人口　38
トランスネフチ　63, 157
トロイカディアログ　85
取引税　76
ドル化　201
トランスネフチ　63
トルカーチ（押し屋）　236

な　行

内延的成長　33
71年労働法典　127, 129
ナロードニキ　34
ニース条約　254
二層式銀行制度　83
認可銀行　200
年金受給資格年齢　131
農業改革　222

農業集団化　35
農村人口　38
農奴解放　29, 30, 32
ノボリペック金属コンビナート　103
ノメンクラトゥーラ　40, 45, 93, 94, 142
ノリリスク・ニッケル　95, 101, 103, 155

　　　　　　は　行

バーター　80, 110, 111, 178
バーチャル経済　260, 263
ハイパー・インフレーション　16, 17, 19, 26, 73, 125, 215
バウチャー　3, 16, 21, 86, 94, 247, 248
バウチャー型民営化　247, 249
働く貧困者　127
発券業務　17, 82
バルツェロヴィチ・プログラム　242, 246
ハンガリー動乱　239, 241
比較優位　53, 179
東シベリア＝太平洋石油パイプライン　4, 66, 156, 157, 167, 173, 174
非貨幣取引　80, 83
非現金流通　82
非正規雇用　123
ビルト・イン・スタビライザー　74
貧困　135-137, 140, 142-144, 149
貧困削減　225
貧困削減戦略文書（PRSP）　225
貧困者比率　126, 226
貧困線　226
貧困問題　224
付加価値税　77, 78
賦課方式　75, 130
不完全就業　122
複数為替相場制　197
伏木富山港　184, 185
不足経済　91, 92, 109
物品税　78
不法就労問題　183
「プラハの春」事件　237, 239, 243

BRICs　2, 13, 49
ブレジネフ・ドクトリン　237
閉鎖株式会社　96
ペトロステート　266
ベルリンの壁　12, 15, 25, 243
ペレストロイカ　3, 12, 15, 25, 40, 68, 92, 129, 130, 158-161, 240, 241
貿易自由化　198
ポケット銀行　84
保険監督局　87
ボスニア・ヘルツェゴヴィナ　24, 206, 249, 255

　　　　　　ま　行

マージンコール　76
マクロ経済安定化　17, 75, 81
マクロ経済安定化政策　20
マハッラ　233
丸太輸出関税　186
未払い　80, 110
ミレニアム開発目標（MDGs）　225
民営化　16, 92-96
民営化証書→バウチャー
民営化政策　247
民主主義　44, 45, 147
無給の強制休暇　122
名目アンカー　83
メタロインヴェスト　103
メナテプ　93, 106
木材加工　181
目標相場圏→コリドール
モスクワ銀行間通貨取引所（MICEX）　86
モノバンク（単一銀行）制度　82, 83

　　　　　　や　行

ヤブロコ　41, 42
ユガンスクネフチェガス　106
ユーゴスラヴィア紛争　249
ユコス事件　106, 107
輸出関税　51, 186

輸出規制　199
輸入代替　70
ユーロ　254
預金保険局　89
預金保険制度　85
予算外基金　81
予算基本法　76

ら・わ 行

ライファイゼンバンク　85
リーマンショック　263
リスボン条約　254
累進課税制度　75
ルクオイル　95, 101, 103
ルサル　101
ルーブルによる統制　82
レノワ　102
レポ　264
連帯　238, 239, 241, 242
レント　106, 212
連邦協定　77
連邦構成主体　41-43, 74, 77, 95, 169, 176
連邦債（OFZ）　86, 202
連邦財政主義　74
連邦内の分業体制　218, 220
労働移動率　121

労働規制　127, 128
労働組合　125
労働時間　122
労働者の抱え込み　126
労働日数　122
老齢年金　130
RO-RO船　185
ロシア革命　32
ロシア銀行（ロシア中央銀行）　21, 62, 82-86, 200
ロシア国家年金法　130
ロシア天然資源・エコロジー省　160
ロシア取引システム（RTS）　86
ロシア中央銀行法　84
ロシア連邦年金基金　130
ロスセリホスバンク　89
ロステフノロギー　103, 108
ロスナノ　108
ロスアトム　108
ロスネフチ　63, 102, 106, 107, 109
ローマ教皇　238
わが家ロシア　42
ワシントン・コンセンサス　6, 18
渡り現象　245
ワルシャワ条約機構　37, 237, 249

《執筆者紹介》(所属・執筆分担・執筆順, ＊は編者)

＊吉井　昌彦（よしい まさひこ）（神戸大学大学院経済学研究科教授, 序章・第1章）

小西　豊（こにし ゆたか）（岐阜大学地域科学部准教授, 第2章）

田畑　伸一郎（たばた しんいちろう）（北海道大学スラブ・ユーラシア研究センター教授, 第3章）

杉浦　史和（すぎうら ふみかず）（帝京大学経済学部教授, 第4章）

＊溝端　佐登史（みぞばた さとし）（京都大学経済研究所教授, 第5章・終章）

武田　友加（たけだ ゆか）（九州大学基幹教育院准教授, 第6章）

林　裕明（はやし ひろあき）（立命館大学経済学部教授, 第7章）

德永　昌弘（とくなが まさひろ）（関西大学商学部教授, 第8章）

堀江　典生（ほりえ のりお）（富山大学極東地域研究センター教授, 第9章）

上垣　彰（うえがき あきら）（西南学院大学経済学部教授, 第10章）

樋渡　雅人（ひわたり まさと）（北海道大学経済学部准教授, 第11章）

家本　博一（いえもと ひろいち）（名古屋学院大学経済学部教授, 第12章）

《編著者紹介》

吉井昌彦（よしい・まさひこ）
- 1958年　兵庫県に生まれる。
- 1985年　神戸大学大学院経済学研究科博士課程後期課程退学。
- 現　在　神戸大学大学院経済学研究科教授，博士（経済学）。
- 主　著　『経済システム転換と労働市場の展開――ロシア・中・東欧』（共編著）日本評論社，1999年。
　　　　　『ルーマニアの市場経済移行――失われた90年代？』勁草書房，2000年。
　　　　　『市場経済移行論』（共編著）世界思想社，2002年。
　　　　　『ロシア・東欧経済論』（共編著）ミネルヴァ書房，2004年。
　　　　　『BRICs経済図説』（共著），東洋書店，2010年。

溝端佐登史（みぞばた・さとし）
- 1955年　大阪府に生まれる。
- 1987年　京都大学大学院経済学研究科博士課程後期課程退学。
- 現　在　京都大学経済研究所教授，博士（経済学）。
- 主　著　『ロシア経済・経営システム研究――ソ連邦・ロシア企業・産業分析』法律文化社，1996年。
　　　　　『国家社会主義の興亡――体制転換の政治経済学』（翻訳・共著）明石書店，2007年。
　　　　　『ロシア近代化の政治経済学』（編著）文理閣，2013年。
　　　　　『比較経済論講義』（共著）日本評論社，2018年。

シリーズ・現代の世界経済　第4巻
現代ロシア経済論

| 2011年5月10日　初版第1刷発行 | 検印廃止 |
| 2019年4月20日　初版第4刷発行 | |

定価はカバーに表示しています

編著者	吉　井　昌　彦
	溝　端　佐登史
発行者	杉　田　啓　三
印刷者	藤　森　英　夫

発行所　株式会社　ミネルヴァ書房
607-8494　京都市山科区日ノ岡堤谷町1
電話代表　（075）581-5191番
振替口座　01020-0-8076番

© 吉井昌彦・溝端佐登史，2011　　　亜細亜印刷・藤沢製本

ISBN978-4-623-06036-8
Printed in Japan

シリーズ・現代の世界経済〈全9巻〉

A5判・美装カバー

第1巻 現代アメリカ経済論　　地主敏樹・村山裕三・加藤一誠 編著

第2巻 現代中国経済論　　加藤弘之・上原一慶 編著

第3巻 現代ヨーロッパ経済論　　久保広正・田中友義 編著

第4巻 現代ロシア経済論　　吉井昌彦・溝端佐登史 編著

第5巻 現代東アジア経済論　　三重野文晴・深川由起子 編著

第6巻 現代インド・南アジア経済論　　石上悦朗・佐藤隆広 編著

第7巻 現代ラテンアメリカ経済論　　西島章次・小池洋一 編著

第8巻 現代アフリカ経済論　　北川勝彦・高橋基樹 編著

第9巻 現代の世界経済と日本　　西島章次・久保広正 編著

―――― ミネルヴァ書房 ――――

http://www.minervashobo.co.jp/